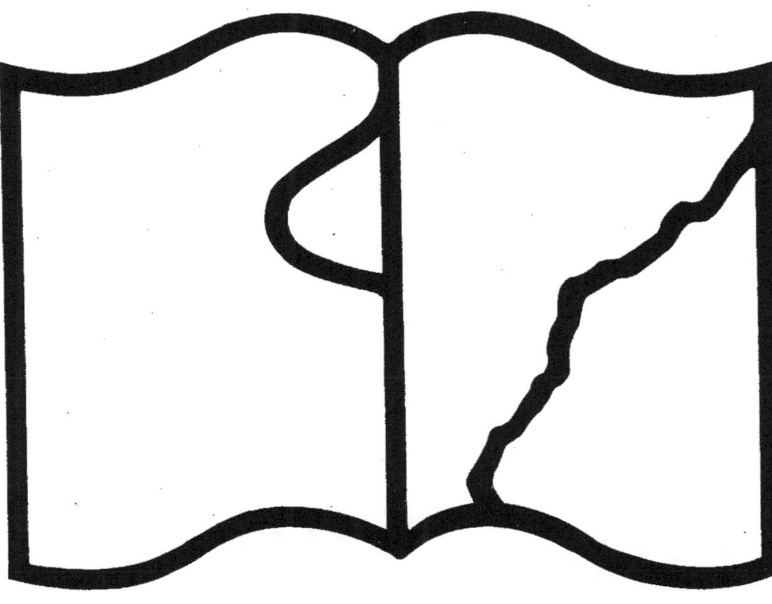

Texte détérioré — reliure défectueuse

NF Z 43-120-11

SOUVENIRS
D'UN
Mobile de la Sarthe

33e RÉGIMENT

ARMÉE DE LA LOIRE

16e Corps

Coulmiers — Villepion — Loigny
Villorceau — Changé
Le Mans — Saint-Jean-sur-Erve

Par D. ERARD

SOUS-OFFICIER A LA 4e COMPAGNIE DU 2e BATAILLON

Prix : 3 fr. 50 centimes net

DEUXIÈME EDITION

LE MANS

LIBRAIRIE DE SAINT-DENIS
1, Rue Saint-Jacques, 1
AU MANS

IMPRIMERIE MONNOYER
12, Place des Jacobins, 12
AU MANS

1909

A mes enfants et petits-enfants, à tous les miens, je dédie ces pages.

D. E.

Souvenirs d'un Mobile de la Sarthe

33e RÉGIMENT

Extrait du *Bulletin de la Société d'Agriculture, Sciences et Arts de la Sarthe* (IIe Série, Tome XXXIII). — Années 1907-1908.

COURAGE HONNEUR! PA
33e REGIME
DE LA GARDE NATIONALE MOBILE
DÉPARTEMENT DE LA SARTHE
1870
COVLMIERS
VILL PION-LOIGNY-VILLORCEAV
CHANGÉ - LE MANS
SAINT-JEAN-SVR-ERVE

SOUVENIRS

D'UN

Mobile de la Sarthe

33e RÉGIMENT

ARMÉE DE LA LOIRE

16e Corps

Coulmiers — Villepion — Loigny
Villorceau — Changé
Le Mans — Saint-Jean-sur-Erve

Par D. ERARD

SOUS-OFFICIER A LA 4e COMPAGNIE DU 2e BATAILLON

Prix : 3 fr. 50 centimes net

DEUXIÈME ÉDITION

LE MANS

LIBRAIRIE DE SAINT-DENIS
1, Rue Saint-Jacques, 1
AU MANS

IMPRIMERIE MONNOYER
12, Place des Jacobins, 12
AU MANS

1909

PRÉFACE
DE LA DEUXIÈME ÉDITION (1)

On a beaucoup écrit déjà sur la guerre de 1870-71 : peu de livres auront été lus avec plus d'intérêt, dans notre région, que ces modestes souvenirs d'un ancien sous-officier du 33e Mobiles.

M. Erard n'a point cherché à s'élever au-dessus de la sphère dans laquelle il avait vécu, souffert et combattu pendant la campagne. Etranger à toute prétention littéraire où stratégique, il n'a point tenté, après tant d'autres plus autorisés, d'apprécier les grandes opérations militaires, d'expliquer des événements dont l'enchaînement lui avait échappé. Il s'est borné à raconter très simplement, mais très consciencieusement, ce qu'il avait vu et ressenti dans le rang ; ce que ses camarades, à ses côtés, avaient vu et ressenti.

A l'aide de son carnet de campagne, qu'il avait religieusement conservé, il est parvenu ainsi, après trente-sept années, à traduire avec une fidélité scrupuleuse et une intensité d'impressions extraordinaire, les sentiments, les souffrances et les émotions des jeunes soldats de la Défense nationale.

La sincérité du récit est si évidente, sa simplicité si émouvante, que, sans viser en rien à l'effet, l'auteur

(1) Avec l'autorisation des auteurs, nous nous permettons de reproduire ici comme préface de cette deuxième édition, les articles que M. Robert Triger et M. D. Mallet ont bien voulu consacrer à notre ouvrage dans *La Sarthe* du 22 décembre 1907 et la *Revue Historique et Archéologique du Maine* (tome LXIII, 1908) ainsi que la lettre que nous a fait l'honneur de nous adresser à la date du 4 août 1908, M. George Duruy, professeur d'histoire et de littérature à l'Ecole Polytechnique,

D. E.

arrive, à son insu, à en produire beaucoup ; à « empoigner » le lecteur et à lui faire partager, dans toute leur force ses propres impressions.

A son insu, aussi, cet humble sous-officier du 33e Mobiles se révèle avec des qualités militaires qui lui font grand honneur et font honneur à son régiment tout entier. Soldat toujours discipliné, gai et insouciant, rempli de confiance et d'attachement pour des officiers qui le méritaient à tous égards, comme le lieutenant-colonel de la Touanne, le commandant de Montesson, le capitaine Legoult..., le sergent Erard se montre pénétré, avant tout, de l'idée du devoir, animé d'une grande bonne volonté et d'un très réel patriotisme.

Il ne pose pas au héros. Il n'exalte pas, outre mesure, la bravoure, parfois chancelante, des jeunes mobiles du 33e ; mais il définit très nettement leur état d'esprit et les généreux sentiments qui, dans les heures critiques, les empêchèrent de lâcher pied et les rendirent dignes, en dépit de leur inexpérience, de compter parmi les troupes les plus solides de l'armée de la Loire.

C'est à Coulmiers que son bataillon reçut le baptême du feu. Le récit que M. Erard donne de cet épisode mémorable, comporte dans sa simplicité un enseignement toujours utile à méditer.

En effet, grâce au noble cœur et à la vaillance de leurs officiers, non-seulement les jeunes mobiles de la Sarthe tinrent bon à Coulmiers, mais ils furent mis à l'ordre du jour de l'armée, et, quelques jours plus tard, à Villorceau, une poignée d'entre eux, entraînés par le capitaine Couturié, n'hésitait pas à se jeter sur l'ennemi, à la baïonnette, comme de vieux soldats.

Dans toute armée, la valeur des cadres est le principal élément de la force, et cette vérité suffirait à prouver combien il est *criminel* de subordonner la composition de ces cadres à des considérations politiques.

Le sergent Erard, pour sa part, avait eu, à Coulmiers, une chance inespérée : il avait reçu, à l'épaule, une balle qui s'était amortie en traversant son paquetage et était venue délicatement se loger dans la doublure de sa vareuse, sans lui faire une égratignure ! Il continua donc vaillamment la campagne dans le rang, prenant part, tour à tour, aux batailles de Villepion, de Loigny, de Villorceau et du Mans, au combat suprême de Saint-Jean-sur-Erve !

Nous ne pouvons le suivre dans ces multiples péripéties dont il fait revivre les moindres détails avec une étonnante précision. Signalons, du moins, l'épisode si pittoresque de la perte de son fusil au village de Champs ; le dramatique récit du combat du Tertre de Changé, près du Mans, et les touchants adieux au drapeau, le soir de Saint-Jean-sur-Erve.

Ce soir-là, oubliée dans la nuit noire au milieu d'un cercle d'ennemis, la compagnie du sergent Erard se crut perdue : elle avait la garde du drapeau ; elle prit toutes ses dispositions pour ne pas le laisser tomber aux mains des vainqueurs, pour le déchirer et s'en partager les morceaux.

Sans connaître des défaillances dont le souvenir demeure si pénible, les petits mobiles de la Sarthe, eux, songeaient avant tout, en cette heure de détresse, à leur drapeau. Ne pouvant plus le défendre, ils songeaient au moins à le détruire !

Indulgente pour leurs efforts, la Providence leur épargna ce sacrifice suprême. Le 33e Mobiles sauva son drapeau et le rapporta au Mans, glorieux dans la défaite, noirci par la poudre, troué par les balles, déchiré dans un angle. Une reproduction très exacte de ce drapeau orne le frontispice du livre de M. Erard ; nous la saluons comme l'image d'une relique bien chère au patriotisme local.

Les *Souvenirs d'un mobile de la Sarthe*, nous ne craignons pas de l'affirmer, sont du plus haut intérêt pour les Manceaux, en particulier pour les anciens mobiles du 33e, dont ils retracent si fidèlement la vie en campagne, et pour les habitants du Mans qui y trouveront bien des détails nouveaux sur la grande bataille des 10 et 11 janvier 1871.

Si modeste que soit leur portée, ils ne sont pas sans intérêt pour l'histoire générale elle-même. Ils lui apportent le témoignage sincère, désintéressé, du soldat, qui dit sans arrière-pensée, sans souci de justification ou de renommée, ce qu'il a vu, enduré et ressenti. Dès lors, ils sont pour l'armée de la Loire, ce qu'ont été pour l'épopée impériale, les mémoires de Coignet, de Chevillot, du sergent Bourgogne, du caporal Wagré, c'est-à-dire la déposition des petits et des humbles, souvent les plus véridiques.

Mais leur lecture est avant tout salutaire et réconfortante. Œuvre d'un soldat de cœur et d'âme, d'un français doué des meilleures qualités de la race, ce livre est de nature à réveiller les généreux sentiments, les ambitions patriotiques. Il arrive à point pour rendre plus odieuses encore les théories antimilitaristes, pour rappeler les causes de la défaite, pour montrer aussi ce qu'on peut toujours espérer, quand ils sont bien commandés, des enfants de la France.

Nous voudrions le voir entre toutes les mains.

Robert TRIGER,

Président de la Société Historique et Archéologique du Maine.

(Journal *La Sarthe*, 22 décembre 1907).

A PROPOS

DES

SOUVENIRS D'UN MOBILE DE LA SARTHE

de D. ERARD

1870, l'invasion, la guerre allemande, que ce passé nous paraît lointain ! Le territoire violé, les combats sanglants, les mille privations aggravées par les rigueurs de l'hiver, tout cela n'est plus que de l'histoire, — ancienne déjà, obscurcie et comme à moitié perdue dans les nuages de l'oubli. Aux âmes françaises, les mauvais souvenirs semblent peser lourdement. Incapables des longs recueillements, des haines inexpiables, ce n'est pas elles qui auraient su méditer, préparer plus de 60 ans la vengeance, entre Iéna et Sedan.

La tourmente une fois passée, la vie reprenait, avec son activité paisible, et la France, amputée, ne songeait qu'à cicatriser ses plaies, à refaire ses forces épuisées. Toutefois, entre les survivants, nombreux encore, qui avaient assisté au drame, quelques-uns eurent à cœur d'en conserver la mémoire ; leurs écrits sont à la fois un témoignage et un enseignement ; ils contiennent des pages honorables, parfois même glorieuses : l'admiration de l'avenir n'est pas toujours le privilège des vainqueurs.

Les régiments de Mobiles, formés à la hâte, dans la confusion des premiers désastres, ont connu des fortunes très diverses : les uns enfermés dans le Paris du siège, d'autres incorporés aux armées de province, et certains toujours à la peine, rivalisant avec leurs aînés par l'émulation du courage, — comme eux, ayant bien mérité de la patrie. Il eût été souverainement injuste de laisser s'effacer dans l'ombre la trace de leurs nobles sacrifices, de leur modeste et infatigable dévouement.

Celui de la Sarthe fut un des plus éprouvés en cette rude campagne de cinq mois, qui commence aux environs d'Orléans, pour se terminer, comme on sait, à Saint-Jean-sur-Erve, à quelques lieues de Laval. Près de 1,100 hommes mis hors de combat, deux citations à l'ordre du jour de l'armée, les éloges de chefs militaires comme Chanzy, Jauréguiberry, Charette, disent assez quelle fut sa conduite au feu, son endurance, sa ténacité dans les revers.

Les officiers donnaient l'exemple. Le colonel de la Touanne, dont la bravoure et le talent d'organisateur furent bien vite appréciés de ses hommes, se multipliait et veillait à tout,... jusqu'au jour où une grave blessure le sépara des siens pour un temps. A peine remis, portant encore le bras en écharpe, il revenait en hâte présider, avant la bataille du Mans, à la réorganisation de ses bataillons décimés par le feu et la maladie.

Un an après la guerre, il publiait, dans *La Sarthe*, une « Histoire du 33e » (1), qui reste le document le plus sûr, le tableau rapide, mais complet, des épreuves souvent si cruelles, imposées aux jeunes soldats qu'il avait eu l'honneur de commander. Le régiment avait ainsi son Livre d'or, écrit par le plus autorisé des témoins. Il eut aussi l'heureuse chance de trouver peu à peu ses chroniqueurs.

Ce fut d'abord son aumônier, l'excellent abbé Ch. Morancé, qui ne l'avait pas abandonné un seul jour, soignant les blessés, consolant les mourants sur les champs de bataille, accompagnant ses Mobiles dans leurs marches les plus pénibles, prodiguant sans compter les trésors d'une âme vraiment chrétienne, grande et simple dans son héroïsme.

(1) Imprimé ensuite en volume, avec de nombreuses pièces justificatives. Imprimerie de *La Sarthe*, 1872.

Son livre (1) est moins une narration continue qu'une suite de scènes, réunies entre elles par un lien légèrement marqué. Emaillé de récits émouvants jusqu'aux larmes, et, par moments, d'anecdotes plaisantes spirituellement contées, qui amènent aux lèvres un involontaire sourire, il est pénétré partout d'un sentiment profond, d'une compassion infinie pour ceux que la mort a choisis, et aussi pour les autres, condamnés à porter jusqu'au bout le poids des longues souffrances.

Dans les deux ouvrages que nous venons de caractériser d'un mot, c'est le corps tout entier qui apparaît en son ensemble, parmi les hasards de la lutte, enflammé d'espérance au début, puis conscient de son impuissance après l'échec du 2 décembre, mais résistant quand même et combattant jusqu'au dernier jour.

Plus tard, d'autres voix se sont élevées, apportant des éléments nouveaux, des contributions personnelles, et dont la valeur n'est pas moins précieuse : car elles traduisent des impressions spontanées, d'une sincérité absolue, qui donnent, pour ainsi dire, la vision directe des lieux, des événements mêmes et de ceux qui en ont été les principaux acteurs.

Il est regrettable que, sur les trois bataillons du 33e, deux seulement possèdent jusqu'ici leur journal de campagne, ce qu'on pourrait appeler, à juste titre, leurs « mémoires ». En effet, dans les mouvements compliqués des marches, des manœuvres stratégiques, dans le tumulte des rencontres, les unités qui le composaient ne furent pas toujours réunies. Les nécessités du moment les avaient parfois séparées ; ainsi chacune d'elles aurait eu à rappeler certains épisodes, certaines actions locales, auxquelles elle se trouva mêlée.

Sur le bataillon de La Flèche (le 1er) jusqu'ici du moins, aucune publication ne s'est fait jour (2). Le 3e (St-Calais) a

(1) *Un Regiment de l'Armée de la Loire,* par l'abbé Ch. Morancé. Le Mans, Leguicheux-Gallienne, 1874.

(2) Commandant de Lentilhac.

été plus heureux (1). Un de ses officiers, Henri Bohineust, imprimait en 1896 les *Commentaires d'un Conscrit* (2), qui obtinrent auprès de ses compagnons d'armes le plus mérité des succès. Après vingt-cinq ans, il nous rendait, avec une vivacité, avec une fraîcheur inespérée, la sensation même des choses vécues. Son petit livre, d'un entrain juvénile, d'une verve endiablée, avec ses esquisses si pittoresques en leur brièveté voulue, ses enthousiasmes, ses ardeurs, son admiration pour les vrais héros et ses boutades irritées contre les fanfarons de patriotisme, restera pour nous tous, et malgré la tristesse du fond, comme un compagnon vivant et charmant, un confident de nos espoirs déçus, de nos joies si courtes et de nos misères sans cesse renouvelées, hélas, jusqu'au découragement final.

Voici maintenant un autre ouvrage, d'une inspiration, d'un ton surtout sensiblement différents, et certes, d'un intérêt non moindre. Parus dix ans après les *Commentaires*, les *Souvenirs d'un Mobile* ont pour auteur un sous-officier du 2e bataillon (Le Mans) (3); ils ont été publiés grâce à des souscriptions volontaires et avec le concours de la « Société d'Agriculture, Sciences et Arts » de la Sarthe.

Comment ce dernier narrateur a-t-il pu fournir, après tant d'années, des notations aussi précises, des peintures aussi exactes, en leur saisissante réalité ? On se demande si la rédaction, au moins pour une grande part, n'aurait pas été arrêtée de longue date, attendant en silence l'occasion favorable, qui à la fin s'est heureusement présentée. Aussi bien Denis Erard avait-il fait preuve, entre tous, d'une persévérance, que nous n'hésiterons pas à qualifier d'admirable. Griffonner sur « un calepin de caporal ou de sergent » ses notes journalières, sous la tente, à la lueur de quelque lumignon fumeux, dans le désordre des campements, quand

(1) Commandant de Musset.
(2) Le Mans. Imprimerie Blanchet, 1896.
(3) Commandant C. de Montesson, blessé grièvement à Coulmiers, et remplacé en janvier par le commandant Simonard.

on est accablé par la fatigue des marches, démoralisé par les affres continuelles d'un danger toujours présent, souvent aussi par les cris des blessés et des mourants, il fallait pour cela, sans doute, une rare fermeté d'âme, une exceptionnelle énergie. Et quel effort de la mémoire, quelle tension de l'esprit pour relier entre elles ces indications fugitives, pour composer, de toutes ces pièces détachées, un ensemble de récits, fidèles non moins qu'attachants, qui deviendront pour les camarades d'autrefois, et après eux pour leurs descendants, un trésor de pieux et impérissables souvenirs !

Ici, c'est la gravité qui domine, le souci de reproduire, avec une attention scrupuleuse, la vérité, l'enchaînement des faits, l'émotion poignante, dont ils pénètrent et secouent à la fois les sens et les cœurs. Point de pose ni de vantardise. Si en quelques instants — bien rares d'ailleurs, — le tempérament a paru faiblir chez ces jeunes hommes enrôlés d'hier, l'aveu en est fait sans détour, avec la simplicité des vrais braves. Mais comme ils se relèvent vite et prennent hardiment leur revanche ! Les grandes batailles de la campagne, Coulmiers, Loigny, Villorceau, Le Mans sont des journées mémorables, où le 33e régiment de Mobiles a tenu dignement sa place à côté des meilleurs de l'armée. Il y a laissé une partie des siens, tombés pour la défense du pays, et les regrets émus d'un soldat, qui fut exposé aux mêmes périls, sont pour eux la plus éloquente des oraisons funèbres. Ayant lutté jusqu'au bout à leurs côtés, mieux que personne il peut être garant de leur valeur, et son témoignage, confirmé on l'a vu, par les juges les plus compétents, demeure au-dessus de tout soupçon.

L'action terminée, victoire ou défaite, tout n'est pas fini encore. Pitoyable aux douleurs d'autrui, notre sergent était de ceux qui, après les plus chaudes affaires, s'inquiétaient du sort des blessés ; l'intérêt ne diminue pas à le suivre aux ambulances improvisées, où tant de malheureux, souvent entassés dans quelque ferme qui brûle, endurent, pansés à la hâte, les plus horribles tortures. Et le lecteur partage, ressent avec lui les angoisses que lui cause le spectacle de ces supplices.

On voudrait pouvoir analyser, suivre en détail la série des combats, des alertes sans cesse répétées, des mouvements aventureux, interrompus par de trop rares accalmies, détacher certains épisodes particulièrement frappants, citer quelques-unes de ces pages, où reparaissent tour à tour les brillants assauts, comme celui de la ferme du Mée, l'attaque et la défense du château de Villepion, puis les désolantes retraites — de Beaugency à Vendôme, du Mans à Laval. Mais à quoi bon s'attarder ici en d'inutiles développements? L'édition est épuisée, une autre ne saurait manquer de suivre. A tous nos compatriotes ce livre réserve une sorte d'amère jouissance, mêlée de quelque fierté ; nul doute que la lecture n'en soit pour eux bienfaisante, et d'un effet grandement salutaire.

Les générations nouvelles sont oublieuses, dit-on : elles croiraient définitivement fermée l'ère des conflits armés entre les nations. Des prédicateurs pacifistes entretiennent sottement, — naïvement si l'on veut, — ces illusions chimériques. D'autre part, l'antimilitarisme se flatte de détruire dans le peuple la religion de la patrie; il répudie, en termes ignobles, le respect sacré du drapeau. Il importe de réagir contre ces coupables folies, pour les empêcher de devenir endémiques et de désorganiser le pays. Est-il, pour les combattre, un plus efficace antidote que ces enseignements de l'exemple, où les jeunes apprendront de leurs anciens la pratique des vertus militaires, qui constituent pour les peuples la garantie même de l'existence, en leur assurant l'estime raisonnée de leurs alliés et la crainte forcée de leurs rivaux.

D. MALLET (1).

(1) Nous nous empressons d'ajouter que M. Dominique Mallet, lui aussi, a fait vaillamment la campagne de 1870, comme lieutenant au 33e Mobiles, qu'il a été contusionné le 2 décembre à Loigny, et qu'il est l'auteur des deux ouvrages si intéressants, *La Bataille du Mans* et *Les Prussiens au Mans*, 1873, 2 vol. in-12, les premiers en date après l'ouvrage du Colonel de la Touanne. (Robert TRIGER).

Extrait de la Revue historique et archéologique du Maine. Tome LXIII, 1908.

A Monsieur Denis ERARD,
ancien sous-officier au 33e Mobiles.

Paris, le 4 août 1908.

Monsieur,

J'ai été extrêmement sensible à la gracieuse pensée que vous avez eue de m'offrir vos « Souvenirs d'un Mobile de la Sarthe ».

Je retrouve avec émotion dans ces pages si vivantes, l'évocation d'un temps terrible, où mon cœur de jeune Français battait des mêmes espérances, des mêmes anxiétés, des mêmes patriotiques douleurs que le vôtre. Cette lecture, quelque cruels souvenirs qu'elle éveille, est réconfortante et saine.

En 1870, nous étions des vaincus, mais nous étions unanimes à aimer la Patrie, à vouloir la servir et la venger. Cette France vaincue, qui luttait désespérément pour l'honneur fut très grande, et toute publication qui, comme la vôtre, montre la noblesse, l'élévation des sentiments qui régnaient alors dans les cœurs, peut être considérée comme un antidote de l'abominable prédication hervéiste et doit, par conséquent, être approuvée.

On vous a conseillé de publier ces pages, que votre modestie se refusait à nous donner : on a eu mille fois raison, et je ne veux pas être le dernier, Monsieur, à vous adresser, en même temps que mes remerciements, mes plus sincères et cordiales félicitations.

George DURUY
Professeur d'Histoire et de Littérature à l'Ecole Polytechnique.

AVANT-PROPOS

Après trente ans passés, vouloir écrire des souvenirs, c'est peut-être s'exposer à bien des erreurs involontaires.

On ne pense plus, on ne voit plus à cinquante ans comme dans la vingtième année. Forcément on échappe à l'influence de l'époque et du milieu, quand on veut, à pareille distance, retracer des sensations éprouvées depuis si longtemps.

Et je douterais de moi, je craindrais de présenter les événements et les choses sous un jour inexact, si je n'avais encore là, sous la main, mon calepin de caporal et de sergent, usé, sali, par suite de son séjour dans les vastes poches de ma capote, avec toutes sortes d'objets nécessaires aux troupiers.

Je l'ouvre, j'y vois d'abord figurer aux premières pages les noms de tous les hommes composant ma compagnie, par rang de taille, et toutes les indications utiles au service.

Les pages qui suivent sont couvertes de dates, de notes au crayon. Ce sont les faits journaliers, mes impressions du moment, griffonnés en quelques lignes, entre une liste d'hommes de corvées, d'hommes de garde, ou le relevé de la distribution du prêt.

Dans ce petit carnet, je retrouve ces notes écrites le plus

souvent le soir, sous la tente, à la lumière d'une bougie, qu'on laissait brûler jusqu'à la sonnerie du couvre-feu.

Ah ! je l'entends encore ce couvre-feu, j'entends encore ces notes du clairon se perdant dans la campagne, douces, caressantes, et se prolongeant sur un son final comme un langoureux soupir.

Pendant qu'assis sur leurs sacs ou couchés sur la paille, quand nous en avions, mes compagnons jouaient aux cartes, fumaient leurs pipes ou devisaient avec insouciance des derniers événements, j'écrivais, sous la pluie qui ruisselait contre la toile et nous imprégnait de son humidité, ou bien encore près du feu du bivouac, dont la fumée rabattue par le vent faisait pleurer mes yeux.

Je mettais à exécution, malgré les obstacles, la promesse que je m'étais faite d'écrire chaque jour la note saillante, l'incident qui avait frappé mon imagination.

Ces lignes, que je retrouve aujourd'hui, me sont précieuses et me font revivre les heures vécues dans ce temps-là.

Oui, je me méfierais de mon tempérament, qui me porte de plus en plus à exalter tout ce qui est dévouement, tout ce qui est patriotisme, si elles n'étaient pas là ces notes.

Je les relis, et je puis constater que c'était le cœur tout chaud, avec un réel enthousiasme, que je les écrivais et que, malgré la menace du danger toujours imminent dans la vie du soldat en campagne, je pensais avec une ardeur bien juvénile, à laquelle le temps n'a point donné de démenti.

Malgré l'éloignement des faits et la fuite des années, ma manière de voir n'a point changé, mes sentiments sont restés les mêmes.

On peut donc lire et croire en toute confiance ces « souvenirs », comme s'ils avaient été écrits trente ans plus tôt. Le calepin du caporal de la 4e du deux est là qui fait foi.

Je suis loin d'ailleurs de vouloir entreprendre une relation savante et théorique, où les faits s'enchaîneraient les uns aux autres avec art et méthode.

Non, ce serait au-dessus de mes moyens.

Je veux seulement transcrire avec quelques détails les événements dont j'ai été témoin et qui m'avaient le plus frappé. Donner l'analyse de mes impressions les plus vives et dont la lecture peut intéresser, c'est pour moi un précieux passe-temps au déclin de ma vie.

D. E.

SOUVENIRS

D'UN

MOBILE DE LA SARTHE

(33e REGIMENT)

CHAPITRE PREMIER

L'entrée en campagne. — La forêt de Marchenoir. — A Autainville. — Les francs-tireurs de Binas. — Récit des paysans. — Au camp de Séris Concriers. — Au camp de Viévy-le-Rayé. — La discipline au camp. — Aux ambulances. — Séjour au camp de Viévy.

Nous étions depuis huit jours à Blois, nous accommodant assez bien de la vie de garnison, quand le matin du mardi 25 octobre on nous annonça que nous allions quitter la caserne dans la journée et que nous devions nous tenir prêts à partir, emportant tout le fourniment dans le sac.

Chacun soupesait « azor » alourdi de dix paquets de cartouches, bondé de quatre jours de vivres, biscuits, riz, café, etc... Nous le trouvions un peu lourd et cela nous arrachait des soupirs.

La marche du régiment retentit dans la cour de la caserne vers midi et, bientôt après, par un temps sombre et gris, clairons en tête, la colonne s'allongeait sur la route, prenant la direction du nord.

Nous n'étions pas renseignés sur notre itinéraire. On disait vaguement que nous allions prendre position auprès de la forêt de Marchenoir ; c'était pour nous l'inconnu.

A peine avions nous fait quelques kilomètres sur la grande route que la pluie commença, d'abord fine, serrée, puis peu à peu elle augmenta. Le temps était devenu franchement mauvais ; de gros nuages noirs crevaient sur nos têtes.

Nous marchâmes tant que le jour dura sous une pluie diluvienne.

A l'approche de la nuit nous avions fait quatre ou cinq lieues. Trempés comme des soupes, crottés comme des barbets, nous étions arrivés à un embranchement de la route, près d'un village nommé « Pontijoux » de maussade mémoire ; j'en appelle à vos souvenirs, camarades !

Mais, pas d'ordres. Ce ne fut qu'après une pause assez longue, pendant laquelle la nuit arriva, que nous sûmes enfin à quoi nous en tenir.

Faites la soupe, nous allons camper, nous dirent nos officiers. Ce fut avec beaucoup de peine qu'on pût allumer les feux. On mangea je ne sais plus quoi, des morceaux de biscuits et du riz bouillis dans l'eau de nos marmites, avec quelque peu de sel pour unique assaisonnement.

Nos tentes furent installées sous la pluie battante et, dans une obscurité complète, nous nous réfugiâmes à leur abri illusoire.

Le sommeil ne tarda pas à venir nous visiter et nous dormions profondément déjà depuis une bonne heure, pelotonnés les uns contre les autres, quand soudain le clairon jeta ses notes au vent dans la nuit et fit dresser l'oreille à ceux d'entre nous qui avaient le sommeil léger ; maudit clairon !

Entends-tu ? me dit mon voisin, en m'envoyant un coup de coude dans le flanc.

Eh oui ! j'entendais bien. C'était la marche du régiment, qu'on ne sonne en campagne que dans les moments graves et en cas d'alerte.

Je ne pouvais en croire mes oreilles. Pour sûr, je dors éveillé, me disais-je, ce doit-être la mauvaise plaisanterie d'un disciple de Bacchus agité, qui ne peut dormir et ne veut pas que les autres puissent reposer en paix.

Il fallut bien se rendre à l'évidence, malgré les bons motifs que nous avions pour chercher à faire la sourde oreille.

Debout !... les endormis, sac au dos !... criaient les sous-officiers.

Notre tente fut bientôt démontée, les toiles dégouttantes de pluie roulées sur les sacs à la hâte et, dans les ténèbres, à tâtons pour ainsi dire, car on ne distinguait pas un camarade à dix pas, nous reprenions la marche sur la grande route, ahuris, désorientés, soulageant notre mauvaise humeur en proférant des imprécations contre les trouble-fêtes, les fâcheux qui se faisaient un malin plaisir de ne pas nous laisser reposer au moins la nuit.

Nous marchâmes longtemps, talonnés par le colonel qui surveillait notre détachement, accélérait l'allure des troupiers et, malgré nos réclamations, ne permit aucune halte.

Vers minuit nous arrivions à Marchenoir. Mais nous ne fîmes que traverser ce gros village. Puis on s'arrêta enfin au delà, en rase campagne, à peu de distance de grands bois.

Quelle halte ! L'arrêt sur la route, dans la nuit, dura plus d'une heure, pendant laquelle les malheureux mobiles essuyèrent une pluie battante.

Notre capitaine avait envoyé le lieutenant Deforges à la brigade, installée à Marchenoir, pour y chercher des ordres. Il revint enfin, accompagné d'un garde forestier qui prit la tête de la compagnie auprès de nos officiers.

Par file à gauche, en avant marche ! — Et la marche recommence.

Nous atteignons la futaie et nous nous engageons dans des sentiers étroits et couverts qui n'étaient praticables qu'aux piétons.

C'était la forêt de Marchenoir, que nous traversions sous bois, au plus court, évitant les grandes voies.

Les diverses compagnies du 2e bataillon traversaient également la forêt, mais elles avaient pris chacune une direction différente, ce qui avait produit une dislocation du bataillon.

Nous marchions à la file indienne, obligés d'étendre les mains en avant afin de nous préserver des branchages chargés d'eau, qui nous frappaient au visage.

Si l'on échangeait quelques rares paroles, c'était pour se demander de l'un à l'autre quel pouvait être le motif de cette marche de nuit, en hâte, vers un but inconnu.

Notre capitaine pressait le pas de sa compagnie et faisait serrer la colonne, qui s'allongeait trop à son gré.

Quelques détonations isolées, assourdies par l'éloignement, s'étaient fait entendre du côté où nous nous dirigions. Pas besoin de dire que cela nous faisait dresser l'oreille.

Les ténèbres deviennent enfin moins compactes ; nous sortons de dessous les branches et nous nous trouvons en dehors de la forêt.

Un temps de marche encore et nous entrons dans un village situé à la lisière, salués par le chant des coqs qui se répondaient d'une maison à l'autre. Il pouvait être entre deux et trois heures du matin. Ce village s'appelait Autainville.

Après avoir établi nos postes, réveillé les propriétaires des granges et des écuries pour nous en faire ouvrir les portes, succombant au besoin de sommeil et à la fatigue, nous nous laissâmes tomber sur la paille de ce cantonnement, mouillés, transpercés jusqu'aux os !

On nous permit de reposer quelques heures. Dès le réveil, avant qu'il fît jour, nous étions sous les armes, alignés dans la principale rue qui traverse le bourg, pendant que l'on postait des tirailleurs dans les maisons écartées de l'agglomération et derrière les haies des jardins. Des vedettes étaient aussi installées sur les toits, afin de donner l'alarme en cas d'alerte.

Deux compagnies seulement occupaient Autainville, la 4e et la 5e. Les capitaines étaient laissés à leur initiative. Le reste du bataillon se trouvait échelonné sur la lisière de la forêt.

Du poste que nous occupions, le village étant situé sur un petit monticule dominant les alentours, nous nous rendions parfaitement compte de la configuration du terrain.

Ayant à dos la forêt de Marchenoir, qui se prolongeait du nord au midi, nous avions devant nous un aperçu de la Bauce :

un pays plat, uni, des champs nus. On n'apercevait pas une haie, pas un arbre, tant que la vue pouvait porter.

Dans cette plaine immense, à environ cinq kilomètres, un village se montre, c'est Binas. A mi-chemin, quelques cavaliers vont et viennent au pas ; vus à cette distance, ils paraissent gros comme des mouches ; ce sont des uhlans prussiens.

Il ne pouvait plus y avoir de doutes pour nous, nous étions aux avant-postes et enfin nous prenions contact avec l'ennemi.

L'explication de notre marche forcée de la nuit nous fût bientôt donnée par les rares habitants qui n'avaient pas abandonné leurs foyers.

Un combat malheureux d'avant-poste avait eu lieu la veille autour de ce petit village de Binas. On craignait que l'ennemi enhardi par son succès n'entrât dans la forêt de Marchenoir et notre bataillon avait été envoyé en toute hâte pour en garder les abords.

Les cavaliers allemands surveillaient de loin, mais n'approchaient pas à portée de nos chassepots. Avec quel plaisir, cependant, eussions-nous essayé nos armes sur ces brigands !

Deux voitures du pays, suivant la route qui vient de Binas à Autainville, se dirigeaient de notre côté. Nous n'y avions d'abord prêté aucune attention, si ce n'était pour remarquer que les cavaliers ne les inquiétaient pas.

Mais lorsque ces deux chariots se furent rapprochés et eurent pénétrés dans le bourg, il nous fut donné de contempler le plus affreux tableau que l'on puisse imaginer. Peintres les plus réalistes, vous n'atteindrez jamais avec vos pinceaux un tel degré d'horreur !

Les plus braves parmi nous furent intimidés, pâlirent, et un cri d'angoisse s'échappa de toutes les poitrines.

Les deux chariots rapportaient les cadavres de onze francs-tireurs, hachés de coups de sabre. Les têtes étaient fendues, les épaules, les bras mutilés, les mains avaient presque toutes des doigts coupés.

Comme pour rendre encore le coup d'œil plus lamentable, les malheureux étaient souillés de boue, trempés de pluie. Ils avaient passé la nuit sous l'averse, dans les champs, là où ils étaient tombés.

Les paysans réquisitionnés pour aller les ramasser ramenaient ces cadavres dans leurs voitures à fourrage. Pas une bâche, pas un lambeau d'étoffe n'abritait ces victimes !

Jamais je n'oublierai cette vision.

La plupart de ces morts conservaient sur leurs traits une expression de souffrance et d'angoisses indicibles.

C'étaient presque tous de beaux et solides gaillards d'âges différents, en pleines forces. Les uns avaient la barbe qui commençait à grisonner ; d'autres étaient des adolescents, dont le menton ne portait qu'un duvet naissant.

Je vois encore le sergent-major, beau garçon d'une trentaine d'années, aux fortes moustaches blondes, le front ouvert d'un coup de sabre. Ses deux mains étaient crispées sur sa musette de toile, qu'il avait portée à sa bouche dans un geste de désespoir et qu'il semblait vouloir déchirer avec ses dents. La mort l'avait saisi dans cette dramatique posture.

Les vareuses de ces pauvres gens, déchirées par suite des coups reçus, laissaient voir les blessures de l'arme blanche, sabre ou lance, dans la chair vive ; tous avaient été atteints à plusieurs reprises ; c'était affreux !

Des paysannes qui virent passer les funèbres voitures poussèrent de grands cris, firent des signes de croix ou se couvrirent le visage avec leurs jupes en s'enfuyant.

Quelques-uns des fusils des francs-tireurs, rompus à la poignée, avaient été ramassés et déposés dans les charrettes. C'étaient des carabines Minié, armes se chargeant par la bouche. — Tout s'expliquait.

En quelques mots, les conducteurs des charrettes, gens du pays, au courant des événements, nous firent comprendre la façon dont le drame s'était accompli. Il montre comment cette terrible guerre était menée par des ennemis cruels et sans pitié.

Voici ce qu'il nous dirent :

La compagnie des francs-tireurs de Seine-et-Marne et du

Calvados (c'est cette désignation qui est inscrite sur mon carnet, une note du commandant de Montesson dit : de Saint-Denis et de Lisieux, commandant Liénard), composée d'une quarantaine d'hommes déterminés concourait à couvrir les abords de la forêt de Marchenoir.

Elle faisait avec succès la guerre de partisans et avait infligé des pertes à la cavalerie allemande. La veille, ces francs-tireurs avaient entrepris de concert avec une compagnie d'infanterie de ligne un coup de main sur un gros parti de cuirassiers blancs, qui venait régulièrement depuis plusieurs jours à Binas, comme en pays conquis, lever des contributions en nature.

Ces cavaliers prévenus ce jour là par leurs espions, — faut-il le dire? des paysans des environs (dont l'un d'eux, convaincu de trahison, passa en Cour martiale et fut fusillé plus tard), — sachant que les français occupaient le village, au lieu d'y pénétrer de vive force, se bornèrent à le surveiller.

Vers la fin du jour, ils virent la compagnie d'infanterie se retirer en bon ordre, tandis que les francs-tireurs pour leur malheur prolongèrent leur séjour dans les cabarets, où ils s'étaient mis à boire. Les imprudents voulurent avant la nuit rallier Autainville, ne se doutant pas du danger qui les menaçait.

Mais ils avaient à parcourir un espace absolument nu de quatre kilomètres. Ils étaient déjà arrivés à mi-chemin, quand les cuirassiers blancs, tenus jusque-là en respect, fondirent sur eux.

Le premier choc dut être terrible. Les francs-tireurs se défendirent bravement et firent tomber, disait-on, beaucoup de cavaliers. S'ils avaient eu en mains des armes à tir rapide, ils auraient eu des chances de pouvoir se dégager et décimer l'ennemi.

Les allemands n'ignoraient pas ce détail.

Une fois le fusil déchargé, ils cherchaient à parer, dans le corps à corps, les coups de sabre, en se couvrant de leur arme, qu'ils élevaient au-dessus de leur tête. Mais ils avaient alors les doigts hachés ; ce qui était suffisamment prouvé par ces mains mutilées que nous avions vues.

On peut s'imaginer les faibles rangs des franc-tireurs défoncés par la charge. Une fois débandés, ils devinrent une proie facile pour un ennemi furieux, qui s'acharna à la vengeance et ne voulut faire aucun quartier.

L'issue du combat dans ces conditions était inévitable. Ils succombèrent, les braves gens, victimes de leur imprudence.

Quelques-uns d'entre nous furent chargés de creuser une grande fosse dans le cimetière du village, où les malheureuses victimes furent étendues côte à côte.

Voilà comment nous commençâmes notre apprentissage du métier de troupier.

Nous restâmes deux jours à Autainville, constamment sur le qui-vive. Pendant la nuit nous avions de nombreux petits postes placés en avant du village ; ces postes ne furent nullement inquiétés.

Le 28 octobre au matin nous étions relevés par la ligne, puis nous rétrogradions vers la forêt, que nous traversâmes cette fois par les chemins frayés.

Avant midi nous étions rendus à Marchenoir, lieu de rassemblement, où nous retrouvions nos camarades du bataillon, qui arrivaient de différentes directions.

Une fois réunis, le commandant de Montesson reprenait le commandement de son bataillon, fort de huit à neuf cents hommes, et nous acheminait à l'extrémité sud de la forêt, à Concriers.

Le pays parcouru était absolument plat, mais agrémenté de bouquets d'arbres.

Nous trouvâmes dans cette plaine nos braves camarades du 37e de marche, avec qui nous formions brigade, installés dans un campement qui semblait préparé de longue main. Nous nous vîmes encadrés de troupes de toutes armes, cavalerie et artillerie. Les pièces de canon abritées par des épaulements, des ouvrages de terre, des tranchées dans toutes les directions nous donnèrent l'idée d'un camp retranché.

On nous fit dresser nos tentes au milieu de cet appareil guerrier. Là, nous ne pouvions plus nous faire d'illusions, nous étions considérés et traités comme de véritables troupiers, et la discipline militaire commença à se faire sentir dans toute sa rigueur.

Le lendemain matin nous étions debout longtemps avant le jour, les tentes roulées sur les sacs et rangés en bataille, n'attendant qu'un signal, nous semblait-il, pour nous mettre en marche. Il n'en fut rien. Nous restâmes une partie de la journée sur pied ; puis, le soir venu, il fallut déboucler les sacs et remonter nos tentes à nouveaux frais aux mêmes emplacements.

Le soir, je fus désigné pour être de grand'garde, en avant du front de bandière, près la route qui va de Mer à Lorges. Le poste était commandé par notre sergent-major et la consigne sévère.

Nous ne devions laisser traverser les lignes que par les personnes munies de laissez-passer en règle, revêtus de cachets officiels.

Toute la nuit nous fûmes aux aguets. Un certain nombre de paysans, se disant tous marchands de bestiaux, durent rétrograder. C'était une véritable barrière, que ne purent traverser que ceux qui montraient patte blanche. Nous n'avions pas clos l'œil de la nuit.

Le matin du dimanche 30 octobre, il y avait des ordres de départ, nous nous mettions en route dès sept heures, avec une tasse de café dans l'estomac ; la journée fut dure et longue.

A la grande halte, qui se fit à Saint-Léonard près Marchenoir, nous retrouvions les deux autres bataillons du régiment, desquels nous étions séparés depuis plusieurs jours, et le soir, exténués par une longue marche, nous arrivions au camp de Viévy-le-Rayé, grand rassemblement de troupes, à plus de trente kilomètres de notre point de départ du matin.

Nous devions y rester plusieurs jours.

Le camp, qui comprenait toute la première division du corps d'armée, si j'ai bonne mémoire, était immense et bien installé.

Les tentes blanches, bien alignées, s'allongeaient en lignes symétriques à perte de vue dans la plaine.

Cela faisait plaisir à voir ; mais cette grande concentration de troupes nous laissait pressentir que la situation se resserrait, devenait grave.

Les rapports du matin étaient de plus en plus sévères ;

défense de sortir du camp sous aucun prétexte. Les villages et les maisons avoisinant le camp étaient rigoureusement consignés aux troupes et malheur à ceux qui enfreignaient les ordres.

Notre temps était employé du matin au soir en exercices et manœuvres de tous genres. Combien de jours devions-nous rester ainsi ?

Nos installations, solides, soignées, améliorées constamment, pouvaient nous porter à croire que nous étions destinés à faire un certain séjour à ce camp. Cependant chaque matin nous étions prévenus d'avoir à nous tenir prêts au premier signal de départ.

J'ai dit que la discipline était très sévère au camp ; nous en avions les preuves.

Il ne se passait presque pas de jours sans exécutions militaires : espions arrêtés malgré leur déguisement en marchands de bestiaux, paysans convaincus de connivence avec l'ennemi, tel celui qui avait livré les francs-tireurs de Binas, ou pauvres diables de soldats qui payaient de leur vie un moment d'insubordination envers leurs chefs ; je ne citerai pas les déserteurs, ceux-là, les plus nombreux des fusillés, excitaient le moins la pitié.

On citait avec un frisson, l'histoire tragique d'un malheureux sergent-major de la ligne, exécuté pour vol d'une dinde, fait compliqué de bris de clôture.

Aussi le matin, au petit jour, à l'heure où avaient lieu ces exécutions, nous ne pouvions entendre le lugubre feu de peloton retentir au loin, suivi de la détonation isolée du coup de grâce, sans ressentir une commotion des plus pénibles.

Plusieurs compagnies du bataillon, à tour de rôle, assistaient par ordre de service à ces tristes spectacles. Les hommes en revenaient le cœur retourné et presque malades pour le reste de la journée.

Le jour où vint le tour de ma compagnie, j'eus à remplir une corvée peu agréable, mais cent fois moins pénible.

Ce matin là, le hasard voulut que je fusse désigné pour accompagner dans la voiture du tringlot, deux hommes malades ; un varioleux et un teigneux, qu'il fallait conduire à l'ambulance de Marchenoir.

La promiscuité était peu engageante, je préférai faire le voyage à pied, escortant la voiture, afin d'éviter le contact des deux pauvres diables.

Je remis mes deux malades aux Sœurs de Saint-Vincent-de-Paul qui dirigeaient l'ambulance et l'une de ces bonnes Sœurs me permit de pénétrer dans la salle d'école transformée en dortoir.

J'y vis deux des francs-tireurs de Binas, échappés au massacre de leurs compagnons, qui reposaient chacun dans un petit lit, côte à côte.

Ces deux malheureux, recueillis comme morts, avaient été frappés l'un et l'autre de plusieurs coups de sabre sur le crâne. Leur tête disparaissait sous les bandelettes serrées qui maintenaient leurs plaies et l'on ne pouvait voir que le bas de leur visage.

Un silence absolu était recommandé. La bonne sœur, mettant un doigt sur sa bouche, me fit signe que je ne devais pas chercher à leur adresser la parole et ne pas troubler leur repos.

Notre séjour au camp de Viévy se prolongeait; nous nous faisions assez bien à cette existence active de manœuvres.

L'hiver, cependant, commençait à se faire sentir assez rigoureusement et notre frêle abri de toile nous préservait bien imparfaitement du vent du nord.

Les tentes se couvraient de givre la nuit ; nous grelottions au réveil et nos dents claquaient de froid. Pour se réchauffer en sortant de dessous les tentes, de nombreux couples de moblots battaient la semelle avec ardeur ou se livraient à toutes sortes de sarabandes. Puis, la gaîté de notre âge venant à la rescousse, nous oubliions bientôt nos misères présentes par des plaisanteries qui se terminaient dans des éclats de rires communicatifs.

Il y avait du reste, fait à constater, très peu de malades à ce moment. Nos officiers s'occupaient de leurs hommes avec une véritable sollicitude; les vivres étaient distribués avec régularité; en somme, l'existence était bonne au camp de Viévy pour des soldats en campagne.

Les événements, cependant, ne devaient pas tarder; ils se préparaient dans le livre du Destin.

CHAPITRE II.

Les premiers coups de canon. — Combat de Vallière. — La Mobile. — La marche en avant. — Le général Deplanque. — Ouzouër-le-Marché.

Le matin du lundi 7 novembre, nous avions comme de coutume fait l'exercice et après la soupe, vers dix heures, nous étions au repos. Les uns s'allongeaient paresseusement sous la tente, les autres assis sur leurs sacs écrivaient à leurs familles ou, groupés en rond à terre, fumaient leurs pipes en devisant.

Inutile de dire que les conversations se portaient toutes vers le pays et les amis qu'on y avait laissés. Quand, au milieu de ce calme, de cette quiétude, soudain un roulement semblable à un tonnerre sourd, amorti par la distance, se fit entendre dans le lointain, par delà la forêt, dont la lisière nous avoisinait à moins d'une portée de fusil.

Les conversations engagées se taisent subitement, on retire les pipes de la bouche par un mouvement machinal, puis les têtes se redressent et chacun prête l'oreille...

Second coup, suivi de plusieurs autres à intervalles rapprochés et irréguliers. Plus de doute, c'est le canon ! Tout le monde se tient debout et écoute.

Il y eût une pause de quelques secondes, pendant laquelle nous nous regardions les uns les autres sans trop savoir que dire. Puis le crépitement de la fusillade se mêle à son tour au bruit du canon qui domine tout le fracas et, moins d'un quart d'heure plus tard, c'est un véritable combat qui se livre, à en juger par le bruit que nous percevons distinctement.

Dans le camp, les hommes revenus de leur première impression, comparable à une espèce de stupeur, s'agitent comme une fourmilière. Nos officiers sont au milieu de nous et en attendant des ordres, font renverser les tentes et boucler les sacs ; les bataillons sont réunis aux faisceaux.

Le commandant de Montesson, arrivé sur ces entrefaites au

galop de son cheval, fait mettre sac au dos et prendre les armes à son bataillon.

Le combat se continuait toujours et par instants semblait prendre une certaine ampleur.

Nous nous mettons enfin en route longeant la forêt et prenant la direction de Marchenoir. Il était à peu près trois heures quand nous arrivions aux environs de Saint-Léonard. Peu à peu le bruit avait cessé pendant notre marche.

Nous nous étions arrêtés et nous reposions sous les armes le long d'une route qui s'engageait dans la forêt, lorsque plusieurs dragons français débouchèrent, des voitures de paysans les suivaient escortées de chasseurs à pied.

Les premiers chasseurs que nous voyons passer étaient encore sous le coup de l'exaltation du combat. Leurs figures et leurs mains étaient noires de poudre. Au milieu d'eux se trouvaient quelques prisonniers bavarois, coiffés du casque de cuir noir, surmonté de la grosse chenille. C'étaient les premiers de nos ennemis que nous voyions de si près et nous les regardions avec curiosité.

Ils ne paraissaient pas trop surpris de se trouver là et faisaient bonne contenance, quoique désarmés, en défilant devant nous.

Les voitures ramenaient des blessés, presque tous fantassins bavarois. Nous contemplions ce spectacle étrange et nouveau pour nous avec le plus grand intérêt.

En quelques mots, les chasseurs à pied nous dirent qu'ils avaient repoussé une attaque aux environs de Saint-Laurent-des-Bois, de l'autre côté de la forêt, que « ç'avait chauffé », mais que l'ennemi avait été rejeté sur toute la ligne, abandonnant ses morts et ses blessés, ainsi que nous en avions la preuve, et avait été poursuivi baïonnette aux reins.

Les paroles de ces braves gens nous réchauffaient le cœur et cent mains leur étaient tendues pour presser les leurs dans une effusion fraternelle et patriotique.

Ils avaient du reste le triomphe modeste et acceptèrent volontiers de boire un coup aux bidons que nous leur tendions et que, par bonne fortune, nous avions trouvé moyen de remplir en route aux barriques d'un de ces nombreux vivandiers qui suivaient les troupes.

Les voitures des blessés étaient au nombre de sept ou huit. Je m'approchai de l'une d'elles; cinq blessés l'occupaient. Assis à l'arrière sur son séant, un gros bavarois, véritable type teuton, tête énorme, barbe et cheveux roux, gesticulait, criant: amis... francisses... nous, nixt Prussiens... et il allongeait le poing ajoutant : capout Bismark !... capout !... Puis il montrait son pantalon percé aux cuisses, enfonçait l'index dans la déchirure du drap noir que la balle avait perforé et le retirait rougi de sang, attirant ainsi par sa mimique l'attention sur sa blessure; un projectile de chassepot lui avait troué les deux jambes.

Trois autres blessés, étendus sur la paille dans la voiture, se plaignaient douloureusement et, déjà saisis par la fièvre, demandaient sans cesse : à boire, à boire, en français. Quant au cinquième blessé, étendu sur le dos sans mouvement, il ne donnait plus signe de vie. Sa grande capote bleue était couverte de sang à la poitrine, qu'une balle avait traversée. C'était un tout jeune homme, aux cheveux châtains, à la figure fine et délicate, qui faisait surtout contraste avec la mine bestiale du gros roux.

La nuit vint sur ces entrefaites. On nous fit camper sur l'emplacement même que nous occupions auprès de Saint-Léonard, en vue de la forêt de Marchenoir, et ce fut à la lueur des feux de bivouac, qui éclairèrent les environs d'une lueur rougeâtre, que les tentes furent dressées et alignées. Décor militaire et pittoresque, bien en harmonie avec le spectacle que nous venions d'avoir sous les yeux.

Pendant que nous étions occupés à préparer notre campement, un petit détachement des mobiles du Loir-et-Cher, arrivant du combat, vint à passer sur la route que nous bordions.

Nos officiers arrêtèrent le lieutenant qui les commandait, afin d'en obtenir des renseignements. Comme on peut le penser, notre curiosité était fort excitée ; nous ne saurions jamais trop de détails sur l'affaire de la journée. Nous entourâmes nos camarades et à leur tour ils nous racontèrent ce qui s'était passé.

Une partie de leur bataillon avait combattu en tirailleurs ; l'autre partie, la plus forte, était restée l'arme au pied en soutien. Mais, ils avaient tous reçu le baptême du feu ; ils avaient entendu au-dessus de leurs têtes le grondement des obus et le sifflement des balles, et s'en montraient quelque peu fiers.

Les Bavarois avaient attaqué. Reçus vigoureusement par les chasseurs à pied et les mobiles, ils avaient été repoussés. Mais on pouvait supposer que ce n'était qu'une fausse attaque ou une reconnaissance ayant pour but de tâter les lignes françaises.

En somme, ce n'était qu'une affaire d'avant-postes, prélude sans doute d'un mouvement général, que tous les renseignements faisaient prévoir.

A quelques lieues, au delà de la forêt, au dire des paysans, une armée allemande venait à notre rencontre. Elle se répandait dans le pays déjà depuis plusieurs jours, et les villages regorgeaient de troupes ennemies de toutes armes.

Lorsque nous nous heurterions à cette masse, le combat serait autrement important que celui qui s'était livré dans la journée.

Les conversations marchaient bon train ce soir là sous les tentes et nous étions d'accord pour reconnaître que notre tour de combattre pourrait bien se présenter au premier jour.

Les uns enthousiasmés se réjouissaient, ne doutant pas du succès, d'autres plus réfléchis voyaient les choses d'une manière tragique et les poussaient au noir.

Il convient de dire que depuis trois semaines que nous tenions virtuellement campagne, notre régiment de garde-mobile avait un tout autre aspect qu'au début.

Notre nombre avait déjà quelque peu diminué, par suite du départ des rangs d'un certain nombre d'hommes débiles, qui n'avaient pu supporter les premières fatigues. Les maladies, parmi lesquelles la variole, la dysenterie et la fièvre typhoïde, avaient contribué aussi à faire des vides.

Mais cette élimination, en faisant disparaître les non valeurs, avait donné plus de force et de cohésion aux éléments que nos officiers avaient entre leurs mains. Les rangs étaient formés à ce moment d'hommes relativement solides, par conséquent plus déterminés et dont l'immense majorité, animée de sentiments patriotiques, ne demandait qu'à marcher à l'ennemi.

Dans cette espèce de sélection, une remarque avait frappé tout le monde ; c'est que les jeunes gens des villes, ne payant pas par l'aspect de la force, plutôt d'apparence chétive, avaient été plus résistants que quantité de jeunes gens des campagnes, qui semblaient pourtant beaucoup plus robustes.

Le moral avait joué un grand rôle et avait eu une influence énorme sur le physique.

Les premiers avaient bandé leurs nerfs et pris leur parti bravement; tandis que parmi les seconds certains s'étaient laissés envahir par le découragement. Puis, la peur du danger avait agi d'une manière dissolvante ; plusieurs étaient devenus fous.

Je me contente de constater un fait, sans vouloir incriminer aucun de mes camarades. J'ajoute qu'à la fin de la campagne je m'étais créé de bonnes et franches amitiés (qui subsistent encore, n'est-ce pas vieux frères d'armes !) parmi de solides gaillards, de robustes fils des champs, dont le courage et la résistance ont vaillamment fait leurs preuves.

Je reprends mon récit au point où je l'ai laissé.

Le matin du 8 novembre, nous sortions de dessous nos tentes avant le jour. Le café fut vivement préparé et absorbé et le 2e bataillon s'alignait pour se mettre en mouvement. Nous eûmes bientôt rejoint les deux autres bataillons qui avaient campé aux environs. Le régiment se trouva réuni et le colonel en prit le commandement.

Ah ! on pouvait bien dire que c'était la jeune France qui se levait pour repousser l'envahisseur :

Notre colonel, M. de la Touanne, n'avait pas trente-cinq ans ; notre commandant, M. de Montesson, était dans sa vingt-cinquième année; les mobiles, à part quelques anciens soldats versés dans nos rangs comme instructeurs, avaient tous de vingt à vingt-cinq ans!

Voulez-vous avoir une idée de l'aspect que présentait notre troupe ?

Ah! il ne brillait pas par le panache notre uniforme.

A part les gradés, sergents et caporaux, qui avaient des vareuses de drap bleu foncé avec collets rouges, c'est-à-dire l'uniforme adopté, les hommes, habillés à la hâte, étaient vêtus de blouses bleues serrées à la taille par le ceinturon. Une patte de ganse rouge sur l'épaule les différenciait seule de la blouse du paysan.

Dans les premiers jours de notre rassemblement on avait fait coudre sur l'épaule gauche de chaque homme un bout de cette même ganse rouge placé en croix. On disait que c'était l'Impératrice qui avait témoigné le désir de voir la garde-mobile prendre le signe des croisés. L'idée religieuse était peut-être belle, mais nous ne sommes plus aux siècles de foi et, quand était venu le 4 septembre, l'emblême avait sans doute été considéré comme séditieux et l'on nous avait ordonné d'enlever le bout de ganse rouge formant la croix.

Pantalons foncés, avec bandes rouges larges de deux doigts, dont le bas était enserré dans les guêtres de toile, puis képi de même nuance que le pantalon, avec turban rouge.

Sur le dos le havre-sac de toile grise ; et voilà l'équipement avec lequel nous étions partis.

Malgré la simplicité de cet uniforme, ils avaient bon air les petits moblots. Leur allure avait quelque chose de décidé et de martial ; le sac était gaillardement porté, large, débordant les épaules par suite du paquetage de la couverture et de la toile de tente roulées autour, et surmonté à gauche par des piquets de tente comme d'une aigrette.

Chaque régiment de mobiles avait du reste son aspect particulier : La Sarthe était reconnaissable à ses blouses bleues ; le Loir-et-Cher avait des blouses de toile écrue et képis de même étoffe ; la Dordogne aussi avait des blouses de toile écrue, mais képis de drap bleu foncé, avec bandeau rouge, semblables aux nôtres. Ces coiffures avaient été façonnées avec du drap de mau-

LIEUTENANT-COLONEL HENRI DE LA TOUANNE
COMMANDANT LE 33e RÉGIMENT DE MOBILES

vaise qualité, qui sous l'action successive de la pluie et du soleil avait déteint et fini par prendre une teinte lie de vin indéfinissable.

Les rangs en marche présentaient donc des alignements de blouses bleues et de blouses claires, qui faisaient reconnaître les régiments de loin et du premier coup d'œil. Mais quel point de mire devaient offrir nos camarades du Loir-et-Cher et de la Dordogne, avec leur costume clair, se détachant trop bien sur la verdure des champs !

De suite, nos jeunes bataillons, qui cette fois marchaient au devant de l'ennemi, se déploient en bataille, tirailleurs en avant.

Notre commandant donne des instructions à nos officiers : le silence le plus absolu doit être observé, l'ordre le plus complet maintenu dans les rangs ; à tous les gradés, officiers et sous-officiers d'y veiller strictement.

Nous laissons la forêt sur notre droite et nous ne tardons pas, après l'avoir dépassée, à pénétrer dans une plaine qui s'étendait à perte de vue et où nous apercevons à peine quelques maisons, quelques bouquets d'arbres isolés.

A notre hauteur se trouve un régiment de ligne, également formé en bataille, le 37e de marche, notre camarade de brigade, avec lequel nos mouvements se coordonnent, et nous avançons dans la plaine.

D'autres troupes, au fur et à mesure que nous marchons, viennent ajouter leur nombre, et c'est vraiment un beau spectacle de voir ces lignes mouvantes manœuvrer et s'avancer d'un mouvement continu.

Il y eût une halte vers midi, mais elle ne fut pas longue, et l'on reprit la marche en avant, toujours dans le même ordre. A distance, une seconde ligne parallèle à la nôtre nous suivait en arrière.

Les tirailleurs, qui nous précédaient, avaient reçu des instructions qui nous avaient fait dresser l'oreille : au cas probable où l'on rencontrerait l'ennemi, défense de tirer avant que l'ordre en fut donné.

On s'attendait donc enfin à le voir, l'ennemi !

Cela donnait à penser. Puis ce rassemblement immense de troupes, ce déploiement inusité, cette marche en avant dans la direction où l'ennemi était indiqué, tout nous faisait présager une rencontre ; il y avait si longtemps qu'on nous la promettait !

Pour ma part, j'étais déjà très fatigué ; souffrant, presque malade, je subissais par suite une sorte de dépression morale, et j'avoue qu'à cette heure mes idées belliqueuses d'antan ne se maintenaient pas au diapason élevé des jours précédents.

La marche devenait de plus en plus éreintante dans ces champs labourés, dont la terre molle se collait aux souliers.

Si des obstacles se présentaient, fossé, butte de terre, accident de terrain, il fallait les franchir en conservant l'alignement. Puis, parfois nous devions accélérer l'allure, parcourir de grands espaces au pas gymnastique, enjambant sillons et guérets. A cet exercice le poids dû sac devenait accablant, ses courroies meurtrissaient cruellement nos épaules.

Le général Deplanque, notre général de brigade, vieux dur à cuire, que nous avions jusqu'ici à peine vu, mais qui était réputé pour sa rudesse, ne nous perdait pas de vue.

Ancien colonel de la légion étrangère, où il avait fait sa carrière, le général, quoique bon pour ses troupes, était mal embouché ; il suffisait de l'avoir approché pour savoir à quoi s'en tenir à cet égard.

Sa mine haute en couleur, couperosée, son nez de rubis, disaient sa passion favorite, qu'il avait rapportée d'Afrique : l'absinthe était pour lui une nécessité, et il était de notoriété que les fontes de sa selle en renfermaient toujours une fiole de réserve.

On disait qu'il n'avait alors qu'une confiance assez médiocre dans les troupes placées sous ses ordres et en particulier dans les mobiles, qui lui inspiraient plutôt du mépris ; des bleus ! tous des bleus ! Il devait en revenir.

A tout propos et pour rien, il ronchonnait et envoyait à tout le monde, officiers et soldats, des apostrophes dans un rude langage de caserne, mêlées d'expressions colorées et peu châtiées.

Apercevait-il un manceau ou un groupe qui laissait à désirer, il ne s'en prenait pas directement à ceux qui étaient fautifs, mais au chef de bataillon, qui repassait l'observation au capitaine. Celui-ci retombait sur le lieutenant, qui administrait quatre jours de garde du camp au sergent, lequel alors attrapait sa section et la rudoyait à son tour.

La semonce découlait de fil en aiguille, du haut de la hiérarchie jusqu'aux hommes dans le rang.

Nos officiers se surmenaient pour obtenir un ensemble correct. Notre commandant galopait d'un bout à l'autre du bataillon, surveillant les moindres détails de la marche.

Le silence n'était interrompu que par les cris répétés qui se heurtaient dans l'air, d'une compagnie à l'autre : Coudes à gauche !... attention au commandement !... alignement !... silence dans les rangs !... serrez les rangs !... marchez au pas !... gauche, droite... etc., etc. ; les serre-files répétaient : au pas !... gauche !... droite !... nous en étions ahuris.

Ce fut dans ces conditions que la journée s'écoula, pénible, harassante pour tous. A peine avions-nous remarqué au passage les villages ou les fermes isolées que nous dépassions.

Il était presque nuit quand nous atteignons un gros bourg, dont le clocher nous servait de point de direction à travers la plaine depuis longtemps déjà ; c'était Ouzouër-le-Marché.

Grand'gardes par ci, corvées par là, il y avait des ordres de toutes sortes ; corvées pour les vivres, corvées pour le bois, corvées pour la paille ; les appels ne cessaient pas.

La nuit était tombée ; de grands feux de bivouacs avaient été allumés en arrière de la ligne des tentes et les flammes vives et claires coloraient d'une teinte rouge tous les objets qu'elles éclairaient de leurs lueurs : faisceaux, alignement des tentes et visages des mobiles, assis autour des feux ou circulant comme une fourmilière réveillée au milieu de la nuit.

Les corvées aux vivres firent attendre leur retour. Le convoi était resté fort en arrière, paraît-il ; il avait fallu parcourir, pour l'atteindre, une assez grande distance. C'était un surplus de fatigue pour les hommes déjà exténués. Elles ne revinrent que fort tard, et les hommes pestaient contre l'intendance, qui se souciait si peu de leurs peines.

En attendant, tout en grignotant un morceau de biscuit, je m'étais dirigé vers Ouzouër, à la recherche d'un cabaret hospitalier ou de quelque chose à me mettre sous la dent.

Le village était encombré de voitures de bagages et de cavalerie. De nombreuses estafettes se croisaient à la recherche des états-majors installés dans les principales maisons. Des patrouilles, en outre, faisaient rentrer au camp les fantassins isolés, ce qui était mon cas.

Aussi était-il très difficile, pour ne pas dire impossible, d'entrer dans les auberges ou cafés bondés de dragons et de chasseurs à cheval, cantonnés au village. Si l'on avait la chance de rencontrer un des habitants, c'était invariablement la même réponse, avec des gestes de découragement : nous n'avons plus rien, rien... les Prussiens ont occupé le pays tous ces temps derniers ; ils étaient encore ici ce matin même ; ils ont tout mangé ou tout emporté ; ils n'ont rien laissé, ni pain, ni vin, ni bestiaux.

Les habitants eux-mêmes ne savaient que faire pour contenter leurs propres besoins. La farine ? ils étaient obligés pendant l'occupation des allemands d'aller la chercher à Beaugency ou Orléans ; maintenant, séparés de ces deux villes par les français, il allait falloir s'adresser d'un autre côté pour se la procurer.

Les pauvres gens, malgré l'encombrement, manifestaient pour la plupart une grande joie de revoir l'uniforme français. Ils disaient les brutalités et les vexations sans nombre dont ils avaient été victimes. Ceux cependant qui étaient bien informés et raisonnaient se rendaient compte du choc qui devait infailliblement se produire, et redoutaient de se trouver entre deux feux.

De guerre lasse, je me décidai à rentrer au camp et fus très heureux d'absorber une ration d'eau-de-vie dont nous avions été gratifiés, qu'un ami m'avait tenue en réserve, et de pouvoir me chauffer quelques instants auprès du feu de mon escouade, dont il restait encore quelques tisons. Puis j'allai me glisser sous la tente, avec les camarades qui ronflaient déjà.

CHAPITRE III

La bataille de Coulmiers (9 novembre 1870). — Le soir de la bataille. — Le commandant de Montesson blessé.

Je dormis d'un profond sommeil, jusqu'au moment où vers le matin le frêle abri qui nous servait de maison fut brusquement renversé sur ses habitants.

Il faisait encore nuit, le réveil fut assez maussade et commençait mal la journée. Debout !... criaient les sous-officiers, debout !... assez dormi ! préparez vivement le café ; il faut que nous soyions prêts et sac au dos dans un quart d'heure.

En un clin d'œil les tentes furent roulées et attachées sur les sacs dans l'ombre qui régnait encore.

Puis les faisceaux furent levés et le régiment s'alignait bientôt tout entier sur une ligne immense.

Le temps était sombre, il faisait une brume assez épaisse et humide ; nous attendîmes le signal du départ, reposés sur nos fusils.

Les chefs de compagnie pendant cette pause étaient allés au rapport prendre des ordres.

Il y avait grand conciliabule en avant de nos lignes, autour du commandant qui, à cheval, dominait le groupe et du capitaine adjudant-major M. Boulay, entourés des officiers du bataillon qui formaient le cercle.

Enfin notre capitaine revint à notre tête en tordant sa moustache, qu'il portait longue, d'une façon qui ne lui était pas habituelle, et l'ordre du départ ne tarda pas à être donné.

Le froid commençait à nous engourdir, nous étions heureux de marcher et, l'arme sur l'épaule droite, le bataillon s'ébranlait aux commandements répétés de : en avant... marche !... A ce moment, le jour commençait à poindre.

Notre commandant, M. de Montesson, accentuait d'une façon particulièrement précise ses recommandations aux chefs de compagnies.

Monté sur un cheval noir, il galopait incessamment d'un bout à l'autre du bataillon, rectifiant un alignement, s'assurant qu'officiers et sous-officiers occupaient leurs postes, ou bien se portait en avant vers la ligne de tirailleurs (formée par la 6e compagnie commandée par M. H. Couturié), qui nous précédait à une distance d'environ cinq cents pas, et là encore on le voyait qui précisait ses ordres.

Notre colonel, M. de la Touanne, passa devant nous, inspectant nos lignes d'un coup d'œil, et nous le vîmes converser quelque temps avec notre commandant qu'il avait rejoint, indiquant du geste l'horizon et le but vers lequel nous marchions, (le clocher de Charsonville), pendant que les deux cavaliers marchaient côte à côte.

Cependant notre fourrier (Montreuil) avait passé à nos officiers le rapport du matin qu'il rapportait et qui devait renfermer des choses graves, à en juger par l'impression que sa lecture laissait refléter sur les visages.

Quelques mots saisis au passage parvinrent à notre connaissance dans les rangs et la nouvelle circula bientôt que les allemands se trouvaient en grand nombre à peu de distance, que nous devions dans la journée heurter l'ennemi et qu'il y aurait selon toutes prévisions contact et combat.

Alors, il nous revint à l'esprit que le réveil avait eu lieu sans clairons, contrairement à l'habitude, et qu'aucune sonnerie n'avait retenti au départ. Il devait donc y avoir quelque chose de vrai dans la rumeur qui maintenant était connue de tous ; nous savions qu'en présence de l'ennemi les clairons devenaient muets, afin de ne pas nous révéler.

Autre remarque, encore plus significative pour nous, c'était la présence d'une quantité de chariots d'ambulances, qui nous suivaient à courte distance, et dont les petits drapeaux blancs à croix rouges flottaient dans les airs au sommet des voitures grises.

Tant de fois déjà on nous avait annoncé des rencontres, qui n'avaient pas eu lieu, que nous doutions encore que « l'affaire » serait pour ce jour-là.

Nous avançions toujours à travers la plaine dans le plus grand ordre. Un silence rigoureux régnait dans les rangs; les brefs commandements : coudes à gauche ! alignement ! se faisaient seuls entendre.

Sur notre gauche nous apercevions de grandes lignes d'infanterie, en doubles lignes de bataillons comme nous mêmes, au milieu desquelles s'intercalait de l'artillerie, et puis encore d'autres bataillons qui apparaissaient dans le lointain.

A ce spectacle, qui devenait grandiose et saisissant, une certaine émotion commençait à s'emparer de nous.

Comme les rayons d'un éventail presque entièrement replié, toutes ces lignes semblaient pivoter sur une base qui se trouvait à notre droite, et il m'apparaissait que ces lignes devaient avoir pour but de converger et se rabattre vers le point qui se trouvait en face de nous, pour assaillir l'ennemi et le chasser de sa position.

Mais comment nous autres, pauvres conscrits ignorant toute tactique, pouvions-nous deviner l'ordre de marche ? Nous n'étions dans la main de nos généraux que les pièces inconscientes d'un échiquier.

La marche continuait toujours. Nous contemplions, étonnés, émerveillés, le spectacle que cet immense déploiement de troupes nous donnait, et finissions par nous rendre à l'évidence qu'il ne devait pas avoir été préparé et exécuté en vain. Il y avait si longtemps qu'on nous promettait la bataille !

Et chacun se livrait à ses pensées intimes ou échangeait à voix basse ses réflexions avec les voisins du rang.

Les plus gouailleurs et les plus loustics d'ordinaire étaient ceux qui maintenant étaient les moins loquaces.

Un spectacle plus rapproché vint bientôt s'offrir à nos regards. Nous passions près d'un état-major assez bizarre et comme nous n'en avions point encore vu : c'étaient des marins à cheval !

Un officier de marine, coiffé d'une casquette largement galonnée, était arrêté, entouré de jeunes officiers de marine, tous montés, et scrutait l'horizon avec une jumelle dans la direction où nous allions.

Trapu, carré, le geste dégagé, il avait grand air ce vieux marin, avec son collier de barbe grise. Ses traits entrevus un instant dénotaient une énergie peu commune, un vrai loup de mer !

Nous devions bien le connaître par la suite. C'était l'amiral Jauréguiberry, devenu légendaire à l'armée de la Loire, sous le sobriquet de « grand bateau », donné par les troupiers. Entouré de son escorte, il prenait le commandement de notre division, la première du 16e corps.

Maïs où donc sont les prussiens ? se demandaient anxieusement la plupart d'entre nous, en inspectant des yeux la campagne.

Déjà, dans le lointain quelques coups de feu isolés s'étaient fait entendre et nous avaient fait dresser l'oreille. Ils devaient être tirés à une certaine distance, car les détonations nous arrivaient assourdies.

Nous nous rapprochions de plus en plus de l'ennemi et bientôt le peu de distance qui nous en séparait nous permit d'apercevoir l'armée bavaroise.

Elle était rangée, encore silencieuse, là-bas, en face, sur le penchant d'un coteau étendu et parsemé de petits bouquets d'arbres.

Dans nos rangs, quoique nous n'en ayons pas encore reçu l'ordre, chacun de nous glissait sans mot dire une cartouche dans le canon de son chassepot et le bruit sec de tous ces fusils que l'on armait, formait un cliquetis prolongé d'un bout de la ligne à l'autre.

Ma vue de myope m'empêchait de distinguer avec netteté les détails du spectacle émouvant, que mes camarades doués de bons yeux voyaient parfaitement.

J'apercevais seulement, à deux mille cinq cents mètres peut-être, une ligne intermittente, noire et immobile, qui couvrait un terrain immense. Je la devinais formée d'ennemis, alignés, au repos et nous attendant de pied ferme. A mi-chemin de cette ligne, des points noirs se mouvaient avec rapidité ; c'étaient des cavaliers, nos dragons en tirailleurs.

Notre commandant, du haut de son cheval, et nos officiers munis de jumelles, inspectaient, fouillaient l'horizon, et faisaient entre eux l'énumération des bataillons. Ils suivaient les mouvements des tirailleurs dispersés dans la plaine, qui se rapprochaient les uns des autres de plus en plus ; encore quelques instants et le choc attendu allait se produire.

J'avais les yeux pour ainsi dire rivés sur la ligne noire si menaçante, qui me remplissait d'inquiétudes, car enfin, c'était là l'ennemi ; de là, les coups allaient venir !

Hein ! mon gaillard, voilà ce que tu demandais depuis si longtemps, ton enthousiasme s'en trouverait-il atteint? Allons, le vin est tiré... faut le boire ! Il s'agit pour le quart d'heure de te faire honneur par une bonne contenance.

Je m'armai alors de résolutions courageuses et mon parti fut vite pris de faire mon devoir jusqu'au bout, à la grâce de Dieu !

Les coups de feu, que nous entendions déjà depuis quelque temps, devenaient plus nombreux et plus distincts ; aussi, pourquoi ne pas l'avouer, le cœur battait. Cette fusillade venait de notre droite, mais elle ne tarda pas à s'étendre, se répandant, véritable traînée de poudre, sur le terrain qui nous faisait face.

Nous n'avions pas dépassé l'escorte de l'amiral de plus de cinq cents pas que des bruits singuliers se faisaient entendre. C'étaient de légers sifflements pareils au vol des guêpes... pstt... pstt... Ces susurrements rapides nous faisaient tendre l'oreille et échanger sans rien dire des regards furtifs et inquiets avec nos voisins.

« Allons ! voilà les premières balles », dit tout haut notre capitaine en les saluant de son sabre (le vieux troupier connaissait ce bruit pour l'avoir entendu autrefois en Italie lors de la campagne de 1859), « nous ne rentrerons donc pas dans nos foyers sans avoir reçu au moins le baptême du feu ».

Il avait à peine cessé de parler qu'un déchirement de l'air, violent, prolongé, se fit entendre au-dessus de nos têtes, puis à cinquante mètres en arrière une détonation, qui nous parut effroyable, éclata, stridente, emplissant l'oreille. Il y eût un ébranlement du sol ; un nuage de fumée, du sable, des cailloux furent projetés en l'air et un trou fouillé dans le sol, en forme d'entonnoir béant ; tout cela dans l'espace d'une seconde ; c'était le premier obus !

Notre brave capitaine, afin de nous communiquer son sang-froid, s'adressait en riant aux hommes les plus près de lui : Eh bien ! un tel... en les appelant par leurs noms, est-ce que vous auriez peur ? vous n'êtes cependant pas des filles, ni des poules mouillées pour trembler ainsi ; nous allons en voir bien d'autres !

Effectivement, un second obus, suivi de plusieurs autres, qui nous étaient visiblement destinés, éclatèrent dans nos parages.

Nous n'apercevions plus nos tirailleurs, qui probablement avaient mis genou à terre et n'attendaient que le signal d'ouvrir le feu et riposter. Plusieurs sections se détachèrent d'une compagnie voisine et allèrent au pas de course prolonger ou renforcer leur chaîne.

La fusillade ne tarda pas à s'ouvrir, d'abord lente, espacée, nos camarades tâtant l'ennemi, puis tout à coup elle prit une grande intensité. C'était sur le front, au bout de quelques instants, un feu roulant, accompagné d'une fumée épaisse formant un véritable rideau blanc.

Les balles ennemies, à leur tour, devinrent plus nombreuses ; on ne les comptait plus. Instinctivement nous baissions la tête à chaque sifflement plus rapproché, comme si nous rendions un salut. Elles passaient cependant pour la plupart au-dessus de nous, ou bien venaient mourir devant nous en soulevant les mottes de terre.

« Elles sont déjà loin quand vous les saluez, ces sales mouches ; la balle dont vous entendez le sifflement n'est plus à craindre », nous disait notre capitaine pour nous rassurer, tout en circulant d'un bout à l'autre de sa compagnie et veillant au maintien du bon ordre dans les rangs.

En face, nous pouvions voir au loin la fumée des batteries ennemies tournées contre nous, et nous comptions les coups. Plus près, la mousqueterie s'animait sur tout le front ; en peu d'instants, la bataille fut déchaînée ; nos tirailleurs brûlaient toujours leurs cartouches avec entrain.

Il n'y avait plus à en douter, nous étions en première ligne. L'armée française attaquait et nous étions arrivés dans le champ de tir où les Allemands nous attendaient.

Pour parler net, ce premier choc, causa parmi nous un certain émoi. Les compagnies, qui jusque là avaient présenté des lignes correctes, maintenant flottaient confuses. Les hommes ne lâchaient pas pied, mais au lieu de rester correctement en files, se massaient par groupes indécis en certains points. Nos officiers durent se multiplier, user de menaces, de supplications, et enfin parvinrent à ramener de l'ordre dans cette confusion du premier instant, tout en faisant continuer le mouvement de marche en avant.

On atteignit enfin l'emplacement qui nous était assigné sur le terrain du combat, mais non sans laisser de nombreux blessés à terre. La vue du sang, les plaintes et les cris de ces malheureux étaient bien faits pour ébranler notre jeune sang-froid déjà chancelant.

Les ravages causés par les obus étaient horribles ; on ne comptait plus les trous que leurs chutes creusaient en terre. Chacun de nous avait ramassé quelques-uns de ces affreux éclats de fonte ou d'enveloppes de plomb, noircis et répandant une odeur bien caractéristique.

Je vois encore ce groupe saisissant : un pauvre diable de mobile était étendu dans une mare de sang, la jambe presque détachée par un éclat. L'aide-major, M. Delaunay, et un infirmier s'empressaient autour de lui, pendant que notre aumônier, l'abbé Morancé, du 2e bataillon, qui ne nous avait pas quittés d'une semelle, penché sur son visage et lui pressant les mains, cherchait à lui donner les dernières consolations !

Quelques hommes l'enlevèrent, ce n'était plus qu'une masse inerte, et le portèrent étendu sur leurs fusils, en arrière, vers le village d'Epieds, où flottaient quelques pavillons blancs à la croix de Genève.

Combien d'autres partagèrent le sort de celui-ci !

Manœuvrant toujours, quoique les commandements fussent couverts par le fracas de la bataille, nous traversons une grande route (la route d'Orléans), que nous dépassons. La distance qui nous séparait de l'ennemi diminuait toujours ; aussi les projectiles devenaient de plus en plus nombreux. Aux détonations de l'artillerie vinrent se mêler les craquements sinistres des mitrailleuses. Ce bruit terrifiant, qu'il faut avoir entendu pour se l'imaginer, ajoutait à l'horreur de notre situation. Les plus braves d'entre nous en sont émus, la réputation de ces engins meurtriers nous étant connue. Les Bavarois en possédaient comme nous et les utilisaient contre nous.

Ces détonations stridentes partaient d'un point à gauche, en avant du prolongement de la ligne de bataille. Dans cette même direction nous apercevions étendus en tas à terre un certain nombre de lignards, que nous supposâmes être des morts ou des blessés. Ce pouvait aussi bien être des tirailleurs couchés en désordre ; mais, dans la situation d'esprit où nous nous trouvions, nous ne vîmes que des victimes abattues par ces infernales machines et notre sang se glaça d'horreur.

A travers la fumée nous pouvions cependant distinguer un des bataillons du régiment, le premier, je crois, qui s'éloignait dans la même direction en colonnes régulières et qui était déjà à une certaine distance. Son but était un petit village, que nous apercevions au loin et que nous sûmes par la suite être « Champs », autour duquel le crépitement de la mousqueterie était très vif.

J'appris plus tard qu'en avançant, nos lignes avaient laissé une ferme sur notre droite, qui renfermait une compagnie bavaroise, laquelle se trouva bloquée. Notre commandant, M. de Montesson, demanda à s'en emparer, mais le colonel, qui n'avait pas d'ordres et qui trouvait sans doute notre tâche suffisante, refusa.

Elle fut prise par d'autres troupes, qui venaient après nous et qui en eurent les honneurs.

Notre bataillon avait cessé d'avancer. L'arrêt dans la marche en avant était commandé par le mouvement général des autres corps, sur lesquels nous devions nous appuyer. Cet arrêt faillit nous devenir funeste.

L'inquiétude à ce moment se manifestait d'une façon plus accentuée. Les visages se tournent en arrière, les rangs flottent de plus en plus, la tourmente avait atteint le maximum que de jeunes troupes pouvaient supporter. Un cri spontané sauva la situation. Un appel au patriotisme local se fit entendre : Tenons

bien les Manceaux ! Est-ce que les Manceaux reculeraient !.....
Ces mots, répétés par quelques mobiles énergiques, nous donnèrent du cœur et les rangs se raffermirent.

Il faut avouer, pour être sincère, que la plupart d'entre nous n'auraient pas mieux demandé que de reculer. Si le malheur avait voulu que nous lâchions pied dans ce moment critique, c'eût été une véritable débandade et la fuite aurait amené infiniment plus de pertes.

On nous fit alors coucher à terre. Notre capitaine fut étonnant de sang-froid ; pendant que tout son monde était à terre, il allait, venait de la gauche à la droite de sa compagnie, uniquement préoccupé de ses hommes. Le lieutenant Deforges se montra très bien aussi et seconda parfaitement notre capitaine.

Le commandant de Montesson, resté à cheval et sur qui pesait toute la responsabilité de son bataillon, encouragea, commanda, menaça et, payant bravement de sa personne, réussit à maintenir son monde sur le terrain. Cette tenacité des mobiles doit être attribuée certainement à l'énergie et à la volonté de leurs officiers.

A ce moment décisif, l'amiral Jauréguiberry, suivi de quelques-uns de ses marins, accourt près de nous, secoué par l'allure de son petit cheval, et crie : « Allons ! tenez bon les enfants, voici les bonnes pièces de douze qui arrivent, ça va changer » (*textuel*).

Effectivement une batterie d'artillerie de gros calibre le suivait de près, arrivait au galop des attelages à travers champs labourés, sans souci des obstacles, les conducteurs jouant du fouet sur leurs chevaux à tour de bras. Puis, arrêtés à distance de nos rangs en arrière, les canonniers amenèrent leurs pièces, les mirent en position en un rien de temps, pointèrent et commencèrent à tirer.

La fumée des pièces, à chaque coup, arrivait jusqu'à nous et l'odeur âcre de la poudre se faisait rudement sentir. Le premier résultat fut que l'ennemi envoya de notre côté une nuée de projectiles. Le vacarme était épouvantable ; la chute des obus, leur éclatement faisait trembler la terre ; la canonnade, la fusillade, mêlées, confondues sur une grande distance, tout ce bruit infernal retentissait à nos oreilles comme un tonnerre sans fin et nous assourdissait.

A partir de ce moment, il y eut pourtant un peu de répit pour nous. Ce furent les artilleurs qui servirent à leur tour de cible; une de leurs pièces fut démontée et plusieurs servants tués. Dans la tourmente ils furent vraiment admirables. Chaque pièce ripostait à tour de rôle, méthodiquement, sans précipitation, et nous suivions des yeux, avec une satisfaction marquée par nos exclamations, leurs projectiles chassés des puissantes pièces de douze, qui déchiraient l'air en passant au-dessus de nos têtes, allaient éclater avec des flocons de fumée blanche dans les rangs ennemis, et contrebattaient avec vigueur les canons bavarois.

Pendant la première partie de ce duel d'artillerie, nous étions restés couchés à terre, comme je l'ai dit, afin d'offrir moins de surface aux projectiles. Je dois ajouter que ces obus ne causèrent pas autant de ravages qu'on aurait pu redouter et supposer, grâce à cette circonstance qu'ils tombaient dans une terre labourée, molle et de plus détrempée par les pluies d'automne. Le projectile en tombant fouillait profondément le sol, ses éclats s'en trouvaient amortis ; de plus, nombre de ces obus n'éclataient pas comme ils auraient dû le faire en touchant terre ; ces circonstances atténuaient beaucoup leur effet meurtrier.

L'amiral profita du répit relatif qui nous était laissé pour modifier notre ordre de formation de combat. Ce fut un moment pénible ; nos officiers eurent un vrai mérite à faire relever leurs hommes qui auraient plutôt cherché à rentrer en terre et, une fois debout, à leur faire exécuter la manœuvre commandée.

Notre bataillon était pour ainsi dire isolé à ce moment dans la plaine. Nous étions environnés de véritables nuages de fumée, et les balles sifflaient en essaim. Au lieu du frôlement prolongé, mou et pour ainsi dire caressant des premières balles tirées à grande distance et qui venaient mourir dans notre direction, c'était maintenant un bruit strident, sec, qui déchirait l'air. La balle tirée à bonne portée, nous arrivait en pleine force, en plein fouet. Les rangs se dégarnissaient et à chaque instant un blessé était évacué en arrière.

La manœuvre ordonnée par l'amiral se fit rapidement, au pas gymnastique, avec un peu de désordre, sous les yeux de notre colonel accouru à l'endroit périlleux pour en surveiller l'exécution et stimuler nos courages.

La formation de bataillon en ligne fut brisée et remplacée par une formation en colonnes de compagnie placées perpendiculairement au champ de bataille. Cette modification paraissait plus favorable, à cause de la nature du terrain. Les compagnies, par suite de cette nouvelle disposition, présentaient leur droite et le flanc droit à l'ennemi.

Placé par mon rang de taille dans les premières files, j'étais en bonne place pour bien voir l'action, mais aussi au bon endroit pour recevoir les coups.

Je crois que nous essuyions à ce moment précis des feux de salve. Au milieu d'une raffale de balles, tout à coup je ressens à l'épaule droite une commotion violente, comme si l'on m'avait asséné un coup de bâton ou de crosse de fusil ; je fus projeté à terre la figure en avant.

De suite je me relevais, m'en prenant d'abord à mes voisins ; puis me tâtant à l'endroit frappé, je constatais avec satisfaction que ma main ne me révélait pas de trace de sang; il existait une simple déchirure à ma vareuse.

Simultanément, mon voisin de gauche avait poussé lui aussi un cri. Son képi avait été enlevé par une balle, qui lui avait labouré le haut du crâne; en un clin d'œil son visage fut couvert de sang. Il poussait des gémissements de frayeur plutôt que de douleur. La balle, glissant sur le crâne, avait coupé le cuir chevelu sur une longueur de dix centimètres; blessure superficielle. La bénignité de suite reconnue, notre capitaine envoya cependant le mobile blessé à l'ambulance, la vue du sang pouvant jeter l'alarme dans les rangs.

J'avais échappé au danger comme par miracle. La balle qui m'avait atteint, le fait fut constaté de suite, après avoir d'abord percé sur le sac de mon voisin (le mobile Cosson) une marmite de campement en fer battu, puis mon paquetage, tente et couverture, trouait ensuite la toile de mon sac, déchirait en biais le drap de ma vareuse à la hauteur de l'épaule, et s'arrêtait juste à point sur mon gilet de tricot. Sa direction différant de quelques centimètres, j'étais peut-être atteint à la tête, et alors... je n'écrirais pas aujourd'hui.

A peine revenu de mon étonnement et de mon émotion bien naturelle, je sentais mon bras s'engourdir au point d'avoir peine à tenir mon fusil.

Cependant la position que nous occupions devenait intenable. On nous fit nous reporter en arrière et le mouvement s'exécuta sans trop de précipitation.

Ce déplacement nous amena à la hauteur de plusieurs chariots d'artillerie qui venaient à nous, escortés d'un groupe de soldats du génie, auprès desquels on nous fit arrêter. Une vingtaine d'hommes furent prélevés dans deux ou trois compagnies pour accompagner et renforcer le détachement de travailleurs. Il y avait de la besogne; l'ordre avait été donné au génie d'établir des tranchées qui devaient servir de point d'appui, en cas d'une contre-attaque, que l'on craignait et qui semblait se dessiner de la part des allemands refoulés jusqu'ici.

Les pelles et les pioches étaient à peine distribuées que le bataillon reprenait son élan en avant, entraîné par notre commandant dans une direction un peu différente de celle que nous avions suivie précédemment.

La colonne se dirigeait vers une grosse ferme située à gauche (l'Ormeteau), autour de laquelle crépitait une vive fusillade. En quelques instants, le bataillon fut loin et se perdit dans la fumée. Nous ne devions plus revoir nos camarades que quelques jours plus tard et sans avoir participé aux dangers nouveaux qu'ils coururent..

Il pouvait être entre une heure ou deux, le jour était gris et terne, nous ne voyions plus qu'une fumée lointaine. Le combat s'éloignait, l'ennemi reculait sur toute la ligne, mais le bruit de la fusillade nous parvenait toujours, dominé par la crécelle des mitrailleuses.

On avait choisi dans les compagnies, pour faire œuvre de pionniers, les hommes les plus grands et les plus forts. La plupart étaient de braves travailleurs des champs, qui aimaient mieux avoir en main leurs outils habituels que le fusil. Ils se donnèrent à cœur joie à la besogne demandée, stimulés énergiquement par un jeune sergent du génie à la figure intelligente et éveillée.

La tranchée fut vite creusée. Elle s'étendait sur deux cents mètres environ, assez profonde pour abriter des tirailleurs derrière la terre excavée et rejetée en avant.

Nos pionniers, acharnés au travail, furent bientôt altérés et demandèrent à boire. Mes services se bornèrent à aller, muni d'un bidon de campement, chercher de l'eau au village d'Epieds dont nous étions assez peu éloignés.

A la recherche d'un puits dans les premières maisons, je pus me rendre compte de l'encombrement des blessés qui existait déjà, et je revins auprès de mes camarades douloureusement impressionné du spectacle que j'avais eu sous les yeux.

A l'époque de l'année où nous nous trouvions, la nuit vient tôt ; le temps était couvert, aussi le jour déclinait rapidement et une pluie fine et serrée commençait à tomber.

Rangés auprès de notre tranchée, nous attendions des ordres.

Le bruit de la bataille s'éloignait à mesure qu'arrivait la nuit. L'obscurité, qui peu à peu se répandait, nous permettait de compter les nombreux incendies qui rougissaient le ciel d'un bout à l'autre de l'horizon et, appuyés sur nos fusils, silencieux, fortement impressionnés, nous contemplions ce spectacle saisissant, inoubliable, pendant qu'à nos côtés passaient les lugubres cortèges des blessés ramenés au village.

Il faisait tout à fait nuit depuis longtemps, quand le jeune sergent du génie, à qui avait été confié notre détachement de mobiles, reçut l'ordre de nous faire camper auprès du village d'Epieds.

C'était un sympathique jeune homme. Nous liâmes conversation de suite et ce fut avec plaisir que je l'entendis faire grand cas de la manière dont notre régiment s'était comporté dans la première partie de l'action, à laquelle il avait assisté de loin, plutôt en spectateur, et pendant laquelle il nous avait suivi des yeux.

Les tentes établies, il me proposa de partager avec lui, en camarade, un petit appentis, sorte d'écurie, dans lequel il avait élu domicile, et où l'on se trouverait parfaitement à sec.

J'acceptai de bon cœur, car la pluie tombait de plus en plus épaisse, éteignant les feux que nous avions eu le soin pourtant d'établir près des murailles.

Nos camarades, qui avaient continué la lutte et couru de nouveaux dangers, passèrent une nuit affreuse. Ils bivouaquèrent sans tentes, sans feux, au milieu de la plaine; ils furent transpercés par la pluie.

Puis, quand le matin fut venu, la lugubre cérémonie de l'enterrement des morts eût lieu par les soins de nos aumôniers.

Notre régiment, hélas ! avait payé un lourd tribut. Nous avions : **44 tués, 220 blessés**. — Ces chiffres disent assez éloquemment la part que nous avions prise à la bataille !

J'ai eu plus tard l'occasion d'entendre dire à notre capitaine qu'un de ses chagrins, à cette époque, avait été d'apprendre qu'un homme de notre compagnie (Blanchard), blessé grièvement vers le milieu de la journée et transporté dans une petite ferme abandonnée, avait été retrouvé le lendemain enseveli sous les décombres de la maison qui avait été incendiée par les obus, et son cadavre à demi carbonisé. Parlant de cet incident à la fin de la campagne, notre capitaine disait n'avoir jamais vu quelque chose de plus horrible que ce cadavre ratatiné, à demi-nu. En en parlant, il avait les larmes aux yeux et se reprochait, le digne soldat, de n'avoir pas fait tout son devoir, en veillant d'une manière plus efficace sur les mobiles qui lui avaient été confiés. — C'était un brave cœur que le capitaine Michel Legoult.

Un accident très fâcheux, et dont on ne peut mesurer les conséquences pour notre bataillon dans la suite de la campagne, s'était produit à la fin de la journée.

Notre commandant, M. de Montesson, qui avait été épargné par les projectiles pendant le combat, s'occupait, quand la nuit

COMMANDANT CHARLES DE MONTESSON

fut venue, à chercher l'emplacement d'une grand'garde (composée de la 1re compagnie, capitaine de Chenay) destinée à couvrir son bataillon en cas d'alerte de nuit.

Il faut dire qu'il régnait une grande incertitude, chez nos officiers, sur l'issue de la journée. Ils n'osaient croire à la retraite complète de l'ennemi. On redoutait une surprise ou une attaque de vive force au lever du jour.

Notre commandant galopait à travers champs sur un terrain bouleversé par les obus, quand son cheval qu'il maîtrisait difficilement, l'animal ayant été frappé d'une balle à la cuisse dans le courant de la journée, s'effraya d'un cadavre, fit un brusque écart, tomba et renversa son cavalier sous lui.

M. de Montesson était tombé si malheureusement que sa jambe avait été brisée à la hauteur de la cheville. Il souffrait horriblement, ayant la jambe emprisonnée dans sa grande botte. Ses mobiles le portèrent à l'ambulance, où son séjour fut long et rempli, de péripéties. Les allemands, malgré son état, voulurent le faire prisonnier et l'emmener en captivité. La fin de la guerre et le licenciement du régiment eurent lieu bien avant sa guérison complète.

Ancien officier de cavalerie, c'était un excellent cavalier, et il avait fallu une véritable fatalité pour que l'accident dont il fut victime se produisit.

Notre bataillon devait beaucoup à son commandant et lui avait accordé une confiance absolue. Nous sentions qu'il possédait bien son métier. Son sang-froid, son énergie et sa décision avaient contribué puissamment à nous inspirer la conduite que nous avions tenue dans la terrible journée qui venait de s'écouler, et tout l'honneur de notre mise à l'ordre du jour de l'armée revenait à notre jeune commandant, en premier lieu, parmi nos officiers.

Aucun de nous ne l'a oublié et aujourd'hui, après plus de trente années, lorsque nous rencontrons notre commandant de Coulmiers, marchant difficilement en s'appuyant sur un bâton, avec sa barbe grise, avec sa grande mine austère et douce à la fois, chacun s'incline respectueusement devant celui qui fut un chef digne, aimé et respecté. — Je devais à mon ancien commandant ce tribut de souvenir respectueux et sympathique.

CHAPITRE IV

Le lendemain de Coulmiers. — A Epieds. — Retour au régiment. — Episode personnel. — Au camp de Bricy-Boulay. — En grand'garde. — En route pour le camp de Saint-Sigismond.

Le lendemain de notre premier combat, qui prend dans l'histoire le nom de « Bataille de Coulmiers » et qui eût pour résultat la reprise d'Orléans sur les Allemands, le jour se leva maussade et triste. La terre était couverte de flaques d'eau provenant de la pluie qui avait tombé à torrents toute la nuit; et puis, nous avions encore le cœur étreint des émotions de la veille.

Je sortais du hangar qui m'avait abrité ainsi que mon nouvel ami, le sergent du génie, et me plaignais de mon bras droit, que je ne pouvais remuer que difficilement et avec douleur.

Le sergent m'ayant pris le poignet afin de me secouer l'épaule, histoire de plaisanter, s'écria : mais diable ! que ramassez-vous donc dans la doublure de votre manche? Vous avez là, je ne sais quoi, qui n'est pas ordinaire. Et atteignant son couteau, il décousit quelques points ; ce fut tôt fait.

Quelle ne fut pas notre stupéfaction à l'un et à l'autre, quand il retira de l'étoffe la balle qui m'avait frappé, laquelle après avoir glissé entre le drap de ma vareuse et la doublure se trouvait au bas de la manche.

A ce moment, un souvenir classique me venant à la mémoire, je pensai à Gargantua qui « soi peignant faisait tomber de ses cheveux des boulets d'artillerie » et un bon rire à cette idée m'apporta un instant de gaîté.

La balle avait encore produit d'autres effets. Une heure après, retirant ma couverture et ma toile de campement pour refaire mon paquetage, je m'aperçus, en les secouant pour enlever les brins de paille, que ces deux objets étaient singulièrement détériorés ; ils portaient une collection de trous placés symétriquement et faits comme à l'emporte-pièce, marque du trajet de la balle et preuve évidente qu'elle devait avoir toute sa force de pénétration quand elle m'atteignit.

Décidément, je devais un fameux cierge à saint Denis, mon patron !

Nous restions inactifs, n'ayant point reçu d'ordres. Quant à moi, pour employer le temps et satisfaire ma curiosité, je m'acheminai vers l'agglomération d'Epieds.

Le village n'avait pas souffert du combat, les habitations étaient intactes, mais cependant le spectacle qu'il présentait remuait toutes les fibres.

De nombreuses voitures, — il y en avait de toutes sortes, omnibus, tapissières, fiacres, calèches bourgeoises, toutes avec drapeaux à la croix rouge, — arrivaient d'Orléans. On y plaçait les blessés transportables, qui n'avaient pour la plupart reçu que des pansements sommaires, soldats avec le bras en écharpe ou la tête recouverte de bandelettes.

Plus lugubre, une prolonge d'artillerie vint à passer. Elle portait une dizaine de cadavres, lignards au rouge pantalon, mobiles au pantalon bleu, étendus côte à côte, lavés par la pluie de la nuit.....

On les conduisait à leur dernière demeure, à la fosse ouverte dans le cimetière.

La petite église du village se trouve sur une petite place grande comme la main. En dehors, le long des murs de la nef, on avait déposé les armes et les sacs des blessés, à mesure qu'ils avaient été amenés. Il y avait quantité de fusils, Chassepots ou Remingtons, dont quelques-uns étaient tordus, brisés par les obus ; des sabres d'artilleurs, beaucoup de ceinturons gisaient à terre dans la boue.

A l'un de ces ceinturons, je remarquai une cartouchière en parfait état et je résolus de m'en emparer pour remplacer la mienne, dont le cuir était avachi et sans consistance. Je l'ouvre, y mets la main afin d'en retirer les cartouches que je jugeais humides ; les cartouches étaient rougies de sang !

J'entrai dans l'église. Une violente odeur de phénol me saisit à la gorge dès le premier pas.

Dans les bancs, de chaque côté de l'allée centrale, on avait étendu des matelas ou de la paille, et chaque banc renfermait un ou plusieurs blessés de tous uniformes. Des flaques de sang alimentées par de petites rigoles qui se rejoignaient dans le passage du milieu de l'église, recouvraieut çà et là le pavé ; il fallait les emjamber pour les éviter.

Malgré l'impression pénible que je ressentais, je m'avançai jusqu'au chœur. On y avait rangé plusieurs morts, qui déjà raidis reposaient là sur les dalles, le visage recouvert.

Un infirmier militaire, auquel je demandai s'il y avait dans l'église des mobiles de la Sarthe, me répondit : tenez, sur cette civière, près de vous, voilà précisément un sergent de votre régiment qui vient de mourir (il reposait à droite tout près de l'autel). Ah ! il s'est joliment débattu celui-là ! il a eu le délire toute la nuit et voulait absolument qu'on le dressât sur ces jambes. Levez le drap qui le recouvre (le drap consistait en une toile de tente), vous le reconnaîtrez peut-être.

Avec une curiosité mêlée cependant de respect pour la mort, je levai la toile et vis une figure exsangue, blanche comme la cire, contractée par la souffrance, dont les traits m'étaient connus, mais sans pouvoir dire un nom.

C'était un sous-officier du 1er bataillon, qui avait eu les deux jambes broyées par un obus. Il ne paraissait pas plus grand qu'un enfant de douze ans, avec ses deux tronçons de jambes, coupés au-dessus du genou, emprisonnés dans des bandelettes de toile blanche.

J'embrassai mon pauvre camarade au front et recouvris précipitamment son visage.

J'en avais assez, il me fallut sortir de l'église, j'étais oppressé, je me sentais défaillir dans cette atmosphère, et longtemps après je ressentais encore à mes lèvres la sensation du froid de ce front glacé.

Je retrouvai mes camarades rangés autour de la popote et devisant tranquillement en plein air, sous un ciel devenu moins pluvieux. Quelques instants passés près d'eux, près de vivants, avec des vivants, me remontèrent un peu le moral, mais je dus aller m'étendre dans mon réduit de la nuit précédente, où je demeurai tout le reste de la journée, assommé, abruti, en proie à une violente migraine, chose peu étonnante après la secousse du matin succédant à celle de la veille.

Nous passâmes la seconde nuit au même endroit, isolés de notre bataillon et sans nouvelles.

Le lendemain, 11 novembre, un lieutenant de notre régiment, qui était à notre recherche, paraît-il, depuis la veille, nous rejoignit enfin le matin ; il était chargé de nous rallier.

Je serrai la main du sergent du génie, mon ami d'un jour et, nous disant « Au revoir », nous nous souhaitâmes mutuellement bonne chance.

(Je le retrouvai plus tard avec plaisir, au Mans, à la Butte des Fermes, où il dirigeait les travaux pour l'installation des pièces d'artillerie, à l'intersection du chemin aux Bœufs et de la route du Grand-Lucé).

Il nous fut enfin permis d'apprendre les nouvelles qui nous intéressaient au premier chef.

Nous avions été vainqueurs, la chose était maintenant certaine. Dès le lendemain de la bataille, les troupes françaises reprenaient possession de la ville d'Orléans, évacuée par les Prussiens.

On espérait alors, on était enthousiastes.

On avait confiance dans le résultat de la Défense Nationale et notre conviction à tous était que nous allions résolument marcher de l'avant, refouler l'envahisseur et le chasser enfin du territoire.

Hélas ! comme les événements devaient par la suite nous donner un cruel démenti !

Ce matin là, tout plein de mon enthousiasme et de mes espérances patriotiques, j'eus la vision de la « Victoire » sous les traits d'une belle et radieuse jeune fille, telle que nous la représente la statuaire antique, avec des ailes éployées, des jupes flottantes, qui nous tendait la palme de Gloire !

Vers dix heures, nous nous mettions en route à travers la

plaine et prenions la direction de Champs, heureux à la pensée de rejoindre nos camarades et d'apprendre de leurs bouches ce qui s'était passé depuis que nous avions été séparés.

Nous atteignîmes le village de Champs, ruiné, ravagé par le combat. La plupart des maisons avaient été incendiées et celles qui tenaient encore debout montraient des murs noircis par la flamme, troués par les boulets ou labourés de traces de balles.

Le village était occupé par de petits détachements de troupes différentes qui, comme nous, ne faisaient que passer. On nous y fit faire une halte, dont je garderai toute ma vie le souvenir le plus désagréable. Je dois mentionner cet incident, malgré son côté assez banal. Je ne puis à l'heure actuelle y songer sans éprouver une sensation pénible qui me rappelle mes angoisses d'alors :

Je perdis mon fusil ! — Et je me voyais déjà soldat déshonoré, sur le point de passer pour ce fait en Conseil de Guerre.

Voici l'épisode dans sa banalité.

Il tombait une pluie fine et pénétrante. Nous étions entrés nous mettre à l'abri dans une des rares maisons encore habitables. Il s'y trouvait déjà une vingtaine de lignards et de chasseurs à pied, qui se chauffaient en face d'un âtre immense, dans lequel flambait un fagot. De notre côté, nous étions un groupe d'une dizaine de mobiles ; de sorte qu'à nous tous, nous remplissions la pièce.

Les uns et les autres, pour nous reposer plus commodément, avions déposé en entrant nos sacs et nos fusils, dans un coin, près de la porte. Les armes se trouvaient entassées, pêle-mêle, chacun se fiant sur la bonne foi des autres pour reprendre son propre fusil en sortant. Les lignards se défilent les premiers, ajustent leurs sacs sur le dos avec la secousse familière de tous les fantassins, puis s'emparent de leurs chassepots.

Un temps s'écoule, puis notre tour arrive de décamper. Je cherche dans le tas le numéro de mon flingot ; point de n° 50.775, qui était celui du mien.

Avec une confiance absolue, j'attends, me disant : bah ! celui qui l'a pris va me le rapporter, quand il va avoir reconnu son erreur. Une à une les armes sont enlevées, et finalement, il ne reste plus appuyé au mur... qu'un mousqueton de cavalerie. Je sors, cours après mes camarades, réclame mon fusil; rien. Les lignards ont disparu et sont on ne sait où.

Que faire ? me voilà désarmé. Comment me présenter maintenant à ma compagnie; quel accueil va me faire mon capitaine ? Et l'article du Code militaire qui édicte la peine de mort pour le soldat ayant perdu ses armes devant l'ennemi me vient à la pensée, me chavire, me bouleverse.

Je rentre dans la maison, m'empare du mousqueton, et m'enfuis comme un voleur, serrant rageusement cette arme qui n'était pas celle d'un fantassin, ahuri à la pensée du Conseil dont je devenais passible.

Je rejoins mon détachement; je le suis un instant, confus, penaud, puis me cramponnant à un espoir chimérique, le quitte pour revenir à Champs, m'assurer encore que mon fusil, mon propre fusil, ne serait pas revenu, déposé par une main honnête dans un coin ou l'autre de la maison.

Je ne trouvai rien, naturellement.

Pour le coup, ce fut un vrai désespoir, je me sentais résolu à tout, même à voler son fusil à un autre soldat pour remplacer celui qui m'avait été volé à moi-même.

Coûte que coûte, il fallait me tirer du mauvais pas où je me trouvais.

Je me déterminai alors à retourner à Epieds, distant de deux à trois lieues, où j'étais certain de trouver mon affaire autour de l'église, parmi les armes abandonnées des morts ou des blessés. Le chemin à parcourir, la fatigue, ce n'était rien pour moi. Si j'étais puni, pour manquer à l'appel, ce ne serait jamais que pour l'absence d'une journée.

J'avais déjà pris la direction d'Epieds à travers la plaine, afin de gagner du temps et raccourcir le chemin, quand sur la route que je longeais, je vois une voiture d'ambulance ou d'intendance, je ne sais trop, entourée de tringlots à pied, qui venaient à ma rencontre. Le hasard, la bonne chance, voulût que parvenu à la hauteur de cette voiture, j'aperçus plusieurs fusils qui pendaient, accrochés deçi delà. A qui appartenaient-ils? je ne voulus le savoir. M'armant d'audace, j'accoste la voiture sans mot dire, décroche un des chassepots, laisse au lieu et place le mousqueton, puis, sans perdre de temps, sans écouter la défense, avec menaces, de toucher aux fusils, d'un vieux sergent qui jure comme un forcené, je prends ma course à toutes jambes à travers les champs, poursuivi par les cris et les vociférations des tringlots qui cependant ne se mettent pas à mes trousses.

J'avais des jambes de lièvre. Quelle course ! bon Dieu ! je courus tant que les jambes voulurent me porter et ne m'arrêtai qu'à bout de souffle, hors d'haleine, ne voyant plus personne, ni sur la route, ni dans la campagne autour de moi.

Je me rassurai enfin, riant alors de bon cœur, soulagé, content.

Je repris ensuite, un peu au hasard, la direction de ma colonne, que je retrouvai comme par miracle, sans me rendre compte du chemin suivi. Mon absence n'avait même pas été remarquée, tout était donc pour le mieux.

Inutile de dire que par la suite je fus plus circonspect, et que jamais plus, si ce n'est aux faisceaux, je ne lâchai mon fusil, cause de si grandes émotions.

Le régiment était cantonné au-dessus d'Orléans, dans le pays abandonné par les Bavarois à la suite de Coulmiers, à Bricy-Boulay, deux petits hameaux peu importants, aux masures couvertes de chaume, voisins l'un de l'autre et qui ne forment, je crois, qu'une commune.

Le cantonnement était absolument mauvais ; il n'y avait plus rien dans ce pays dévasté. Les Bavarois, qui l'avaient occupé pendant une assez grande période, avaient amené la famine chez les malheureux habitants.

Pour fêter, verres en mains, avec les camarades, notre rentrée à la compagnie, il avait fallu que nous rencontrions par bonne fortune une cantine ambulante comme il y en avait tant à la suite des troupes, qui vendaient d'horribles boissons, vins frelatés ou eaux-de-vie poivrées, à de hauts prix.

Puis, nos camarades nous racontèrent la seconde partie de

la bataille, les péripéties de l'après-midi, les dangers courus, et enfin la confirmation de la victoire qui leur fut donnée le lendemain par le défilé devant eux de plusieurs centaines de prisonniers et de deux canons bavarois, avec un convoi important pris sur l'ennemi.

Spectacle unique pendant toute notre campagne.

Nous apprenions aussi la belle conduite de nos amis les Mobiles de la Dordogne (les Dordognots comme nous les appelions), qui s'étaient bravement élancés à la baïonnette dans le parc du château de Coulmiers, en délogeaient les Bavarois qui y étaient embusqués, et avaient ainsi largement contribué pour leur part au succès de la journée.

Et quel fut notre orgueil, quelques jours plus tard, quand on nous lut au rapport l'ordre du jour suivant, que je suis heureux de transcrire ici :

« Les Membres du gouvernement de la Défense Natio-
« nale,

« En vertu des pouvoirs à eux délégués,

« Considérant que les corps dont la désignation suit, se sont
« particulièrement fait remarquer par leur intrépidité et leur
« sang-froid dans les combats qui ont amené la reprise de la
« ville d'Orléans,

Décrètent :

« Les régiments de la garde nationale mobile de la *Dordogne*
« et de la *Sarthe* sont mis à l'ordre du jour de l'armée. »

Tours, le 17 novembre 1870.

Mais, hélas ! combien de larmes cet honneur devait-il faire verser aux mères de la Sarthe et de la Dordogne (1) !

Nous nous trouvions en première ligne. Le service était sur-

(1) Notre excellent camarade Emile Géraud, sous-officier aux mobiles de la Dordogne, a publié sous le titre : « Les Mobiles de la Dordogne, 22e Régiment, Impressions et Souvenirs », un très intéressant volume où se trouve le récit de la part prise par son régiment à l'assaut du parc du château de Coulmiers.

chargé et pénible, comme il arrive toujours quand on se trouve aux avant-postes.

Quelques jours plus tard (le 18 novembre, d'après mon carnet), j'étais désigné pour aller en grand'garde avec quatre hommes. Notre compagnie, de service, devait fournir ce jour-là plusieurs de ces petits postes, placés à quatre kilomètres en avant des dernières habitations de Bricy-Boulay ; le reste de la compagnie bivouaquait sous la tente, à mi-chemin, en soutien.

Nos petits postes étaient éloignés les uns des autres de cent cinquante pas environ. C'étaient quelques-uns des anneaux d'une chaîne qui se prolongeait sur tout le front de bandière de l'armée. Au-delà, c'était la frontière, l'ennemi occupait notre pays !

La consigne était très sévère, étant donnée l'importance qu'il y avait à se bien garder . Ce fut notre capitaine qui vint lui-même nous conduire sur l'emplacement que nous devions occuper.

Il me donna le mot d'ordre avec la consigne et me fit les recommandations les plus expresses : surveiller le pays en avant ; en cas d'alerte ou d'événement quelconque, envoyer en hâte une estafette l'en informer ; n'abandonner le poste sous aucun prétexte ; s'il y avait des coups de fusils tirés, nous serions soutenus immédiatement par la compagnie entière à la tête de laquelle il se trouverait ; dès le soleil couché, aucune lumière, pas de cigarettes, nous devions êtres invisibles, et comme chaque nuit il y avait des coups de feu échangés avec les éclaireurs ennemis, il fallait ne pas se laisser surprendre.

Du reste, il y aura des rondes de nuit, ouvrez l'œil et courage, caporal, me dit notre brave capitaine en nous quittant.

Cet après-midi d'hiver était superbe, le soleil resplendissait, ses rayons encore tièdes nous mettaient un peu de joie au cœur.

Du lieu élevé que nous occupions, la vue qui s'offrait à nos regards était magnifique. Une plaine immense se déroulait à nos pieds uniformément plane dans toute son étendue ; à peine apercevait-on quelques ondulations du terrain. C'était la Beauce pour tout dire.

Semés dans cette immensité, on pouvait compter une quantité de clochers de villages, huit ou dix, si ma mémoire me sert bien. A notre droite, tout à fait dans le lointain, on distinguait les deux tours de la cathédrale d'Orléans se profilant à l'horizon, grandes comme un joujou ; puis un point à peine perceptible, un ballon captif flottait dans la même direction, au-dessus de la ville.

Je ne pouvais me détacher de ce coup d'œil, et restais ébloui en contemplation du spectacle, quand je fus ramené à des sentiments plus prosaïques par les exclamations d'un des hommes du poste, auquel l'uniforme n'avait point enlevé les instincts du paysan et qui avait remarqué la terre que foulaient ses pieds, plutôt que le magnifique paysage d'ensemble. Mais voyez-donc, caporal, nous sommes dans un champ de pommes de terre, elles n'ont pas encore été cueillies complètement, j'en ai déjà déterré un tas en fouillant avec ma baïonnette ; il ne sera pas dit que nous en serons privés.

Pratique, avisé, le brave garçon eût bientôt réuni quelques bribes de bois, creusé un fourneau en terre et, moins d'une heure après, nous dévorions à qui mieux mieux les précieux tubercules, quoique un peu grillés pour avoir vu le feu de trop près, et comme nous n'avions, au sens étroit du mot, qu'à nous baisser pour en prendre, nous en mangeâmes à satiété.

Les journées sont courtes dans la saison où nous nous trouvions. Le soleil avait disparu de bonne heure sur notre gauche. Nous avions suivi avec intérêt le mouvement de son disque brillant. Nous l'avions vu plonger à l'horizon dans les lueurs du couchant et laisser après sa disparition une large bande rouge, qui devint violette et ne tarda pas à s'effacer tout à fait, pour faire place au crépuscule. Insensiblement nous fûmes enveloppés de l'ombre de la nuit.

Afin de nous conformer aux ordres reçus, nous dûmes éteindre les quelques tisons de notre foyer improvisé, qui cependant nous auraient été bien utiles pendant la longue nuit qui se préparait pour nous, et que nous devions passer sans abri, en rase campagne, sur ce mamelon exposé à tous les vents.

La nuit, après cette claire journée, s'annonçait pour devoir être rudement froide. Mais de quoi te plains-tu, troupier, ne devais-tu pas être habitué aux intempéries.

Une petite remarque en passant. On ne saura jamais, à moins d'en avoir fait l'épreuve par soi-même, combien le feu est aimé par le troupier au bivouac. Si le feu dégourdit les membres lassés et fatigués, il dégourdit aussi la pensée. Le feu récrée et réjouit ; le soldat plonge et réchauffe ses pensées dans la flamme, en même temps qu'il lui tend les mains. Autour du feu la conversation s'anime et tant que flambent les tisons, c'est toujours un peu de gaîté qui luit pour le troupier, quelle que soit la situation où il se trouve.

L'obscurité qui nous enveloppait nous empêchait de voir l'homme de faction placé à cinquante pas en avant de l'endroit où nous avions déposé nos sacs, formé le faisceau de nos quatre fusils, et auprès duquel nous nous tenions accroupis à terre, bien rapprochés les uns des autres, nos couvertures jetées sur nos épaules pour combattre la bise qui nous transperçait.

Pendant la première partie de cette veillée, nous avions pu chasser le sommeil en conversant, mais dans l'obscurité, les langues peu à peu se turent, puis les uns après les autres, les hommes se laissèrent aller au sommeil, la tête appuyée sur l'épaule du camarade voisin.

Le sentiment de ma responsabilité de chef de poste m'aida à rester éveillé, ou plutôt je veillais les yeux ouverts, dans un état de somnolence pareil à celui du rêve. Avec la vie de fatigues que nous menions, allez donc chercher à éloigner le sommeil chez des jeunes hommes de vingt ans !

Les constellations brillaient par cette belle nuit du plus vif éclat, je les contemplai longuement. Pour nous, habitants des villes, c'est un spectacle auquel nous sommes peu habitués. J'embrassais d'un regard la voûte céleste : au nord en face de moi, je suivais dans sa course le mouvement de la Grande Ourse, lourde, chamarrée de brillants, semblant poursuivre Cassiopée autour de l'étoile polaire. Regardant en arrière, c'était Orion qui se levait majestueux dans le sud et je me figurais voir un guerrier gigantesque, tel que les cartes célestes le représentent, recouvert d'un baudrier resplendissant de pierreries, qui se dressait superbe et venait du midi à l'appel de la France écraser l'envahisseur du nord.

Dans ce calme grandiose, dans ce silence parfait, troublé seulement par la respiration de mes camarades, l'imagination se donnait libre carrière et, pendant un certain temps, cette contemplation du ciel étoilé m'aida à combattre le besoin de sommeil qui m'accablait.

Enfin, après avoir longtemps combattu, je succombai et finis par imiter mes compagnons. Accroupi à terre, les coudes aux genoux, la tête entre les mains, sans m'en rendre compte je tombai dans une sorte d'assoupissement voisin du sommeil, confiant en la vigilance de la sentinelle.

Deux fois rappelé de ma somnolence, j'avais déjà compté deux appels de l'homme en faction pour se faire remplacer, mais cela machinalement, comme dans un rêve, malgré la bonne volonté que je dépensais pour ne dormir que d'un œil, quand tout à coup, près de nous, un coup de feu retentit dans la nuit, se répercutant longuement à nos oreilles ; aux armes !... criait notre factionnaire, c'était lui qui venait de tirer, caporal !... aux armes !... Puis une deuxième et une troisième détonation se firent entendre comme un écho des postes les plus rapprochés sur le front de bandière.

En moins de temps qu'il ne faut pour le dire, nous étions debout fusils en mains, sondant la nuit, tendant l'oreille..... plus rien, calme absolu.

J'envoyai un homme prévenir le capitaine de l'alerte, après m'être renseigné auprès de la sentinelle, qui m'assura avoir vu dans l'obscurité une ombre s'avancer. Ne recevant aucune réponse à son cri de qui-vive ! il avait tiré et sûrement il ne devait pas s'être trompé, puisque les autres factionnaires des grand'-gardes voisines avaient fait feu aussi, et ce ne pouvait être que sur le même individu.

C'en était fini du sommeil, notre nuit s'acheva debout, l'arme en mains, prêts à recevoir l'ennemi s'il se présentait. Mais ce fut tout pour cette nuit là. A plusieurs reprises un sous-officier avait été envoyé pour s'assurer s'il n'y avait rien de nouveau à notre poste.

Au matin, le capitaine à qui je rendis compte de la faction vint nous relever et nous fit rentrer avec toute la compagnie au cantonnement.

Dans le village, le bataillon se préparait au départ, ce qui causait une certaine animation. J'appris des camarades que l'ordre était venu de quitter Bricy et que probablement nous allions prendre le chemin d'Orléans, pour séjourner dans cette ville, peut-être y tenir garnison.

Cette nouvelle nous remplissait de joie. Nos misères allaient finir. Nous allions reprendre une vie civilisée, coucher dans des lits, circuler dans les rues d'une ville, où l'on nous montrerait en disant : Voilà les mobiles de la bataille de Coulmiers ! Cette petite gloriole était bien pardonnable. Enfin vivre d'une vie normale, quelle bonne et excellente aubaine !

Et nous nous accordions tous à déclarer que nous l'avions bien gagnée.

Hélas ! nous prenions trop aisément nos désirs pour la réalité. Nous ne devions pas tarder à revenir de nos illusions.

La vérité était que nous quittions Bricy-Boulay pour aller camper quelques lieues en arrière. De première ligne nous passions en seconde ligne ; nous cédions la place à d'autres, et c'était tout, un simple déplacement.

Notre vie de misères et de fatigues ne devait guère changer, loin de là. Le camp de Saint-Sigismond, pour lequel nous étions destinés, nous laisserait à tous le souvenir d'un cauchemar, celui de l'enlisement dans la boue !

Nous nous mettons donc en route pour notre nouvelle destination. Le régiment, comme un long ruban s'allongeant dans la plaine, repassa sur le terrain du champ de bataille de Coulmiers. Les traces du combat après dix jours étaient visibles encore comme au lendemain. Les décombres ne fumaient plus, mais les murs des maisons incendiées, noircis, troués par les obus parlaient en lugubres témoins.

En traversant le village de Champs, je ne pus cependant m'empêcher d'avoir un moment de gaîté, lorsque le souvenir me revint des angoisses exagérées par lesquelles j'avais passé à propos de la perte de mon fusil.

Sur notre route, un certain nombre de chevaux tués gisaient encore çà et là, les uns intacts, les autres, carcasses à demi dépecées, avaient servi de viande de boucherie aux soldats affamés.

Les rations que nous recevions étaient assez réduites ; elles étaient même insuffisantes pour nos appétits. Je me dis qu'un bon bifteck de cheval ne devait pas être à dédaigner et que j'en ferais bien mon affaire.

Et mettant de suite l'idée à exécution, l'un des premiers du bataillon, je me servis à volonté. J'avais jeté mon dévolu sur une superbe bête d'artillerie, tuée d'un obus dans le flanc, et placé à califourchon sur la croupe, armé de mon couteau de poche, je réussis à tailler après beaucoup d'efforts une longue lanière de chair sur le dos de l'animal, à l'endroit de la selle.

Rapportée au camp, cette viande rouge, couverte encore de son poil, comme un quartier de venaison, fut plutôt mal appréciée. Ils furent peu nombreux les mobiles qui ce jour là imitèrent mon exemple. La plupart de mes camarades ne cachaient pas le dégoût qu'ils éprouvaient.

A cette époque l'hippophagie n'était pas encore entrée comme aujourd'hui dans nos usages. Les jeunes gens de la campagne, surtout, manifestèrent une espèce d'indignation. Cependant, sans m'arrêter aux quolibets, presque aux injures de ces derniers, je me mis en devoir de faire griller sur les tisons ardents une belle tranche de cette viande, que je dégustai ensuite avec satisfaction, et depuis je ne perdis jamais l'occasion de renouveler, quand elle se présenta.

Par la suite, les mobiles, revenus de leur première appréciation, ne s'en faisaient plus faute ; « nécessité fait loi », aussi la chose se généralisa.

La distance de Bricy-Boulay à Saint-Sigismond est de trois à quatre lieues seulement. Nous étions arrivés avant la nuit à l'emplacement qui nous était assigné pour camper auprès du village, sur le bord de la grande route, dans un champ fraîchement labouré.

Ce fut avec découragement que nous établîmes nos tentes en pareil endroit. Plus heureux, nos camarades du premier bataillon étaient cantonnés à Champs, dans la partie du village épargnée par l'incendie ; ceux du troisième bataillon occupaient le village de Saint-Sigismond.

CHAPITRE V

Le camp de Saint-Sigismond. — ***Bataille de Villepion***
(1er Décembre 1870)

Le séjour au camp de Saint-Sigismond devenait intolérable ; la pluie ne discontinuait pas. Nous étions campés depuis une douzaine de jours dans un champ labouré, aux portes du village, presque sans paille, presque sans bois.

Afin de nous procurer du combustible, des corvées partaient pour deux jours et ramenaient de la forêt d'Orléans des chargements de bois vert, qui ne flambait pas, mais qui, en revanche, nous aveuglait de fumée.

Sous les tentes, tout baignait dans la boue. Nous passions la plupart des nuits assis sur nos sacs, la tête entre les genoux, et nous nous levions le matin un peu plus fatigués que la veille.

Les fusils, aux faisceaux, étaient dans un état déplorable : exposés le jour et la nuit à la pluie, la rouille les pénétrait, malgré nos soins, dans leurs parties essentielles ; à chaque prise d'armes, il fallait arracher les crosses d'une boue épaisse et malpropre.

Nous n'avions rien de sec, ni sur nous-mêmes, ni dans nos sacs pour nous changer ; l'humidité pénétrait tout, il fallait avoir une santé de fer pour résister.

Ah ! quelle funeste idée avaient eu nos chefs de nous imposer un pareil campement !

Chaque matin, il partait du régiment pour les ambulances jusqu'à trente et quarante malades ; c'était grand'pitié !

Notre colonel, plein de sollicitude pour son régiment, qui lui avait donné une si grande satisfaction à Coulmiers, et qu'il voyait pour ainsi dire fondre de jour en jour, multipliait ses démarches auprès du haut commandement.

Tous ses efforts pour nous faire obtenir un cantonnement dans le voisinage étaient inutiles.

Le camp, aussi, offrait de singulières curiosités : à certains endroits, on voyait émerger du sol, soit une jambe de cheval, dont le sabot ferré s'élevait à un pied de terre, soit une queue de crin, triste plumet souillé par la boue ; épaves qui dénotaient qu'on avait enfoui dans ce coin du champ de bataille de Coulmiers les cadavres des chevaux, sans se donner la peine de creuser la terre assez profondément.

Malgré sa proximité, ou peut-être à cause de sa proximité, le village de Saint-Sigismond nous était fréquemment consigné. Sa principale rue et le bout de route qui y conduisait étaient recouverts d'une couche de boue de dix centimètres, sinon plus, produite par le passage fréquent de la cavalerie et de l'artillerie, qui les avaient défoncés. La route ou le camp n'étaient, à vrai dire, pas meilleurs l'un que l'autre, et c'était là pourtant qu'il fallait vivre.

Lorsque cependant nous pouvions aller au village, nous nous entassions dans les auberges, dont les salles étaient alors transformées en tabagies, et nous nous livrions à des orgies de café, de brûlots d'eau-de-vie. Le tout accompagné de chants patriotiques, sincèrement chantés, pieusement écoutés, et vivement ressentis par les troupiers, qui ne manquaient jamais de reprendre le refrain en chœur . . . et avec tout leur cœur.

Nous nous rencontrions là avec des amis, des camarades d'enfance, qui faisaient partie d'autres compagnies, et avec lesquels nous parlions du pays, de nos familles, des êtres chers laissés au foyer ; c'était un vrai bonheur, et nous nous attendrissions à ces pensées. Et puis, nous fraternisions aussi avec nos camarades de l'armée, les cavaliers, les artilleurs, les chasseurs à pied, et surtout avec nos voisins de brigade, les braves lignards du 37e de marche, de véritables amis pour les moblots du 33e.

On s'était battu côte à côte à Coulmiers, une estime réciproque était née de cette confraternité d'armes et de l'épreuve du sang bravement versé en commun.

Ces visites aux cabarets de Saint-Sigismond avaient au moins l'avantage, si elles donnaient parfois lieu à certains écarts d'intempérance assez pardonnables, de nous faire oublier nos misères pendant quelques moments, en même temps qu'elles nous permettaient d'échapper à l'humidité de notre boueux campement.

Nous y trouvions aussi le moyen, malgré le vacarme, de nous livrer à de nombreuses correspondances avec les nôtres, que nous pouvions rassurer ainsi sur notre sort.

Et de combien de confidences ne fûmes-nous pas l'objet, quand de braves camarades illettrés, nous priaient « d'écrire une lettre » à leurs parents, dont ils sollicitaient un envoi d'argent ; ou bien encore à la petite promise, dont ils réclamaient la fidélité en échange des engagements réciproques, pris au départ au milieu des larmes de la séparation.

Ce fut pendant notre séjour au camp que nous reçûmes enfin des capotes, réclamées depuis si longtemps par notre colonel, qui nous permirent de braver moins péniblement les rigueurs de la saison ; par malheur, elles manquaient de boutons pour la plupart.

Ceux qui reçurent des capotes munies de boutons les répartirent équitablement avec les camarades moins bien partagés, — puis, il s'établit un espèce de marché, ou de petite bourse aux boutons d'uniforme.

Les lignards des régiments voisins nous offrirent ceux qu'ils possédaient en surplus, l'offre et la demande régularisaient les cours, comme dans toute sorte de marché, et au prix de 25 centimes la pièce, on pouvait s'en procurer en quantité suffisante — mais quelle variété de numéros !

Cependant, malheur aux étourdis qui abandonnaient leurs capotes un instant, il était rare s'il n'y manquait pas quelques boutons ; — ce fut la cause de nombreux horions, de luttes homériques.

Un malheur survint à la compagnie. Notre capitaine, le brave Michel Legoult (on l'appelait plus généralement par son sobriquet : le capitaine Fil-de-Fer), excellent homme, que chacun de nous chérissait, souffrait depuis plusieurs jours. Il tomba tout à fait malade et partit un matin pour l'ambulance d'Orléans, laissant sa compagnie consternée.

C'était un ancien sous-officier de l'armée, qui avait fait, comme fourrier, la campagne d'Italie et qui connaissait bien son métier.

Il avait été pour nous un excellent instructeur. On citait au bataillon « la quatrième » comme une de celles qui manœuvraient le mieux, la plus disciplinée. Notre capitaine ne plaisantait jamais dans le service, et pourtant les punitions étaient rares. Il avait su se faire aimer de ses hommes et il en obtenait d'excellents résultats.

Nous avions tous une confiance absolue en notre capitaine; son absence dans les jours qui suivirent se fit cruellement sentir. La compagnie, jusqu'à son retour au Mans, où il vint rejoindre une fois guéri, fut commandée par le lieutenant Deforges, brave et excellent garçon, mais qui, malgré toute sa vigueur et son entrain, n'avait pas l'expérience de notre capitaine. Sa bonne volonté et son courage durent, chez lui, suppléer à la connaissance des choses militaires.

Un dimanche, nous avions eu au camp une messe célébrée par notre excellent aumônier, l'abbé Charles Morancé. Le temps avait été clément ce jour là, et ce spectacle grandiose, avec sa mise en scène, en plein air, m'avait beaucoup impressionné.

Tout le régiment, drapeau au centre, était rassemblé en armes, en tenue de campagne; il formait les trois lignes d'un carré, fermé par le côté où se trouvait l'autel. Celui-ci était placé au pied d'un moulin à vent, dont les ailes figuraient une croix gigantesque.

Le recueillement était parfait et, à l'élévation, pendant que le prêtre bénissait les troupes qui présentaient les armes, que les clairons sonnaient leur solennelle fanfare « aux champs », je ne crains pas de dire que tous les hommes étaient profondément émus, tous les visages se montraient sérieux; la pensée de chacun se repliait sur elle-même : c'est que le spectacle de la mort, que nous venions de voir de si près, donne à réfléchir à tous, aux plus braves comme aux autres.

Nous avions tous présentes à la mémoire les péripéties de la bataille de Coulmiers ; nous avions tous encore la vision sanglante de nos camarades, atteints par le plomb, fauchés par les obus, mutilés, horribles !

Parmi ces jeunes gens présents, tous à la fleur de l'âge, parmi ces 2.400 mobiles, lequel ne se demandait : demain, à la première affaire, n'aurai-je pas le sort de mes camarades ? Alors, se rappelant l'enseignement chrétien de son enfance, la prière que nos mères nous faisaient balbutier sur leurs genoux, chacun se recommandait intérieurement au Dieu des batailles.

Enfin, dans les derniers jours de novembre, le temps sembla vouloir changer ; les pluies diminuèrent, le vent tourna au nord, et le froid fit sentir ses morsures.

Puis, il y eût du nouveau ; nous entendîmes le canon dans le lointain, et la brise nous apporta le bruit de mousqueteries plus ou moins vives.

Presque tous les jours, des escarmouches avaient lieu sur notre gauche, on parlait de succès ; un combat d'avant-postes eut même lieu sous nos yeux, dans la direction de Tournoisis.

Les artilleurs qui servaient la section des pièces de douze, dont le camp était flanqué de ce côté, se rassemblèrent et manœuvrèrent leurs canons ; les officiers mesurèrent, avec des instruments, les distances des principaux points de repère disséminés dans leur champ de tir ; les caissons furent ouverts, les projectiles visités ; enfin toutes les dispositions furent prises en vue de faire intervenir cette artillerie, si besoin était, au premier signal.

Nous ne demandions qu'à marcher, on nous fit prendre les armes le 29 novembre et rester en bataille une partie de la journée, jusqu'à ce que la nuit fut venue.

Il n'y eut rien ce jour là ; mais nous sentions vaguement qu'il se préparait quelque chose ; l'immobilité ne pouvait pas durer indéfiniment.

Le lendemain matin, 30 novembre, le camp fut levé avant le jour. Ce fut dans l'obscurité un remue-ménage général ; chacun était heureux de quitter ce lieu marécageux et infect qui nous servait de campement, où avaient failli sombrer notre courage et notre énergie.

Quel motif avait bien pu empêcher le général en chef d'utiliser l'enthousiame dont nous étions animés après la journée du 9 novembre, pour nous faire marcher de l'avant ? Au lendemain de cette victoire, on nous aurait menés où l'on aurait voulu, et nous étions, certes, capables de faire de grandes choses.

Nous passâmes la journée l'arme au pied, rangés en bataille, comme la veille. On avait craint probablement une attaque, ou peut-être devions-nous rester sous la main, prêts à tout événement.

Il n'y eut rien pour ce jour là, sauf des mouvements de troupes de tous côtés : l'événement qui se préparait était pour le lendemain premier décembre.

Allons ! troupier improvisé, sac au dos, boucle ta ceinture, arme toi de courage, prépare toi aux émotions violentes, et vous tous camarades : haut les cœurs.

Le premier décembre, avant qu'il fit jour, nous nous trouvions sous les armes ; le ciel se dégageait, plus de nuages ; un froid vif se faisait sentir et durcissait la terre ; tout faisait présager une belle journée d'hiver, le temps allait permettre la manœuvre des régiments déployés à travers les champs unis de la Beauce.

Nous nous mettons en marche vers le milieu de la journée seulement, droit sur le village de Saint-Péravy, dont le clocher, distant de deux kilomètres environ, semblait guider notre direction.

Nous ne tardâmes pas à entendre le canon au delà du village. On nous fit presser le pas ; ma compagnie traversa Saint-Péravy, où nous eûmes la satisfaction de voir ramener une vingtaine de prisonniers que la cavalerie venait de faire. Cette vue augmenta notre confiance, et personne de nous à ce moment ne doutait que nous ne marchions à un nouveau Coulmiers.

Au sortir du village on reprit la marche en bataille, dans un ordre parfait, et nous avançâmes à travers la vaste plaine tout unie, qui s'étendait devant nous.

Un spectacle magnifique s'offrait à nos yeux par cette belle et claire journée d'hiver. A notre gauche évoluait de la cavalerie, à droite s'étendaient de longues lignes de troupes françaises; un cordon de tirailleurs nous précédait, nous étions suivis d'une batterie d'artillerie, composée de pièces de quatre, à laquelle notre bataillon (le deuxième) devait servir de soutien.

En face, se montraient les masses noires et inquiétantes des ennemis, parmi lesquelles on pouvait distinguer les différents corps dont elles étaient formées ; son artillerie semblait nombreuse. Nous marchions résolument en avant, pénétrés de la confiance que nos officiers semblaient avoir, animés du feu sacré.

L'amiral Jauréguiberry (qui commandait notre division, la 1re du 16e corps), suivi de son escorte, ne nous perdait pas de vue. Notre colonel, à diverses reprises, passa devant nos rangs et parut satisfait, malgré la préoccupation qu'on lisait sur ses traits.

Depuis quelque temps déjà, la fusillade était engagée sur notre droite et sur notre gauche, mais notre allure ne variait pas, nous avançions toujours, les rangs serrés, le fusil sur l'épaule.

Tout à coup, en face de nous, s'élèvent des rangs ennemis plusieurs flocons de fumée blanche... pan... pan... pan... c'étaient les premiers obus tirés sur nos lignes. Un arrêt, nos artilleurs mettent leurs pièces en batterie et, ripostant coup pour coup, lancent à leur tour des projectiles qui passent par dessus nos têtes, et que nous voyons éclater en l'air sur les lignes prussiennes.

La canonnade, de part et d'autre, prend de l'intensité. Le tir des allemands était promptement réglé ; nous le suivions avec l'intérêt que notre situation commandait, nos rangs servant de cibles. Quand ils visaient une batterie, si le premier obus passait au-delà, le second tombait peut-être en avant, mais il était rare que le troisième ne vînt pas faire des ravages dans les rangs, parmi les hommes et les chevaux.

Il fallait voir avec quelle rapidité se faisaient les mouvements. Les pièces étaient manœuvrées à gauche, à droite, tiraient vivement et restaient très peu de temps à la même place; leur mobilité était extrême.

Nous suivions ou plutôt nous précédions tous les mouvements de l'artillerie et, par bonds successifs, nous avancions toujours, avec la satisfaction de voir l'ennemi reculer, et d'occuper un à un les échelons qu'il abandonnait. Dieu sait s'il se défendait et s'il nous couvrait d'obus !

Sous les yeux, nous avions les sillons que les roues de ses canons avaient imprimés, et les traces des sabots de ses chevaux, marqués sur le terrain piétiné qu'il abandonnait devant nous ; c'était autant de terre française reconquise !

Dans cette marche en avant, nous laissons à notre gauche la petite ville de Patay. Son nom fit battre nos cœurs d'espoir, en nous rappelant que ce coin de terre foulé par nous avait été témoin d'un des glorieux faits d'armes de la Pucelle contre les Anglais; l'envahisseur d'alors avait été chassé. Alors, comme aujourd'hui, le peuple de France se ressaisissait après ses défaites ; il se reprenait à espérer. Aujourd'hui encore l'âme de la Patrie faisait battre nos cœurs, réchauffait les enthousiasmes; ce devait être de bon augure.

La journée s'avançait; nous dépassions, les unes après les autres, des fermes isolées, où se trouvaient, nous disait-on, de nombreux blessés ennemis restés entre nos mains. Enfin, au moment où le jour commençait à baisser, la résistance devint plus énergique; le crépitement de la fusillade prit plus d'intensité. Le bataillon se trouva arrêté net; il y avait un obstacle.

Nous pouvions apercevoir en face de nous, à une petite distance, un épais et long rideau de hauts arbres ; c'était Villepion, où la résistance semblait s'être concentrée, nous sentions cela.

Tout près, à gauche, un groupe de maisons brûlait à la même hauteur. La canonnade devint peu à peu plus espacée et finit par se taire tout à fait.

Jusqu'ici le deuxième bataillon avait fourni peu de tirailleurs. En revanche les premier et troisième étaient engagés à fond sur la gauche, refoulant les entreprises d'une nombreuse cavalerie. Il en résultait que le deuxième bataillon seul se trouvait à peu près au complet, rangé en bataille dans un ordre parfait, immobile, l'arme au pied ; notre tour devait venir de donner.

Avec le soir, le froid se faisait sentir davantage. Les mobiles, fatigués de cette longue marche en avant, sans arrêt, à travers les champs labourés, courbaient l'échine sous le poids du sac. Si les rangs étaient bien conservés, on peut avouer qu'à cette halte les attitudes personnelles laissaient peut-être à désirer, et les mains glacées, après avoir tenu le fusil tout le jour sur l'épaule, étaient à cette heure raidies, engourdies, et cherchaient un peu de chaleur au fond des poches du pantalon.

Il fallait en finir avec la résistance acharnée de l'ennemi avant que la nuit ne fut tout à fait venue. Les balles sifflaient à nos oreilles, on eût dit le bourdonnement des guêpes, c'était le moment décisif.

Pendant la journée, nous avions pu voir l'amiral Jauréguiberry se porter de tous côtés au trot de son petit cheval.

Toujours présent sur le point où le feu était le plus vif, cet homme semblait ne pas connaître le danger. Nous admirions son calme, son énergie; aussi avait-il inspiré la confiance la plus absolue à ses troupes, et s'il avait le 33e en estime depuis qu'il l'avait vu à l'œuvre, le 33e le lui rendait largement.

Le voilà qui surgit tout à coup près de nous, passe sur notre front en criant : « Allons, les gars ! les mains hors les poches ! « vous allez pouvoir tout à l'heure les réchauffer « *après* » les « canons de vos fusils ! » (*textuel*).

Ce fut pour nous un coup de fouet. L'amiral donne rapidement quelques ordres aux officiers qui font mettre la baïonnette au canon. Son regard fouille un instant dans la direction des Prussiens, et d'un superbe cri : en avant ! jeté à pleine voix, l'amiral nous emporte au pas de course, droit devant nous, vers les grands arbres qu'il montre de son sabre.

Ah ! le coup d'œil était vraiment superbe, magnifique; il a laissé une trace si nette dans ma mémoire que je le revois encore comme si c'était hier.

Précédé de l'amiral, qui marchait au trot de son petit cheval, le bataillon, lancé sur une seule ligne gagnait rapidement du terrain ; les officiers par leurs cris : en avant, en avant !... mille fois répétés, exaltaient leurs hommes ; les balles sifflaient tout autour de nous. De temps en temps, un mobile tombait, son voisin, sans s'arrêter, détournait la tête, mais le rang ne semblait pas s'en apercevoir : les sergents en serre-files se contentaient de crier : Sentez les coudes !

Enfin, nous arrivons haletants au but, et nous nous arrêtons sous un mur de clôture continu, en bon état et assez élevé, dominé par les grands arbres que nous apercevions depuis longtemps déjà : c'était le parc du château de Villepion.

Nos pertes, en somme, dans ce mouvement, furent assez minimes, grâce à la rapidité avec laquelle il avait été conduit ; si les Prussiens avaient voulu tenir derrière ces murs, nous eussions certainement perdu la moitié de notre effectif.

Tout près, à gauche, le mur fait un coude à angle droit et prend la direction du nord. Quelques mobiles qui veulent déborder de ce côté, sont assaillis par une grêle de balles. Nous ripostons de notre propre initiative, puis nous tiraillons ensuite, par ordre d'un officier d'Etat-major, un marin, sur les maisons qui brûlaient à la hauteur du parc et à quelques centaines de mètres de distance. Cette agglomération était le village de Nonneville, presque cerné par nos troupes, lignards du 37e et mobiles du 75e (Loir-et-Cher). Les Prussiens l'avaient incendié, et ils en défendaient les abords pour se dégager. Le crépitement de leur fusillade était assourdissant, nous ripostions ferme. Au dire de quelques-uns de nos camarades qui avaient pu pénétrer dans le hameau et qui l'occupèrent toute cette nuit-là, les blessés et les morts ennemis étaient nombreux.

Pendant ce temps, le gros du bataillon qui se trouvait arrêté sous les murs du parc n'avait pas bougé ; mais lorsque nous revînmes, il régnait chez les hommes une assez vive inquiétude.

L'amiral Jauréguiberry avait sans doute été amené à prendre la décision de nous porter en avant, sans avoir pu en informer les corps de troupes qui nous avoisinaient.

Le mouvement s'était exécuté très rapidement.

Il fallait pour son succès une exécution immédiate, à l'instant précis, ainsi que cela se présente souvent sur le champ de bataille.

Toujours est-il que le bataillon recevait une grêle de balles des troupes françaises placées en arrière, qui marchaient après nous ; nous étions fusillés par les nôtres ; l'obscurité qui commençait rendait bien visible la ligne de feu s'avançant sur nous.

Le capitaine Boulay, adjudant-major, l'âme du bataillon, voit le danger, en prévient le capitaine Chartier faisant fonctions de commandant, et se précipite accompagné de deux sous-officiers (sergents Lemeunier et Odillard) dans la direction d'où venaient les balles, en criant : Cessez le feu !... cessez le feu !... vous tirez sur des français !

Ils eurent du mérite, car ils coururent certes un grand danger.

Ces divers incidents avaient tout au plus duré quelques minutes.

Alors, pour achever notre effort, nous cherchons à pénétrer de vive force dans le parc ; quelques mobiles se font la courte-échelle, et debout sur les épaules complaisantes des camarades, ils tirent par dessus le mur dans l'épaisseur des fourrés.

Une petite porte qui se trouvait tout près est enfoncée à coup de haches et de crosses de fusil.

Enfin, nous pénétrons à l'intérieur, et nous nous répandons dans les allées qui se dirigent en tous sens, notre lieutenant M. Deforges en tête.

Dire que nous marchions hardiment serait exagéré : l'épaisseur des fourrés, l'obscurité, les carrefours, tout nous faisait craindre des embûches. Courbés, prêtant l'oreille, le doigt sur la détente du fusil, inspectant de tous côtés, nous avançons cependant, les plus braves en tête. Quelques casques à chenille, des fusils bavarois sont jetés à terre çà et là. Enfin, nous arrivons à l'extrémité opposée, sans avoir rencontré d'obstacles. Nous trouvons, le long du mur, une rangée de cuisines improvisées, sur lesquelles étaient encore les marmites des troupes.

Notre attaque énergique et bien menée avait été une surprise pour les allemands, et leur fuite avait été si précipitée qu'ils nous avaient abandonné leur dîner.

Quelques mobiles de ma compagnie se partagèrent une pleine gamelle de riz qu'ils trouvèrent excellent. Un troupeau de bœufs et de moutons avait été aussi abandonné par les Bavarois. Comme à Coulmiers, c'étaient encore des Bavarois que nous avions eu devant nous à combattre ; une centaine des leurs furent faits prisonniers, à côté de nous, dans le château.

Après un mouvement comme celui que nous venions d'exécuter, on pense facilement que les compagnies étaient quelque peu confondues. Les officiers parvinrent cependant à réunir leurs hommes dispersés, à les faire ranger, prêts à tout évènement : un retour agressif de l'ennemi pouvant se produire. Le commandement ayant reconnu sans doute qu'une surprise n'était pas à craindre, nos bivouacs nous furent assignés dans le parc que nous venions de conquérir, pour une partie du bataillon seulement; le reste fut placé en dehors, de manière à relier les détachements cantonnés dans ce qui restait d'habitations à Nonneville; on nous autorisa à dresser les tentes dans l'intérieur du parc.

Alors les corvées furent envoyées de tous côtés, à l'eau, à la paille, au bois, et en peu d'instants les feux des bivouacs flambaient clairs et gais, déridant tous les fronts, le long des allées du parc, dont les arbres fournirent ce soir-là notre combustible.

Le coup d'œil était vraiment plein de gaîté. Les mobiles se groupaient, assis à terre, autour des feux d'escouades, sur lesquels se préparait un dîner bien gagné; dîner spartiate : quelques tranches de viande grillée sur les charbons ou cuite dans une grande gamelle avec un peu de saindoux, suivant les goûts. Et les conversations ne languissaient pas, chacun disait ses impressions de la journée.

Heureuse et insouciante jeunesse, oubliant le danger passé, ne soupçonnant pas un instant ce que demain lui réservait !

Les corvées chargées de rapporter la paille sortirent du parc par une grande porte charretière, qui s'ouvrait sur la plaine du côté de l'ennemi. Plusieurs grosses meules de paille étaient rangées à proximité. Déjà une certaine quantité de bottes de paille avaient été enlevées, quand des cris humains se firent entendre des profondeurs du fourrage ; c'étaient quelques Bavarois qui s'y étaient réfugiés, et qui, tout penauds de s'être si bêtement fait prendre, ne semblaient cependant pas mécontents de se trouver prisonniers.

Quant à moi, en quête d'aventures et curieux de mon naturel, j'abandonnai pour quelques instants mes camarades et je me dirigeai vers le château, autour duquel la résistance avait été la plus vive.

C'était une construction à plusieurs étages assez importante, vaste habitation seigneuriale qui me parut ancienne.

Malgré la nuit, je pus me rendre compte de sa disposition : deux grosses tourelles flanquaient de chaque côté la façade ; les toits très élevés étaient dominés par un certain nombre de clochetons aigus qui, avec ceux des tourelles, profilaient leurs épis de faîte dans le ciel ; un mur bas, à hauteur d'appui, autour duquel courait un large et profond fossé, entourait de tous côtés la petite cour précédant la façade et le chemin de ronde qui circulait autour du château ; l'entrée était défendue par une grille, en ce moment ouverte, mais près de laquelle étaient placés deux factionnaires.

Impossible d'entrer ; j'appris, cependant, qu'un certain nombre de blessés étaient à l'intérieur et qu'il y avait un conciliabule d'officiers ; puis, trouvant ouvert, d'un autre côté, un portail qui donnait accès dans les vastes communs et les habitations des fermiers, j'entrai.

Un spectacle saisissant m'attendait là. Dans la grande cour de cette ferme, des morts étaient étendus à terre, alignés le long d'un mur. C'étaient des Bavarois et presque tous avaient les pieds nus. Des écuries situées en face s'échappaient des plaintes et des cris de douleur ; j'y jetai un regard, quelques bougies faisaient tous les frais de l'éclairage ; des blessés ennemis se trouvaient là entassés ; il y en avait peut-être une centaine que des chirurgiens français et allemands pansaient.

Les habitations des fermiers, les granges étaient également occupées par des blessés, il y en avait partout ; et partout le long des bâtiments on voyait des armes déposées en tas : fusils, baïonnettes, ceinturons, cartouchières, havre-sacs, sans compter les casques bavarois, en cuir bouilli, à lourdes chenilles noires, que le pied heurtait à chaque instant à terre, ici aussi bien que dans le parc.

Plusieurs chasseurs à pied étaient occupés à chausser les bottes prises sur les morts, ce qui m'expliquait cette particularité des cadavres sans souliers que j'avais remarquée. Hélas ! les lois inexorables de la guerre trouvaient dans ce simple fait, et pour les besoins immédiats, un sujet d'application : le vainqueur du jour s'appropriait les dépouilles du vaincu. Nos officiers nous engageaient eux-mêmes à remplacer de cette façon nos chaussures usées, quand l'occasion s'en présentait.

Un de ces chasseurs avait avisé une paire de bottes presque neuves aux pieds d'un bavarois à peine refroidi, et il ne pouvait parvenir, malgré ses efforts, à les arracher des pieds de son propriétaire. Celui-ci, étendu sur le dos, les bras en croix, opposait la seule résistance qui lui fût permise : la résistance passive. Le bavarois était vigoureusement secoué par le chasseur, qui ne put réussir dans son entreprise qu'en s'arcboutant du pied entre les jambes du mort, et en tirant violemment à lui, par brusques secousses. La botte enfin lui resta dans les mains.

Je me bornai, quant à moi, à détacher la cocarde bleue et blanche d'un de ces lourds casques bavarois, pour m'en faire un trophée, et, comme je n'étais pourvu que d'un mauvais ceinturon, à retirer celui d'un sous-officier, qui me sembla être de bonne qualité, avec lequel je fis le reste de la campagne et que je possède encore (1).

Cependant, le froid devenait de plus en plus vif; la fatigue se faisait sentir ; je repris le chemin qui devait me ramener auprès de mon escouade, guidé par les lueurs des feux de bivouacs, et sous l'impression du triste spectacle que je venais d'avoir sous les yeux.

(1) Depuis, j'ai offert l'année dernière ce ceinturon à M. l'abbé Belaue, curé de Loigny, pour le musée de la bataille installé par lui dans la grande salle de son presbytère. Ce musée, à lui seul, vaut une visite pour tous les objets impressionnants qu'il renferme.

Tous ces feux répandus dans l'enceinte du parc, alignés dans les longues allées, qu'on apercevait en enfilades et autour desquels régnait un fourmillement de moblots, présentait vraiment un coup d'œil si curieux et si étrange au milieu de la nuit, qu'il vint pour un instant apporter une diversion à mes tristes pensées. C'était l'insouciance du lendemain, l'exubérance de la vie qui s'offrait à mes yeux, après avoir entrevu les angoisses de la souffrance et le calme de la mort !

Je me glissai enfin sous la tente, avec mes camarades, heureux de pouvoir étendre mes membres fatigués sur une bonne paille fraîche, la plume de cinq pieds, suivant le langage imagé du troupier. Puis je m'endormis, en donnant comme tous les soirs ma dernière pensée aux êtres chers laissés au foyer et en me remettant complètement aux mains de la Providence.

Nos grand'gardes passèrent une nuit terrible en rase campagne, exposées au milieu de la plaine à un froid excessif, sans abri, sans feu, à cause de la proximité de l'ennemi. Elles durent exercer une surveillance de tous les instants, et eurent sous les yeux les feux des bivouacs allemands établis devant elles et dont elles n'étaient séparées que de quelques centaines de mètres.

Toute la nuit, dont rien autre chose ne troublait le silence, elles entendirent en face, au delà des premières lignes ennemies un roulement continu. C'était le roulement incessant des pièces d'artillerie et des fourgons en mouvement sur les routes, que la gelée avait durcies et que l'air froid rendait sonores.

Les Prussiens, prévoyant et redoutant notre attaque, ne restaient pas inactifs, ils travaillaient aux dispositions à prendre pour nous repousser le lendemain.

CHAPITRE VI

Bataille de Loigny (2 décembre 1870)

Avant le jour, nous étions debout, les tentes roulées sur les sacs et, le café absorbé, prêts à marcher.

Pas de sonneries de clairons; à la voix des sous-officiers, les compagnies se rangent, l'appel se fait et, en quelques paroles, nos officiers nous laissent pressentir qu'il allait se passer « quelque chose » aujourd'hui.

Leur air grave, décidé, la sévère inspection des fusils, les soins qu'ils prennent de s'assurer que les fourniments étaient en bon état, que les sacs étaient bien placés sur le dos des hommes, de manière à laisser la facilité des mouvements, les bonnes paroles aux uns et aux autres, paroles d'encouragement et d'émulation qui laissaient entendre que l'on demandait un effort à la hauteur de la gravité des circonstances, tout cela nous permettait de comprendre que la journée qui commençait devait être sérieuse et chacun se promettait de faire son devoir.

Le temps était beau, le soleil se levait radieux, ce matin du 2 décembre 1870, anniversaire d'Austerlitz, mais la bise piquait dur.

Les compagnies sortirent du parc de Villepion, les unes par la petite porte de l'angle gauche, près du saut-de-loup regardant Nonneville; les autres par la grande porte charretière, qui s'ouvrait face à la plaine, face à l'ennemi.

Un vent glacial nous coupait la figure, la terre était durcie par la gelée, les pas de cette masse d'hommes résonnaient sur le sol.

Nous voilà rangés en bataille, à peu près à la hauteur d'un moulin à vent situé à deux cents mètres en avant des murs du parc. Les trois bataillons se trouvaient réunis dans un ordre parfait, le deuxième à gauche, tout à fait à l'extrémité de la ligne immense des troupes.

C'était un spectacle magnifique, répétition de celui que nous avions eu sous les yeux le matin de Coulmiers : lignes immenses de fantassins alignés, fusils sur l'épaule, batteries d'artillerie arrivant en arrière au trot des attelages à six chevaux, les artilleurs sabre au clair.

Celui qui a vu ce spectacle et qui a senti son cœur battre à l'unisson de tous ces bons Français, disposés au sacrifice, face à l'ennemi, un matin de bataille, ne l'oubliera jamais. Et puis, il y a de ces sensations dues aux circonstances exceptionnelles où l'on se trouve, que l'on ne ressent qu'une fois dans sa vie, et l'heure, ce matin-là, était solennelle.

La plaine où nous nous alignions s'étendait immense, pas un accident de terrain ne se dressait devant nous si loin que notre vue pouvait porter; et voici le panorama que nous pouvions contempler : un peu à notre droite, à deux kilomètres environ, un village dominé par un clocher aigu, c'était Loigny, nous ne l'avons pas perdu de vue de la journée. En face, à une distance un peu plus grande, une vaste ferme formant hameau ; c'était Morâle, but assigné aux efforts du 33e. Quelques bouquets d'arbres disséminés, quelques fermes isolées çà et là, et puis, à moitié chemin de l'horizon, de grandes lignes noires, coupées de petits intervalles, mais se continuant indéfiniment et parallèlement aux nôtres, s'allongeaient à perte de vue. Ces lignes noires, c'était l'armée prussienne (grossie la veille des contingents de Frédéric-Charles, amenés à la hâte de Metz et de Paris), qui venait à nous, et nous allions au devant d'elle.

Notre ligne de tirailleurs se déployait en avant dans un ordre parfait; plus en avant encore, nous voyions évoluer nos vedettes de cavalerie, nos petits chasseurs « bleus » qui entamaient l'action avec les vedettes ennemies. Les premiers coups de feu, rares d'abord, furent tirés par ces cavaliers, puis les deux lignes de tirailleurs arrivées face à face, et à portée, ouvrirent le feu à leur tour.....

C'était le choc, la bataille de Loigny était commencée !

La fusillade, d'abord lente, prit en peu d'instants une violente intensité; les mobiles n'épargnaient point leurs munitions. Bientôt le colonel donna l'ordre de renforcer la première ligne de tirailleurs. Sans hésitation, les sections désignées se déployèrent et, allant s'intercaler près des camarades, ripostèrent avec eux au feu de l'ennemi.

Rien ne nous échappait ; nous contemplions curieusement cette scène émouvante; nous prêtions l'oreille au crépitement de la fusillade des nôtres, que nous voyions à quelques cents mètres de nous, à genoux ou couchés, charger leurs fusils, viser et faire feu. Pour ma part, je brûlais du désir d'aller les rejoindre et déplorais l'attitude passive à laquelle nous étions condamnés pour le moment.

La vue de nos blessés, ramenés de notre côté pour aller à l'ambulance, me mettait dans une sainte indignation. Quelques-uns revenaient seuls, ils pouvaient marcher en s'appuyant sur leurs fusils ; puis ceux atteints plus grièvement étaient accompagnés de camarades qui les soutenaient sous les bras, ou les portaient sur leur dos, ou encore les transportaient sur leurs fusils comme sur un brancard, inertes, sans connaissance.

Jusqu'à ce moment, nos trois bataillons, précédés des tirailleurs, étaient debout, marchant constamment en avant, à l'allure dictée par les mouvements de l'action générale. L'ordre se conservait parfait dans nos rangs; tout en manœuvrant nous interrogions nos officiers des yeux, et nous prêtions l'oreille à la fusillade qui se prolongeait, à notre droite, sur une très grande distance.

Le canon qui, jusqu'ici, avait été assez peu bruyant, se mit violemment de la partie. Les pièces ennemies nous envoyaient force obus; ordre fut donné de nous coucher à terre, afin d'éviter, dans la mesure du possible, les ravages de l'artillerie.

Nous restâmes assez longtemps dans cette position; par moment la fumée devenait tellement intense qu'elle nous masquait la vue de tout ce qui se passait; à d'autres moments, au contraire, rien ne nous échappait dans le grand espace qui s'étendait devant nous des mouvements de l'infanterie, de la cavalerie et même des manœuvres des artilleurs allemands; on voyait parfaitement le feu jaillir des pièces qui tiraient sur nous. De longs jets de flammes, suivis de nuages de fumée, nous permettaient de prévoir l'obus envoyé, quelques secondes avant sa chute. Autour de nous, sur nos têtes, passait le plus effroyable ouragan de plomb et de mitraille, et les victimes étaient nombreuses.

Etendu à terre, cherchant à offrir le moins de surface possible, chacun de nous pensait aux siens, à sa famille laissée au foyer et se demandait avec angoisse s'il lui serait permis de revoir ces êtres chéris.

Les blessés se retiraient en plus grand nombre.

En face, à une certaine distance, un de nos officiers à cheval se faisait remarquer par son intrépidité. Sans souci du danger qu'il semblait défier, il se portait jusqu'à la ligne de nos tirailleurs, où il servait de point de mire à l'ennemi.

Il revient auprès de notre colonel, où nous voyons se former un groupe de trois cavaliers. Tout à coup, près de ce groupe tombe un obus qui éclate sur le sol durci. La fumée se dissipe, les chevaux effrayés se livrent à des mouvements désordonnés, mais il n'y a plus que deux cavaliers ; le troisième, celui-là même qui montrait tant de témérité l'instant d'avant, avait été jeté à terre, la tête à demi emportée par un des éclats meurtriers.

C'était le duc de Luynes, adjudant-major du 1er bataillon, qui venait d'être tué.

D'où nous étions nous pûmes voir quelques hommes l'entourer un instant, puis le cheval se relever et prendre une course folle, les entrailles pendantes.

Cependant, la situation s'aggravait ; l'ennemi en force avait pris une offensive vigoureuse et nous repoussait. Le bataillon formé par échelons conservait à grand peine le terrain si chèrement acquis jusqu'ici. Nos mouvements se faisaient par bonds ; chaque échelon successivement obéissait au commandement : « Couchez-vous », et les hommes alors semblaient prendre un point d'appui au sol pour résister avec plus de tenacité.

Dans un de ces arrêts, une rumeur circula de bouche en bouche ; elle semblait partir du groupe à cheval de notre État-

Major placé en arrière, après l'arrivée d'un officier d'ordonnance de l'amiral : « Voici le 17e corps qui arrive à notre droite, ce sont 30.000 hommes de renfort avec cent pièces de canon, courage ! cela va changer la face des choses ». Cette nouvelle nous fait raidir davantage et ralentir notre mouvement de recul.

Nous étions, en ce moment, à la hauteur de Loigny, à gauche de ce village que nous apercevions environné de fumée et d'où partait un crépitement intense. La ferme de Morâle, notre but, que nous avions atteint un instant, mais dont nous nous éloignions maintenant, venait de prendre feu ; était-ce par nos obus ou de la main de l'ennemi qui l'occupait ?

Nos tirailleurs s'acharnaient inutilement et s'épuisaient devant ces immenses constructions transformées en redoute, occupées par un ennemi invisible, à l'abri des murailles, et qui nous tenait en échec.

Tout à coup, de ces bâtiments s'éleva droit au ciel une colonne immense de fumée ; puis, alimentées par les provisions de fourrages, des flammes jaillirent, gigantesques langues de feu. Nous contemplions de nos rangs ce sinistre spectacle, qui venait encore ajouter à l'horreur de notre situation. Décimés, véritables cibles vivantes, nous étions dans l'impossibilité absolue de prendre part au combat et ne pouvions riposter à coups de fusil.

Le sort du tirailleur est toujours envié en pareille circonstance : il assiste en première ligne au combat, il rend coup pour coup, jouit d'une initiative réelle et est moins en butte aux obus, dont la chute et le fracas incessants énervent et finissent par démoraliser la plupart des hommes en colonnes.

Il nous fallait cependant rester à mi-chemin des batteries françaises et allemandes, dont les feux se croisaient au-dessus de nos têtes. Nous étions comme des curieux assistant à un feu d'artifice. Nous regardions les boîtes à balles, qui nous étaient destinées, éclater en l'air et dégager au moment de l'explosion une couronne de fumée, qui planait ronde et blanche pour s'évanouir l'instant d'après. Nous contemplions aussi avec curiosité les projectiles destinés au château de Villepion, que l'ennemi cherchait à incendier. L'œil suivait sans peine la courbe de leur parabole, qui dessinait sur le ciel une ligne noire bien visible.

Cependant nous nous rapprochions insensiblement des murs du parc; le terrain que nous avions gagné le matin était à demi perdu. La journée s'avançait, nous avions l'estomac vide et les imaginations s'enflammaient devant le spectacle dramatique, qui se déroulait par cette belle journée d'hiver favorisée du soleil.

Nous étions revenus à hauteur du moulin de Villepion, en ordre toujours, contenant l'ennemi dans ses entreprises. Mais pendant que nous étions harcelés face à Morâle, ayant grand peine à tenir bon, les Prussiens avaient exécuté un mouvement de cavalerie. Nous étions débordés à gauche et les obus venaient de plus en plus de ce côté. Nous en recevions même, qui semblaient partir de batteries placées en arrière et qui, non seulement nous prenaient en écharpe, mais encore nous tiraient dans le dos. Déjà, dans les rangs, on se regardait avec anxiété, on se demandait si nous n'étions pas tournés et si nous n'allions pas nous trouver cernés à Villepion.

C'est à ce moment qu'eût lieu un des plus intéressants épisodes de la journée et des plus émouvants.

Une colonne de cavalerie, dans la composition de laquelle on distinguait des cuirassiers, et d'autres cavaliers armés de lances, semblant venir de face, se trouvait à quelques cents mètres sur notre gauche, en avant, et se rapprochait de nous, dans un ordre parfait, à une allure assez lente. Le soleil qui commençait à baisser, et dont les rayons frappaient obliquement, faisait briller les casques et les cuirasses; le vent agitait les flammes des lances; quelle était cette troupe?

C'est une reconnaissance française qui rentre, disent les uns; ne voyez-vous pas que si c'était de la cavalerie allemande, elle manœuvrerait autrement, et surtout plus vivement ajoutent-ils.

Nous n'étions pas rassurés; ces petits pavillons flottant au bout des lances ne rappelaient qu'imparfaitement ceux des lanciers français.

Parmi nous, ceux qui avaient une bonne vue cherchaient à reconnaître les uniformes; mais ils hésitaient avant de se prononcer et laissaient voir leur indécision.

Soudain, un de nos officiers, qui s'était servi d'une jumelle, s'écria : mais non, ce ne sont pas des Français, c'est de la cavalerie allemande, en garde ! en garde ! formez le carré ! nous allons être chargés, dans une minute ils vont être sur nous ! Pas de temps à perdre, formez le carré ! répètent les autres officiers, et déjà quelques coups de feu partent de nos rangs dans la direction des cavaliers, qui devenaient de plus en plus inquiétants.

Un officier, bon tireur, prend des mains d'un de ses hommes, un chassepot et fait feu ; tout cela se passe en un clin d'œil. D'ailleurs, nous ne devions pas rester plus longtemps dans le doute. Les rangs de cette cavalerie, qui masquait de l'artillerie, s'entrouvrent et plusieurs décharges de mitraille partent coup sur coup. Les boîtes à balles, tirées à si courte distance, éclatent sur nos têtes et jettent un certain désordre dans la masse. « Formez le carré », répètent les officiers et les sous-officiers en faisant exécuter cette manœuvre. Mais les hommes, qui semblent perdre la tête, tourbillonnent sur eux-mêmes et le mouvement s'accomplit mal ; pourtant, il se dessine et nous finissons par montrer à l'ennemi une rangée de baïonnettes, tant bien que mal alignée.

Nous étions dans une situation fort critique. Chaque fois que je me suis rappelé cet épisode, je me suis de plus en plus convaincu qu'il n'a tenu qu'à un fil que nous ne fussions chargés par la cavalerie allemande ; et alors, quelle résistance aurait pu opposer dans cette lutte notre troupe de moblots affolés, sans cohésion suffisante, et ses rangs à peine formés ?

Nous devions être sabrés et disparaître sous les sabots des chevaux. Les Prussiens hésitèrent, probablement à cause de la proximité à laquelle nous nous trouvions des murs du parc, derrière lesquels pouvaient se trouver nos tireurs, à l'abri, qui auraient décimés hommes et chevaux.

Dans ce moment d'hésitation chez l'ennemi, de trouble et de confusion chez nous, pendant que nous nous agitions pour former le carré, retentit soudain sur notre droite, un bruit bien connu, craquement sinistre, que nous ne pouvions entendre sans sentir un frisson courir dans nos veines. C'était le bruit strident, prolongé, des « moulins à café », autrement dit des mitrailleuses françaises, qui tiraient par dessus nos têtes, dans la direction des cavaliers. Il restait deux mitrailleuses d'une batterie placée autour du moulin à vent de Villepion. Les officiers qui les commandaient, avaient vu le danger que nous courions et, au moment précis, ils nous sauvaient.

Quelques décharges suffirent. Les balles, lancées en raffales, sifflaient avec impétuosité au-dessus de nous et produisaient un bruit étourdissant, que je ne puis mieux comparer qu'à celui d'une bruyante tempête agitant de grands peupliers.

L'effet produit par cette décharge fut prodigieux. On vit les cavaliers jetés à bas avec leurs montures, des vides se faire dans les rangs, et bientôt la colonne ennemie s'enfuit avec rapidité, cette fois, laissant hommes et chevaux sur le terrain. Cette scène avait duré quelques instants seulement, dominée par le fracas épouvantable de la bataille, qui ajoutait encore au tragique, elle avait été pour nous très impressionnante.

Les principales péripéties de la journée, celles qui devaient décider du sort de la bataille, se passaient à notre droite, autour du village de Loigny.

Ce petit hameau obscur, ignoré jusqu'à ce jour et à qui le sang versé par les intrépides soldats, qui se firent tuer pour le prendre, le garder, et le perdre à la fin, lui a fait une célébrité dans les fastes de l'armée de la Loire.

Je veux parler des zouaves pontificaux, du 37e de marche, notre camarade de brigade, qui a tenu toute la journée dans le village, perdant la moitié de son effectif, et de nos amis du 75e mobiles, le régiment de Loir-et-Cher, qui y laissa aussi beaucoup de monde.

Je reprends ma narration. A ce moment, nous étions au déclin du jour, le soleil se rapprochait, trop lentement à notre gré, de l'horizon; nous retournions la tête, pour voir sa masse rouge lancer ses derniers rayons sur cette scène de carnage et de sang, et nous nous demandions : d'ici qu'il soit couché, combien des nôtres, et lesquels des nôtres, seront frappés !

Notre artillerie, je veux parler de celle que nous avions sous les yeux, avait été en grande partie démontée par les pièces ennemies, les artilleurs tués pour la plupart. C'est un devoir de rendre hommage à l'intrépidité et au sang-froid de ces braves gens. Nos petites pièces de quatre, dont la portée maximum était de 2500 mètres, avaient entamé une lutte inégale avec les Krupps. Ceux-ci envoyaient à cette distance leurs projectiles en plein fouet, leur tir était d'une justesse merveilleuse ; aussi, les deux mitrailleuses qui nous avaient si bien tirés du danger, étaient démontées et les servants tués par un feu convergent, quelques instants après leur intervention.

Braves gens, dont les noms me sont inconnus, héroïques artilleurs, recevez l'hommage de mon admiration et de ma reconnaissance !

Nous étions pressés de tous côtés par l'ennemi, en face, à gauche, et en arrière à gauche, d'où nous venaient des projectiles de plus en plus nombreux, et qui nous causaient de graves inquiétudes ; étions-nous donc tournés ?

A ce moment, toute ma compagnie (la quatrième) reçut l'ordre de se déployer en tirailleurs, avec mission de reprendre les deux petits bouquets de bois, en avant du moulin à vent, que les Prussiens occupaient et d'où ils nous envoyaient force balles.

Pendant une partie de la journée, ces deux petits bois avaient été, pour ainsi dire, le but de la partie qui se jouait devant nous. Comme une marée, nos lignes les avaient atteints, dépassés, puis comme un reflux, nous les avions abandonnés. Il fallait les reprendre. En avant ! crie le lieutenant Deforges, qui commandait la compagnie, en avant ! baïonnette au canon ! Puis le sabre levé, il s'élance au pas de course. En avant ! répètent d'une seule voix les mobiles, et nous marchons hardiment, franchissant un terrain absolument découvert, piétiné depuis le matin par le régiment, défoncé par de nombreux obus. Le feu commence à une distance de trois à quatre cents mètres ; nous avançons péniblement, en tiraillant de notre mieux. Les balles sifflaient furieusement autour de nous. En face, nous n'apercevions pour le moment, qu'une ligne de petits flocons de fumée blanche, accompagnés de détonations qui se répétaient sans cesse, produits par le tir des allemands. A défaut d'autres buts s'offrant à nos coups, nous visions ces flocons, dont chacun représentait un tireur ennemi couché. Enfin, nous approchons du petit bouquet de bois, celui de droite, le moins éloigné, d'où nous avions vu partir aussi quelques coups de fusil. Nous nous élançons hardiment dans le fourré, mais rien. — Quelques casques sont à terre, des casques à pointe, ceux-là.

A cette hauteur, nous faisons halte, la gauche de la compagnie restée en dehors, abritée dans une petite carrière, continuait son tir à volonté. Quant à moi, placé comme guide à droite, je sors un instant du fourré et, couché à terre, je contemple la bataille dans sa grandeur tragique.

Les ennemis se montraient partout. En face, à mille mètres, une batterie allemande tirait sur nos lignes. Sur notre droite, dans toute l'étendue, c'était le crépitement d'une fusillade inouïe, continue, sans fin, dominée par les détonations innombrables des pièces d'artillerie. Etait-ce un effet de la vibration de l'air ? la terre semblait trembler ! Une fumée intense couvrait de grands espaces ; la ferme de Morâle, le village de Loigny flambaient ; à tous les points de l'horizon, des incendies lançaient leurs gerbes de flammes et de fumée ; des corps sans mouvements étaient disséminés de tous côtés, autant de cadavres, autant de victimes !

En arrière, il semblait régner un calme relatif. Un certain nombre de blessés, seuls ou soutenus par des camarades, profitaient de cette espèce d'accalmie pour regagner le parc de Villepion.

J'avoue que, pour ma part, je ne pensais en ce moment qu'à rendre coups pour coups et qu'au-dessus du sentiment de pitié que j'éprouvais pour ces malheureux, ce qui dominait en moi, c'était un désir poussé à l'exaltation de les venger, de tirer... tirer...

Et puis, il faut bien le dire aussi, dans ces circonstances il est difficile de conserver assez de sang-froid pour se rendre compte de ses sensations. L'étrangeté, la grandeur horrible et sauvage de ce spectacle émousse tout sentiment d'humanité ; ces scènes de carnage emplissent l'imagination, le cerveau s'exalte, les yeux sont comme attirés par les scènes les plus cruelles ; en tout autre temps, en toute autre circonstance, on s'en détournerait avec horreur.

Combien de temps avons-nous passé dans cette position ? Je ne saurais le dire. On échangeait peu de mots dans le petit groupe qui m'entourait ; les fusils, dont les canons échauffés par un tir prolongé brûlaient les doigts, se taisaient aussi, chacun de nous était abîmé dans la contemplation du terrible drame.

Enfin, sur l'ordre du lieutenant Deforges, nous battons lentement en retraite vers le parc, sans être inquiétés par l'ennemi. Nous retrouvons une partie de nos camarades du bataillon en avant des murs, les figures noires de poudre, les yeux dilatés, l'expression des traits exaltée ; eux aussi venaient de donner.

C'est à ce moment, pendant que l'on cherchait à reconstituer un peu d'ordre, que vint à circuler une mauvaise nouvelle, qui nous impressionna tous ; le colonel est blessé ! Nous nous regardions avec anxiété.

Tout le régiment avait placé sa confiance en lui et l'aimait. On le disait blessé à l'épaule, mais rien de plus, et personne ne pouvait dire la gravité de sa blessure. On était consterné ; tous nous répétions : c'est un grand malheur pour le régiment ; qui va maintenant nous commander.

On nous fait rentrer dans le parc, et l'on assigne à chaque groupe d'hommes un emplacement de défense. Les compagnies n'existaient pour ainsi dire plus, tout le régiment avait donné ; le ralliement s'était fait au petit bonheur, par instinct ; là où nous avions couché la veille.

Dans nos rangs se trouvaient en même temps des lignards et des chasseurs à pied, auxquels nous nous étions trouvés mêlés à la suite du combat en tirailleurs ; nous avions battu en retraite un peu pêle-mêle.

Par surcroît, et ce qui augmentait le désordre, la nuit était venue. Le froid plus vif nous pénétrait, et défense fut faite d'allumer du feu ; il fallait travailler à créneler le mur faisant face à la plaine ; nous nous exerçions de notre mieux à la manœuvre de la pioche.

Le principal groupe de ma compagnie, sous les ordres du sous-lieutenant Poirier, se tenait au saut-de-loup, dans le coin du mur où l'on s'occupait à percer des créneaux, près de la petite porte donnant dans la direction de Nonneville.

Les plus intrépides sortaient par là, pour aller voir ce qui se passait. Quand l'obscurité fut tout à fait venue, le spectacle qui s'offrait était d'une affreuse et terrifiante grandeur. Dans le calme de la nuit, l'horizon était illuminé de tous côtés par les lueurs rougeâtres de nombreux incendies, dont les flammes se tordaient en s'élevant vers le ciel.

Nos âmes se remplissaient d'une vague terreur; une impression profonde nous envahissait. Après la secousse violente de la journée, la détente de tout notre organisme se produisait, une sorte de torpeur s'emparait de nous; nous nous y laissions aller, sans chercher à réagir, accablés de fatigue physique et morale. En outre, nous nous demandions quel serait le résultat de nos efforts; nous n'avions pas, quant à nous, gagné de terrain, mais nous n'en n'avions pas perdu, qu'avait fait le reste de l'armée? Etions-nous vainqueurs? Etions-nous battus?... et puis, que nous réserve demain? Quand on a ressenti de telles impressions, on se rend parfaitement compte du sentiment de découragement, qui fait que le naufragé, las de la lutte, épuisé, enfin ferme les yeux et se laisse glisser dans le gouffre des eaux, cherchant un refuge dans la mort, qu'il a cependant longtemps et courageusement repoussée et éloignée de lui.

Nous étions plongés dans ces lugubres pensées, harassés, mourant de faim, n'ayant rien pu nous mettre sous la dent depuis le matin, et retenus de garde près de ces murailles par nos officiers qui veillaient à ne pas se laisser dégarnir les créneaux, en raison du peu d'hommes qu'ils avaient sous la main.

Le capitaine Couturié, énergique, obstiné dans la défense aussi bien qu'à l'attaque, avait pris le commandement de tout le détachement.

Le calme était venu avec la nuit, plus de bruits, cette plaine où nous nous répandions le matin avec tant d'ardeur, et qui avait servi d'arène à une si effroyable tuerie, reprenait un calme absolu, un morne silence planait sur elle, et dans l'immobilité où nous nous voyions condamnés, le froid nous enveloppait, nous engourdissait.

Tout à coup, en face, dans cet espace qui nous semble si morne et si désert, à travers la lucarne des créneaux, un bruit inquiétant, quoique encore éloigné, frappe nos oreilles et fait redresser toutes les têtes. Les hommes assis à terre et qui somnolaient se relèvent instinctivement ; pas de doute possible, une troupe compacte s'avance à la faveur de la nuit. Puis, sans transition, un fracas énorme, épouvantable, éclate. C'est une masse ennemie qui vient sur nous au pas de charge, entraînée par les sonneries des clairons, les batteries des tambours et les coups de sifflets.

Nous nous rendons immédiatement compte de la situation ; les allemands veulent s'emparer du parc que nous avons défendu avec tant d'opiniâtreté contre leurs attaques de la journée. La charge gagne du terrain, elle approche ; au bruit des tambours et des clairons s'ajoutent de formidables cris humains, des « hourras ! hourras ! » forcenés, lancés par des centaines de poitrines, véritables cris de sauvages !

A combien s'élevaient nos assaillants ? à un millier peut-être, à en juger par l'intensité du vacarme. A mesure qu'ils se rapprochent, les cris se font de plus en plus distincts, dans un instant la masse va être sur nous. Ordre est donné de ne tirer qu'au commandement.

Nous étions en bonne position, il s'agissait de bien recevoir la charge des allemands qui venaient nous donner l'assaut.

A en juger par l'oreille et autant que l'obscurité pouvait nous permettre de le constater, la colonne était à une centaine de mètres environ de nos embrasures, lorsque le signal fut enfin donné : Feu ! crient nos officiers, et de tous les créneaux part une fusillade nourrie ; pendant une minute, ce fut un crépitement formidable. Les allemands se taisent comme par enchantement, puis se jettent à terre et nous envoient à leur tour une décharge générale, qui vient frapper le mur derrière lequel nous étions abrités. Des balles, dépassant le faîte, bourdonnent comme une volée de mitraille et fauchent les branches des arbres au-dessus de nos têtes. La troupe ennemie était tenue en échec; des commandements inconnus, en langue allemande, vinrent jusqu'à nos oreilles; puis toute cette troupe se dispersa dans l'épaisseur de la nuit, poursuivie par quelques coups de feu isolés partant encore de nos créneaux.

Un de mes camarades (le sergent Jupin de la 2e, mort depuis), m'a raconté qu'un officier de chasseurs à pied, à ce moment, fit mettre la baïonnette aux fusils des hommes qui l'entouraient et voulait se précipiter sur les allemands en fuite; ce mouvement ne fut pas exécuté. Un autre de mes camarades (Lallemand de Freminet, mort à la Flèche en mars 1905) me racontant ses impressions de cette soirée, se rappelait parfaitement avoir dirigé ses coups de feu sur un officier allemand à cheval, un officier supérieur sans doute, qui intrépide s'avançait à découvert jusqu'à moitié chemin de sa troupe et de nos créneaux; je tirai, disait-il, en le visant bien, deux ou trois coups de fusil sur lui, mais je ne le vis pas tomber!

Il nous fallut quelques minutes pour rassembler nos esprits stupéfaits de cette attaque. Nos yeux voyaient encore la lueur de l'embrasement de notre fusillade, nos tympans résonnaient encore des cris, des hourras forcenés, notre respiration était haletante d'émotion.

Ce qui me surprit, ce fut le calme avec lequel tout le monde était resté à son poste : tireurs aux créneaux, mobiles alignés aux murs, personne n'avait bronché. Mais hélas! ma compagnie déjà si éprouvée, devait encore payer ce soir là un nouveau tribut.

A deux pas de moi, en arrière, gisait le mobile Maudet (de Coulaines) appartenant à mon escouade, frappé d'une balle à la tête au moment où il s'apprêtait à tirer par un créneau. Lui et son voisin Chasseray n'avaient pas ménagé leurs munitions et, en se relayant, ils avaient pu un instant, faire un feu roulant; il en avait été de même, d'ailleurs, à toutes les embrasures.

Le pauvre Maudet, gisait, râlant. D'abord l'obscurité nous empêchait de nous rendre compte de sa blessure. A la lueur d'une allumette, nous l'aperçûmes, étendu sur le dos, une main sur la poitrine, la tête penchée en arrière, en contre-bas de son sac qu'il avait encore aux épaules. En un tour de main, sa toile de tente et sa couverture de campement furent dépliées ; on le plaça dessus et quatre hommes, un à chaque coin, transportèrent ce fardeau vers le château de Villepion, où nous espérions trouver place aux ambulances ; je dus soulager les porteurs en soulevant par les épaules le blessé, inerte, sans connaissance.

Mais, grand Dieu ! quelle lugubre marche à travers les allées du parc, dans lesquelles nous nous orientions mal, et où, à chaque pas, nous rencontrions des obstacles, arbres abattus en travers du passage, ou excavations produites par les obus. Enfin on approcha du château, dont les fenêtres étaient éclairées, et autour duquel tout un monde s'agitait : ambulanciers, brancardiers, soldats de tous uniformes, ramenant comme nous des blessés.

J'entrai seul au château. Après avoir gravi un perron de quelques marches, je me trouvai dans un vestibule, sur lequel s'ouvraient les portes des appartements ; tout était éclairé au moyen de bougies, posées en désordre un peu partout.

Je remarquai à droite un salon Louis XV, blanc et or, ouvert à deux battants, dont le plancher était recouvert de blessés, allongés sur de la paille ; à gauche, même spectacle dans les appartements.

Dès le vestibule, il y avait déjà encombrement ; il fallait enjamber les blessés qu'on y avait déposés, et, malgré soi, tout en voulant les éviter, mettre le pied dans des rigoles de sang, qui ruisselaient sous ces infortunés ; et c'était un lamentable concert de cris, de plaintes, de gémissements, qui vous fendait le cœur.

Un ambulancier, porteur du brassard de la croix de Genève, à qui je m'adressai pour demander où déposer notre blessé, m'engagea à faire le tour du château ; dans la cour intérieure, peut-être, trouverais-je encore une place dans un petit pavillon situé à côté de la grille de clôture. Je revins trouver mes camarades ; notre blessé était toujours sans connaissance et ne devait plus, du reste, la recouvrer.

Enfin, après mille tribulations, je trouvai le pavillon indiqué, non loin des habitations des fermiers. Elles aussi regorgeaient, non seulement des blessés de la journée, mais aussi de ceux de la veille, qui n'avaient pas été évacués.

C'était un petit pavillon carré, de la grandeur d'une chambre ordinaire, recouvert d'un toit assez aigu. En dehors, à côté de la porte, se trouvait étendu un cadavre; c'était le corps d'un soldat bavarois, victime du combat de la veille, triste factionnaire à la porte d'un tombeau.

Je poussai la porte qui ne fermait pas, et à l'intérieur, à la lueur d'une bougie fichée dans le goulot d'une bouteille placée sur la cheminée, dans l'âtre de laquelle quelques brindilles de bois brûlaient, j'aperçus une dizaine d'hommes couchés sur la paille, les têtes touchant au mur, les pieds se rejoignant, enchevêtrés, dans le milieu de la pièce. Il y avait des soldats de toutes sortes, des mobiles, des lignards. des chasseurs,un prêtre était auprès d'eux.

Je reconnus de suite l'abbé Nouët, aumônier du 1er bataillon, à la figure douce et bienveillante, qui malgré sa fatigue et la souffrance qu'il ressentait à la jambe, contusionnée par un éclat d'obus, s'efforçait de soulager les infortunés. Il était aidé de mon camarade, le caporal Lair, de ma compagnie, qui se trouvait là aussi.

L'espace était exigu; lorsqu'il fallut rapprocher les blessés les uns des autres, pour ménager une petite place au nouvel arrivant, il y eut des plaintes douloureuses; le moindre mouvement, pour quelques-uns, causait une douleur atroce. C'est à ce moment, que l'un de ces blessés, qui ne m'avait pas vu d'abord entrer, retournant la tête, m'aperçut et m'appela. Etonné, je reconnus alors mon sergent-fourrier, le pauvre Alphonse Camus, un ami des jours heureux, gai compagnon, que l'on trouvait toujours cordial et bon.

Il avait été atteint d'une balle à la hanche gauche, pendant notre combat de tirailleurs. C'est le ciel qui t'envoie, me dit-il, en me tendant la main, viens près de moi, je te prie, et ne me quitte pas. Il manifesta le désir de me voir examiner sa blessure; je déboutonnai ses vêtements et, rabattant le pantalon sanglant, je mis à nu la partie atteinte. Hélas! dans ces circonstances, la pudeur la plus instinctive n'existe plus. Le linge que je levai était imbibé de sang, la chemise collait à la peau; j'éprouvai une singulière sensation en baignant mes doigts dans le sang de mon ami. La blessure maintenant saignait peu; je constatai, à la hanche, le trou noir et rond de la balle, dans lequel des parties de laine provenant de la capote avaient été entraînées par le projectile. Celui-ci, après avoir perforé l'os iliaque au-dessus de l'aine, faisait saillie par derrière et apparaissait à fleur de peau. Le moindre mouvement était un supplice, il devait y avoir une cassure des os. Cependant, le moral de mon ami était bon, mais je vis bien qu'il avait payé son tribut à la nature et qu'il avait pleuré... Ma présence avait séché ses larmes, et maintenant il me témoignait sa satisfaction de me voir près de lui, et moi, je cherchais par de bonnes et affectueuses paroles à écarter de son esprit les craintes que sa blessure pouvait lui suggérer.

Faut-il dire les scènes affreuses, les visions de cauchemar qui passèrent cette nuit-là sous mes yeux!

La plupart de ces blessés demandaient à boire à grands cris: la fièvre s'était emparée d'eux. Je me souvins que je devais avoir un peu de vin coupé d'eau dans mon bidon; hélas! ce n'était plus qu'un glaçon! J'approchai vainement le bidon du foyer. Il y avait des carreaux cassés à la fenêtre; le vent s'engouffrait sous la porte mal jointe. Malgré le feu, d'ailleurs insuffisant, il régnait un froid intense dans notre réduit.

Près de mon fourrier se trouvait assis un lignard, le haut du corps appuyé tout droit le long de la muraille, les jambes allongées à terre. C'était un garçon tout jeune, imberbe, paraissant avoir dix-neuf ans, un engagé sans doute. Il me prit le bras pour attirer mon attention et se mit à pousser des cris inarticulés, en faisant avec la main le signe de boire; un éclat d'obus lui avait fracassé la mâchoire. Une salive sanguinolente coulait de sa bouche et avait rougi le plastron de sa capote. Dénués de tout, pour parer aux besoins urgents, ceux qui l'avaient pansé avaient arraché d'une fenêtre un rideau plus ou moins poussiéreux et l'avaient utilisé pour en faire un bandeau qu'ils avaient noué sur le sommet de la tête.

Plus loin était couché un autre lignard. Celui-ci était un homme de trente-cinq ans environ, petit, sec, les cheveux grisonnants. Il avait reçu trois balles, l'une en pleine poitrine, qui lui avait perforé le poumon, un autre avait fracassé l'épaule et la troisième lui avait cassé le bras. Le sang lui remontait par moment à flots dans la gorge ; il le rendait à pleine bouche ; s'il essayait de s'étendre, ce sang l'étouffait. Je m'approchai pour l'aider à prendre une position plus commode, mais malheureusement ce fut par son épaule fracassée que j'entrepris de le relever ; la douleur fut si aiguë qu'il faillit s'évanouir et il me reprocha durement ma maladresse. Le pauvre ! j'aurais voulu prendre pour moi sa souffrance... j'ai soif, à boire... clamait-il sans cesse.

A côté, un chasseur râlait, les membres tordus, sans connaissance ; la mort vint mettre un terme à son agonie pendant que nous étions près de lui : une balle lui avait troué la poitrine. Un mobile avait un éclat d'obus incrusté dans la cuisse un autre, une balle dans le bras. Notre camarade Maudet avait, lui, la tête traversée par une balle ; entrée par le front, à la naissance des cheveux, elle était ressortie presque à la base du crâne. Un gros champignon de substance cérébrale s'échappait sur le front, et le malheureux reposait dans un bain de sang, râlant horriblement.

Nous nous efforcions de porter secours à ces tristes victimes de la guerre, et d'atténuer leurs souffrances, mais que pouvions-nous faire, dénués de tout !

J'étais depuis quelques heures dans ce lamentable milieu, quand un chirurgien de cavalerie vint du château voir cette partie de son ambulance. Un des blessés étant mort, il nous ordonna de l'enlever et de le mettre dehors, afin de faire un peu de place aux autres, et le cadavre du fantassin français alla fraternellement prendre place à côté de celui du bavarois. Le pantalon rouge près du pantalon bleu ; pauvres gens, vous voilà réconciliés dans la mort !

Puis, éclairé par une simple bougie, le chirurgien atteignit sa trousse, examina un à un les blessés, et se mit en devoir d'extraire les projectiles, balles ou éclats d'obus. Nous dûmes maintenir les patients pendant l'opération, et tandis que le scalpel fouillait, avec ce bruit particulier de la chair vive qui semble crier sous l'acier, il fallait employer toutes nos forces, lutter avec ces pauvres gens qui hurlaient de douleur pendant qu'on les charcutait. Pour ma part, je grinçais des dents et détournais la tête, incapable de supporter un pareil spectacle de sang-froid.

Le tour de mon fourrier Camus arriva ; je le découvris, et le pauvre garçon se prêta à l'opération avec toute la bonne volonté dont il était capable. En deux coups de bistouri, le chirurgien fit une incision en croix assez profonde, et n'eût ensuite qu'à saisir avec une pince la balle logée dans la chair, que je reçus dans ma main, rougie de sang, toute fumante encore. J'en reconnus de suite la provenance à la forme évidée du culot, c'était une balle bavaroise.

Son service achevé, le chirurgien se retira, en disant qu'il ferait évacuer ces blessés dès que la chose lui serait possible.

Puis, mon pauvre ami, se faisant illusion sur son propre sort, me donna quelques provisions qu'il avait dans sa musette, un petit morceau de lard, quelques biscuits qui se trouvaient pêle-mêle avec des cartouches, toutes ses réserves pour ses besoins immédiats. Rassuré au sujet de sa blessure qui semblait ne pas offrir de danger, il se berça de l'espoir de rentrer se faire soigner au foyer paternel et me promit de faire tenir de mes nouvelles à ma famille dès son retour au Mans, où il comptait être transporté au premier jour.

Mais la blessure de Camus, devait être mortelle, faute de soins ; en effet, il fut fait prisonnier et resta plusieurs jours sans recevoir aucun pansement.

Sa famille prévenue le réclama, des amis vinrent le chercher et obtinrent de l'emmener. Mais la gangrène s'étant déclarée dans la région de l'aine il mourut en route, au cours de son voyage de retour au Mans, dans les derniers jours de décembre.

Une partie de la nuit se passa à cette triste veillée. Il pouvait être minuit, quand un chasseur à cheval heurta en courant, et dans une grande précipitation, la porte de notre asile : « les hommes valides, debout » ! cria-t-il; il n'est que temps, en route! ceux qui ne veulent pas être faits prisonniers ! et il reprit sa course sans s'arrêter.

Peu désireux de subir ce sort, je profitai de l'avis; j'embrassai à la hâte mon ami, lui dis adieu en lui souhaitant bonne chance, ainsi qu'aux autres blessés, puis j'endossai mon sac, et, mon fusil en main, je me trouvai dans la cour, en pleine obscurité. D'autres hommes se groupaient sous la conduite d'un officier; celui-ci, à voix basse, nous recommanda le plus grand silence. L'ennemi pénétrait à ce moment en armes dans le château par le côté opposé, précédé de ses ambulanciers porteurs de gros falots rouges.

Pour plus de précaution, on nous fit prendre en main les fourreaux des sabres-baïonnettes, afin d'éviter tout bruit en marchant. Puis, nous nous dirigeâmes vers une brèche faite au mur du parc et, l'instant d'après, nous nous trouvions en dehors de l'enceinte, en rase campagne, au milieu d'une obscurité complète.

Il y avait là une centaine d'hommes, peut-être, et plusieurs officiers qui nous recommandèrent de nouveau le plus grand silence. On flanqua notre petite colonne d'une rangée de tirailleurs, à gauche, du côté de l'ennemi, j'en fis partie, et plutôt que de nous éloigner perpendiculairement du lieu du combat, on nous fit marcher dans la direction de Loigny, bien indiquée par les lueurs de l'incendie qui achevait de consumer le village, en vue d'opérer une reconnaissance avant de rejoindre le gros de l'armée.

La nuit était empourprée sur notre gauche du flamboiement sinistre des habitations qui brûlaient encore. Du rouge toujours et partout; après la boucherie et le sang de l'ambulance, le rouge des flammes dans la nuit; nos yeux étaient pleins de rouge!

Quelle vision sanglante depuis notre réveil!

...Plus près de nous, une ligne immense de petits feux : c'était le bivouac de l'armée allemande. Au milieu du silence de la nuit, nous percevions parfaitement les cris des soldats qui venaient jusqu'à nos oreilles. Nous marchions lentement, très lentement, et faisions des arrêts fréquents. Il arrivait parfois que les hommes, en marchant, trébuchaient dans les trous d'obus dont le sol était creusé, le pied heurtait quelquefois aussi des cadavres d'hommes et de chevaux ; et dans les arrêts, nous entendions des cris aigus, des appels de détresse, qui troublaient le calme de cette nuit d'hiver : c'étaient les cris des blessés disséminés dans la plaine. Privés de secours, ils sentaient venir la mort, et leurs plaintes, leurs appels désespérés arrivaient jusqu'à nous. Le froid était intense ; quel martyr ont dû souffrir ces malheureux ! et combien d'eux passèrent la nuit étendus sur le sol glacé que recouvrait une légère couche de neige, sans abri, sous les étoiles ! c'est horrible !

Nous rencontrâmes deux vedettes ennemies, mais elles ne cherchèrent pas à nous approcher. Après deux heures de marche et de contre-marche, et un détour immense, nous arrivâmes enfin au petit hameau des Gommiers, écrasés de fatigue et de sommeil ; cependant, à vol d'oiseau, la distance est à peine de deux kilomètres de Villepion.

Là, de nouvelles difficultés nous attendaient ; les factionnaires ne voulaient pas nous laisser pénétrer dans le village, il fallut parlementer à une certaine distance des habitations ; enfin nous pûmes entrer. Des soldats du génie, éclairés par des falots, creusaient des tranchées, élevaient des barricades avec des chariots et des meubles, d'autres crénelaient des maisons. Notre gîte, Dieu merci, nous fut vite indiqué, on nous ouvrit la porte d'une grange immense, non occupée, et là, nous nous affalâmes, exténués ; quelques-uns ne retirèrent même pas leur sac, le sommeil s'empara d'eux dès qu'ils sentirent la bonne odeur du foin et une température plus clémente qu'au dehors.

Quel bien être ! ce fut avec délice que je m'étendis, la bête humaine n'en pouvait plus, elle était rendue ; le besoin d'un peu de repos s'imposait, j'étais brisé moralement et physiquement, c'était de l'abrutissement !

Un sommeil profond s'empara de tout mon être. Jamais lit moelleux ne valut depuis cette couche de foin ; et ce toit protecteur, malgré sa rusticité, fut apprécié, cette nuit là, bien au-dessus de l'appartement le plus somptueux. Pendant quelques heures on pût oublier les horreurs de la journée.

Avant le jour, nous étions réveillés par le bruit des troupes entassées dans le village, qui se mettaient en mouvement.

Encore étendu dans la grange obscure, les épisodes de la veille se présentaient confusément à mon esprit, tel un cauchemar qui vous poursuit au réveil et vous oppresse encore.

J'étais en proie à une angoisse qui me causait une véritable douleur physique et ne pouvais arriver à mettre un peu d'ordre dans mes idées.

Enfin par un effort de volonté, je parvins à secouer cette torpeur.

Peu à peu, la lumière se fit dans mon cerveau et me permit d'envisager dans toute son étendue la situation où nous nous trouvions. Il ne pouvait plus y avoir de doute, nous battions en retraite, nos efforts, nos sacrifices avaient été inutiles ; c'était la défaite, la ruine de nos enthousiasmes.

Le découragement m'envahissait ; alors, le cœur gonflé à la pensée des camarades que nous abandonnions, l'âme torturée en songeant au nouveau malheur de la Patrie, je me mis à pleurer ! !

Cela ne dura qu'un moment, je me levai et sortis.

L'air vif me ranima, mais une fois au grand jour, le premier regard que je jetai sur moi suffit pour augmenter ma tristesse et ajouter à mes peines : mes mains étaient encore rouges du sang des blessés ; les pans de ma capote et mon pantalon portaient de larges taches sanglantes ; la lugubre besogne de la nuit avait laissé des traces.

Et ma pensée se tournait vers nos pauvres amis restés aux mains de l'ennemi ; hélas ! que devenaient-ils ceux dont le sang avait empreint mes vêtements !

La journée avait coûté à notre seul régiment près de **trois cents hommes tués ou blessés**, soit plus de douze pour cent de l'effectif.

CHAPITRE VII

En retraite. — Au Chêne. — Face à l'ennemi. — Reprise de la retraite — Bivouac de Huisseau. — L'épuisement. — Le bivouac de Lorges. — En marche sur Villorceau.

Nous nous trouvions à deux kilomètres tout au plus de Villepion.

Les murs du parc et les grands arbres qui les dominaient nous apparaissaient bien visiblement à cette distance; à droite, les pignons pointus du château se profilaient à l'horizon.

Dans l'espace qui nous séparait, l'on n'apercevait parmi les sillons bouleversés que quelques cavaliers ennemis en vedette, qui se montraient à mi-chemin, hors de portée du fusil de nos sentinelles disséminées aux abords du village; un calme parfait semblait régner sur ce coin de la plaine.

Les quelques officiers qui commandaient notre petite colonne, après nous avoir rassemblés et fait prendre les armes dès la première heure, nous dirigèrent vers Terminiers, village un peu en arrière, où nous ne tardions pas à retrouver le gros du régiment, qui s'y était rallié par petits paquets la veille ou pendant la nuit.

Heureux ceux d'entre nous qui avaient eu le soin de conserver leurs vivres de réserve au fond du sac, ou qui purent retrouver dans leur musette quelques biscuits, naguère si dédaignés.

Le pays était absolument ruiné, impossible de se procurer quoique ce soit à se mettre sous la dent, et plus d'un parmi nous dût serrer d'un cran son ceinturon.

C'est alors que commença une retraite qui dura quatre jours et dont les étapes furent des plus pénibles.

Nous repassions sur un terrain ravagé par les combats précédents. Partout, ce n'étaient que ruines, maisons aux débris fumants, literies et mobiliers des habitants répandus au dehors, saccagés, souillés de boue, villages en partie incendiés, dont les murs noircis et croulants montraient les traces des boulets.

Toutes ces ruines, dans ce décor funèbre, impressionnaient péniblement nos esprits et leur aspect jetait des idées lugubres dans nos imaginations, déjà profondément ébranlées par les secousses morales des jours précédents.

La guerre ne nous faisait grâce d'aucune de ses émotions !

Pendant presque toute cette première journée, nous entendîmes le canon, qui grondait sourdement dans le lointain ; ce qui nous donnait à supposer que la bataille de la veille se prolongeait.

Il y eût des instants d'abandon, de laisser-aller regrettables. Le plus grand nombre des mobiles demeuraient fidèlement à leurs places dans le rang, mais combien d'autres, découragés, harassés de fatigue, restaient en arrière, composant ce que l'on appelle les traînards, horde démoralisatrice et démoralisante, dont le nombre grossissait d'heure en heure.

Si le courage se communique par le contact des hommes de cœur, qui mettent le devoir au-dessus de tout, le découragement est contagieux aussi et se propage avec une déplorable facilité. Il fallait se raidir contre la fatigue, contre la faim qui nous prenait aux entrailles, et faire appel à toute notre énergie.

Ce qui restait du bataillon encadrait une batterie d'artillerie, composée de pièces de quatre, avec laquelle nous formions arrière-garde.

Nous reprenions en sens inverse, à travers champs, la route parcourue précédemment; chaque pas que nous faisions dans ce sens était autant de terrain abandonné à l'ennemi. Derrière nous ne se trouvait plus aucun soldat français, si ce n'est les traînards qui se faisaient capturer en grand nombre par les uhlans.

Ces cavaliers ne nous perdaient pas de vue. On les apercevait qui nous suivaient à distance, mais toujours hors de portée de nos balles.

Nous faisions de fréquentes haltes, tout en conservant les formations de combat, coordonnant nos mouvements et notre marche avec d'autres corps de troupes, de sorte qu'à la fin de la journée, nous n'avions parcouru qu'une assez faible distance.

Le soir de cette journée du 3 décembre nous nous trouvions dans les environs de Saint-Péravy, c'est-à-dire à peu près à l'endroit d'où nous étions partis le 1er décembre pour nous porter sur Villepion.

Une portion du régiment fut cantonnée à Coinces. Ma compagnie poussa jusqu'au village du Chêne, où nous arrivâmes le soir au moment où la nuit tombait.

Un détail : nous pûmes cantonner dans une grange, où déjà se trouvaient un certain nombre de prisonniers allemands gardés par des gendarmes. La grange était spacieuse, une partie en restait inoccupée ; les gendarmes refusaient cependant de nous laisser pénétrer pour partager l'abri : c'était leur consigne et ils voulaient la faire respecter.

Mais notre lieutenant, M. Deforges, ne pouvant supporter l'idée de voir ses hommes moins bien traités que les prisonniers ennemis et, au lieu de nous laisser bivouaquer dehors, voulant nous faire profiter, puisque l'occasion s'en présentait, d'un bon cantonnement, fit acte d'énergie. Il jura, tempêta ; bref, il força la consigne et installa sa compagnie dans la grange, côte à côte avec les prisonniers et les gendarmes.

Nous sûmes gré de cet acte à notre lieutenant. Il avait du reste été très bon pour sa compagnie, dont il était aimé ; nous rendions justice à ce brave jeune homme, inexpérimenté comme tant d'autres, mais rempli de bonne volonté et d'énergie.

L'occasion seule lui manqua de se faire une réputation de bravoure.

Le lendemain matin, 4 décembre, nous nous trouvions tout aises, reposés, presque gais après une bonne nuit passée à l'abri d'un bon gîte, auquel nous devions un sommeil réparateur.

Nous recevions quelques vivres, du café ; il n'en fallait pas davantage pour nous rendre du ressort. Aussi notre lieutenant pouvait-il constater, au moment du départ, une meilleure tenue, une contenance plus énergique et presque de l'entrain.

Le peu de chemin parcouru la veille, avait permis à un certain nombre de traînards de rejoindre la colonne, de sorte que le bataillon présentait encore un effectif respectable; les deux autres bataillons devaient être dans le même cas.

Au moment où nous nous ébranlions, plusieurs coups de canon se firent entendre à une distance peu éloignée. Nous nous rapprochâmes de la grande route d'Orléans qui se trouvait tout près en arrière, et le régiment se rangea en bataille, cette fois, face à l'ennemi.

Le mouvement de retraite allait-il donc prendre fin ?...

Qu'allait-il se produire ?... Que nous réservait la journée ? ... Autant d'interrogations que nous nous posions avec anxiété.

Nous étions là depuis quelque temps déjà, en ligne, placés dans une dépression du terrain de la vaste plaine. La vue était en partie masquée au premier plan par les maisons du village, et un peu plus loin par un léger monticule, qui nous dissimulait, quand tout à coup, sur cette hauteur en face de nous, deux cavaliers isolés, des chasseurs à cheval français, suivis de deux ou trois autres en arrière, arrivent à toutes brides, le sabre levé, en criant à pleine voix : aux armes ! aux armes ! en garde !... voilà la cavalerie prussienne !

Derrière eux, poursuivant les nôtres, nous ne tardâmes pas à voir apparaître un gros parti de cavalerie ennemie en masse, lancée au galop, le sabre haut; ces cavaliers poussaient des hourras forcenés et venaient droit sur nous comme pour nous charger.

De l'éminence sur laquelle ils débouchaient, une distance de quatre à cinq cents pas tout au plus nous séparait.

Le capitaine qui faisait fonctions de commandant du bataillon, dès les premiers cris d'alerte, avait ordonné de former le carré. Le mouvement fut vite exécuté, et nous voilà coude à coude sur quatre faces, nous préparant à recevoir le choc de la cavalerie ennemie de notre mieux, à la pointe de nos baïonnettes. Chacun de nous s'assurait du bon fonctionnement de son chassepot et, sans en attendre l'ordre, introduisait une cartouche dans le canon du fusil, se promettant d'en faire bon emploi quand le moment en serait venu.

La cavalerie allemande avait déjà gagné une partie du terrain et se trouvait à hauteur du village du Chêne, où se tenait embusquée une compagnie de lignards et des mobiles attardés, quand des maisons partent des coups de feu tirés à courte distance par les fenêtres et les ouvertures des toits. Les allemands en sont ébranlés, un flottement se manifeste dans leurs rangs ; puis, nous voyons fondre sur eux, au moment précis de cette hésitation, avec une audace inouïe, un goum de cavaliers algériens qui, malgré l'infériorité de son nombre, aborde l'ennemi, le charge, le culbute, et bientôt les burnous blancs et les uniformes sombres se trouvent mêlés dans un corps à corps.

Il y eût un instant de tourbillon dans cette masse confuse, puis, la cavalerie allemande faisant volte-face, battit en retraite, non sans laisser à terre quelques-uns des siens.

Nous ne pûmes malheureusement lui envoyer une volée de balles, dans la crainte de tirer sur les algériens qui s'étaient lancés à la poursuite de l'ennemi et se trouvaient entre lui et nous.

Un combat se livrait à la même heure sur notre droite ; nous entendions le canon et une forte fusillade au lointain.

Il y eût une longue pause, pendant laquelle nous restâmes en formation de carré. Puis, un officier d'état-major survenant nous fit reprendre notre mouvement de retraite de la veille, en colonne de bataillon, à travers champs.

Ce fut une journée de marche indécise ; nous nous arrêtions à tout instant, puis repartions en prenant une direction opposée à la précédente. Tout l'après-midi ce fut la même manœuvre, et il en résulta pour nous une grande fatigue, d'autant qu'il ne nous fut permis de préparer aucun aliment et que nous restâmes sac au dos sans désemparer.

Une pluie froide, mêlée de neige, rendait notre marche encore plus difficile sur la terre glissante. Vers le soir nous entrions sous bois ; puis, la nuit étant devenue complète, nous ne nous rendions plus aucun compte de notre direction. Enfin, nous quittons le bois, dans lequel nous nous étions engagés et tombons sur une petite route encombrée de troupes de toutes sortes, les unes allant dans un sens, les autres dans le sens opposé. Nous cotoyons des voitures de convois, qui semblaient abandonnées par leurs conducteurs et qui entravaient la marche d'une colonne d'artillerie. Il fallut se défiler un par un, à travers les obstacles, tout cela au milieu d'une obscurité profonde, et dans cette cohue, pour ne pas s'égarer, nous étions obligés de nous appeler les uns les autres.

Toutes sortes de rumeurs alarmantes circulaient et contribuaient à nous abattre encore davantage, comme si nous n'avions pas assez de nos fatigues.

On disait que nous marchions vers Meung, pour y passer la Loire, dont nous nous trouvions tout près; que nous n'avions pas d'autres ressources pour échapper à l'ennemi, qui nous enveloppait de ce côté de la rive.

Nous quittons la route pour prendre une traverse et nous nous engageons dans un chemin creux semé d'ornières, à peu près impraticable. Au bout de peu de temps, la marche de notre petite colonne se trouva arrêtée net.

Une batterie de mitrailleuses se trouvait là, embourbée jusqu'aux moyeux, et nous barrait le passage. Cris, jurements des canonniers, coups de fouet aux maigres chevaux des attelages, rien ne servait. Il nous fallut pousser aux roues des pièces, mettre l'épaule aux caissons, pour faire franchir le mauvais pas à la batterie. Plus loin, le chemin devint moins mauvais et nous ne tardions pas à l'abandonner pour reprendre la marche en rase campagne.

Le froid était devenu atroce; le vent que rien n'arrêtait dans la plaine nous coupait la figure et nous envoyait une neige fine et serrée dans les yeux. Néanmoins, nous marchions toujours, trébuchant à chaque pas sur le verglas.

Enfin, nous nous arrêtâmes, exténués, près d'une grande ferme, déjà occupée par l'infanterie.

Etablir nos tentes comme nous en avions reçu l'ordre était impossible, la gelée avait durci la terre, au point de ne pouvoir y enfoncer nos piquets.

La plupart des mobiles, harassés, brisés de fatigue, s'endormirent dans les fossés, enroulés dans leurs couvertures. Quelques-uns purent allumer du feu, en pillant et démolissant des clôtures, employant tout ce qui leur tomba sous la main, rateliers d'écurie et ustensiles de culture.

Cela s'appelle dans notre histoire le bivouac de Huisseau.

Je ne pouvais me résoudre à passer la nuit dehors par un froid pareil. Avisant une grange j'essayai de m'y glisser avec quelques camarades. L'abri regorgeait déjà; pêle-même étaient étendus et ronflaient bruyamment les lignards qui l'occupaient.

A la lueur de quelques allumettes, nous pûmes remarquer qu'il existait un coin inoccupé, où nous pourrions nous blottir. Mais comment atteindre l'endroit convoité, à l'opposé de la grange ?

Nous y arrivâmes cependant en nous traînant sur les genoux entre les dormeurs qui grognaient et se redressaient quand nous les froissions trop lourdement. Mais les pauvres gens, terrassés, comme nous-mêmes, par le sommeil et la fatigue, retombaient de suite comme des masses.

J'atteignis enfin mon but et, mêlé aux lignards, je m'étendis sur la paille et m'endormis bientôt, sans avoir pris la peine de retirer mon sac resté accroché à mes épaules, et avec mon fusil entre les jambes.

La nuit ne fut pas trop mauvaise dans ces conditions, et j'avoue que, lorsque vint le jour, je m'arrachai avec peine à cette grange hospitalière, où pressés les uns contre les autres, les haleines se confondant, nous n'avions pas trop souffert du froid.

Le 5 décembre, au matin, nous étions, dès le jour venu, debout sous les armes. La température semblait plus clémente. Nous avions reçu quelques biscuits, que nous grignotions en marchant, et nous reprenions à travers champs l'interminable et éreintante marche de front en bataille, laissant toujours en arrière quelques traînards, de pauvres garçons qui jusque-là avaient fait plus que puissance et, maintenant exténués, n'en pouvaient plus.

Je vis de ces malheureux, que je connaissais comme des plus courageux, qui une fois tombés à terre n'avaient pas la force de se relever. A nos paroles d'encouragement, ils ne savaient répondre que par des larmes, témoignant ainsi leur épuisement moral et physique.

La marche de la journée fut, je crois, sinon la plus longue, du moins la plus fatigante que nous eûmes à faire de toute la campagne. Nous repassâmes à proximité du champ de bataille de Coulmiers. Cette grande plaine, nue et désolée, où nous avions déjà laissé tant des nôtres, faisait une impression de froid au cœur.

Je souffrais d'une fatigue extrême, mes pieds étaient enflés et douloureux, la faim me tenaillait l'estomac; accablé, je sentais que les forces, à mon tour, allaient me trahir; je me vis contraint de m'asseoir à terre, découragé, rendu, pour prendre un peu de repos, résolu à rejoindre les miens dès que cela me serait possible.

Au bout d'un instant, me raidissant contre l'accablement et la fatigue, je venais de me relever, ne perdant pas de vue ma colonne, qui peu à peu s'éloignait, quand, véritable chance, je vins à croiser l'ordonnance d'un officier supérieur, qui conduisait un cheval par la bride, sur le dos duquel un sac formant bissac était posé; le brave garçon vit mon délabrement.

Plongeant la main dans le sac qui contenait les provisions de son maître, il en tira le bout d'une miche qu'il me tendit en disant : tiens, camarade, tu es fatigué, tu as faim, voilà toujours quelque chose à manger ; en échange, je lui donnai un paquet de tabac et, contents l'un et l'autre, nous nous séparâmes. Ce pain me rendit des forces ; je rejoignis promptement mes camarades, et j'étais à mon rang quand nous arrivâmes à Lorges, en vue de la forêt de Marchenoir.

Nous établîmes nos tentes en avant de ce village, que nous connaissions pour l'avoir déjà occupé ou traversé à plusieurs reprises.

Dans le désarroi où se trouvait l'armée en retraite, il ne fallait pas s'attendre à recevoir des distributions de vivres régulières ; c'était chose impossible que chercher à faire suivre les colonnes de leurs convois.

Pour obvier à cette pénurie et couper court à toutes difficultés, notre lieutenant acheta de ses deniers des pommes de terre et deux moutons qu'il fit abattre et distribuer sur le champ.

à sa compagnie. Ce fut une bonne aubaine pour nous. On se réfit copieusement, et ce soir là, assis autour des feux du bivouac, nos couvertures jetées sur le dos, des propos moins sombres, presque gais se faisaient entendre; cependant la lassitude générale était extrême.

Le désir que nous avions de prendre du repos nous fit espérer et croire que nous ferions séjour à Lorges. En effet, nous étions à deux pas de la forêt, que dans notre esprit nous considérions comme inexpugnable, et nous nous imaginions être appelés à en défendre les passages.

Le lendemain, 6 décembre, les tentes ne furent pas abattues dès le réveil et nous reçûmes l'ordre d'avoir à nettoyer nos fusils, en vue d'une inspection sévère des armes ; à la vérité ils en avaient grand besoin.

Nos capotes et nos pantalons reçurent un coup de brosse; on les répara de notre mieux. Chacun de nous eût l'occasion de montrer son adresse à tenir l'aiguille ; les déchirures, les accrocs furent recousus tant bien que mal ; bref, la matinée tout entière fut employée à ces soins.

Vers midi le camp fut levé. Alors, comme les autres jours, commença la marche par divisions à travers la plaine ; une partie de l'après-midi se passa en une halte prolongée, à quelques kilomètres seulement de notre point de départ.

Puis on nous fit rétrograder vers Lorges; je ne m'expliquai cette prise d'armes que pour occuper momentanément une position.

Une fois revenus à l'emplacement du matin, on nous autorisa à préparer la soupe, mais nous ne devions pas dresser les tentes, ni défaire nos sacs, afin d'être prêts à partir au premier signal.

Les feux flambaient, la soupe déjà était en train, quand l'ordre vint de renverser les marmites.

Cette fois, il y avait des instructions de marche données, nous le comprîmes de suite ; à défaut de la soupe que nous n'avions pu manger, on nous fit une distribution d'eau-de-vie, chose rare et qui mérite d'être signalée. Elle fut reçue par les hommes avec beaucoup de satisfaction et, pour un instant excités, ils retrouvèrent une énergie factice, accompagnée de gesticulations et de manifestations bruyantes.

A la nuit tombante, vers quatre ou cinq heures, nous nous mettions en marche. Il neigeait, il faisait très froid, une bise âpre et dure nous fouettait la neige au visage.

Où nous envoyait-on dans la nuit, sous une vraie tourmente de neige ?

A vrai dire, nous éprouvions à ce moment la même appréhension que si nous avions eu la certitude d'être menés au feu ; et en effet toutes les circonstances semblaient l'indiquer : l'eau-de-vie distribuée en hâte, ce départ précipité sans nous donner le temps de préparer la soupe, il devait y avoir au bout de tout cela un « coup de torchon » à essuyer, pour employer le langage du troupier.

Après un certain temps de marche, nous entrâmes dans un pays nouveau pour nous. Nous avions quitté la grande plaine pour pénétrer dans un pays vignoble, nous traversions des vignes dont les ceps étaient portés par des piquets ou échalas hauts de quatre à cinq pieds, reliés entre eux par des fils de fer, à hauteur d'homme, ce qui contrariait beaucoup la marche et brisait les rangs des compagnies.

Nous avancions difficilement dans une terre épaisse, grasse, qui, détrempée par la neige, s'attachait à nos souliers et nous faisait trébucher; aussi, chacun de nous pour assurer son équilibre avait arraché un de ces piquets et s'en servait comme d'un bâton.

Il semblait que nous allions un peu à l'aventure ; nos officiers avaient toutes les peines du monde à tenir leurs hommes en ordre ; quand tout à coup, nous causant un véritable effarement, deux fusées aux mille étincelles éclatèrent dans les airs à une grande hauteur, précisément en face de nous, dans la direction que nous suivions. Elles furent suivies de plusieurs autres et, pendant quelques secondes, nous pûmes à leur lueur inspecter le pays qui se trouvait subitement illuminé.

Dans la campagne, blanchie par une couche de neige, il nous fut donné de pouvoir contempler une ligne immense de troupes de ligne et d'artillerie qui se tenait sous les armes tout près de nous.

De grands mouvements se faisaient donc à la même heure et ce rassemblement au milieu de la nuit nous présageait des péripéties nouvelles, à n'en pas douter.

Enfin, après mille incidents, mille fatigues, nous arrivions le 6 décembre au soir, fourbus, exténués, au village de Villorceau près Beaugency ; nous nous étions rapprochés de la Loire.

Quelles souffrances n'avions-nous pas endurées pendant ces dernières et cruelles journées !

Les souliers, usés par le dur service qu'on leur avait demandé, prenaient l'eau comme des éponges, les pantalons usés, déchirés, s'effilochaient.

En marche, on se préservait du froid comme on pouvait. Les couvertures de campement étaient utilisées de toutes les façons. On s'en garantissait la tête comme d'un capuchon, ou bien on les enroulait autour du corps, ce qui n'était pas fait pour donner beaucoup de relief aux troupiers.

Callot ou Charlet eussent trouvé parmi nous de nombreux et pittoresques modèles de troupiers dépenaillés, lamentables ; il faut bien le dire en conteur fidèle, afin de donner une idée exacte des misères que nous endurions et de l'aspect que nous présentions dans cette retraite de l'armée de la Loire.

La nature semblait du reste s'acharner après nous, pendant ces pénibles journées de marche ; le froid, le vent, la neige, nous avions toutes les intempéries contre nous et, pour comble, nous souffrions de la faim.

Arrivés à Villorceau, on s'entassa à grand peine dans les granges, les écuries du village, pour s'y reposer et dormir ; on attendit les événements, qui d'ailleurs ne devaient pas tarder.

CHAPITRE VIII

Bataille de Villorceau.

Le village de Villorceau nous sembla assez coquet, avec ses maisons blanches, sa rue unique et son église nouvellement bâtie, située au centre de l'agglomération.

Nous avions pu, cette nuit là, prendre dans nos cantonnements un peu de repos, dont nous avions si grand besoin. Le matin venu, nous nous arrachions avec peine des granges et écuries qui nous avaient abrités.

Il avait neigé ; les coteaux et les vallons du voisinage étaient recouverts d'un blanc linceul et les vignes, qui forment presque la seule culture du pays, nous présentaient leurs rameaux enguirlandés d'une délicate dentelle de givre.

Ce paysage d'hiver avait je ne sais quoi de lugubre à nos yeux et malgré l'insouciante gaîté habituelle à des jeunes gens de vingt à vingt-cinq ans, en face des feux de sarments qui flambaient clairs, nous ne pouvions nous dérider franchement. Etait-ce l'écrasement moral produit par la fatigue des six journées consécutives de combats et de marches sans trève ? Etait-ce un pressentiment du drame prochain auquel nous devions prendre notre part ?

Décimées par le feu et les maladies, diminuées d'un certain nombre d'éclopés qui n'avaient pas encore rejoint, nos compagnies étaient fort réduites. Aucune n'avait ses cadres au complet ; quelques-unes comptaient un seul officier, la plupart deux au plus ; les sous-officiers étaient presque partout réduits de près de moitié. On fit l'appel, et l'inspection des hommes qui restaient à l'effectif permit de constater l'état peu satisfaisant où nous nous trouvions sous le rapport de l'équipement : pantalons en lambeaux, chaussures usées, déformées, aux semelles entrebaillées, liées tant bien que mal avec des ficelles autour du pied, capotes aux pans troués, déchirés, c'était lamentable.

Enfin tel quel, vaille que vaille, le régiment, entre dix et onze heures, se trouva réuni, rangé en bataille, en avant de Villorceau, prêtant l'oreille à la voix brutale du canon, qui se faisait entendre dans le lointain, là-bas, derrière le coteau, dans la direction de Cravant et de Messas.

(Il est bien entendu que tout ce que je raconte est la narration pure et simple, très fidèle, de ce que je vis, de ce qui se déroula sous mes yeux, du rang où j'étais placé, et qu'il ne saurait être question de ce qui put se passer à d'autres compagnies, encore moins aux autres bataillons).

Le commandant de Musset, du 3e bataillon, faisait fonctions de colonel. Ce gros homme, monté sur un gros cheval, se donnait beaucoup de peine; il galopait d'un bataillon à l'autre, donnant des ordres. Malgré toute la bonne volonté qu'il déployait, il ne pouvait remplacer à nos yeux notre colonel blessé, dont chacun appréciait l'activité, l'entrain et aussi le soin qu'il prenait de son régiment.

Les mobiles attribuaient à son absence une partie de leurs mécomptes et tous, dans les rangs, nous exprimions nos regrets qu'il ne fut pas à notre tête dans les circonstances critiques où nous nous voyions.

On nous fit marcher en avant, au canon, à travers les vignes. Les pieds enfonçaient dans une terre épaisse et gluante qui collait à nos pauvres souliers. Nous nous heurtions à toutes sortes d'obstacles, larges fossés, fils de fer reliant les piquets et les échalas, qui soutiennent la vigne dans ce pays-là. Le passage était obstrué de toutes façons; la marche, sac au dos, devenait on ne peut plus pénible. Il résultait de ces difficultés un flottement, une certaine confusion dans les rangs.

Après les vignes, nous dépassions des fermes désertes, nous traversions de petits villages abandonnés, auxquels leur solitude donnait un aspect lugubre et qui faisait froid au cœur. Les habitants qui entendaient le canon et depuis tant de jours avaient sous les yeux le spectacle de la guerre, pillés, dévastés, s'étaient décidés à prendre la fuite.

A la nuit tombante, après des marches et des contre-marches sans fin, qui nous rapprochaient et nous éloignaient tour à tour de l'ennemi, nous nous trouvâmes rangés en ordre de bataille en avant d'un village (était-ce Cravant, était-ce Messas? ma mémoire n'est pas assez fidèle pour me permettre de me prononcer).

Nous étions là, au repos, appuyés sur nos fusils, écoutant le fracas de la bataille qui se déroulait à peu de distance, mais dont nous ne pouvions voir les péripéties, à cause du coteau très rapproché qui nous faisait face et nous protégeait. Puis, la nuit était venue, nuit complète, dont l'opacité n'était rayée que par l'éclair subit des derniers obus qui éclataient dans notre direction ou des coups de canon tirés à proximité.

Nous ne nous expliquions pas ces coups de canon dans la nuit, qui certainement ne pouvaient être tirés qu'au juger et entretenaient chez nous une certaine inquiétude.

Tout à coup, au milieu de cette obscurité, alors que le calme semblait venir et que nous croyions la journée enfin terminée, deux éclairs fulgurants nous éblouissent. Ils venaient du sommet du monticule qui nous faisait face, barrait la vue, et devait, pensions-nous, nous servir de rempart. Deux longs jets de flammes avaient jailli dans notre direction, accompagnés de deux détonations coup sur coup, et les projectiles passaient en gondant au-dessus de nos têtes.

Il ne pouvait y avoir de doute, c'étaient les Prussiens qui tiraient sur nous. Ils étaient à si peu de distance que des commandements étranges, en langue allemande, vinrent distinctement à nos oreilles. Nous nous jetâmes à terre pour éviter une nouvelle décharge de mitraille.

Quelques coups de fusils furent tirés de nos rangs. Mais dans la nuit, surpris, sans direction, et dans la crainte de tirer sur nos propres troupes, ce qui eût été inévitable, on nous défendit de faire feu.

Ah ! c'était le moment de foncer à la baïonnette ! Pourquoi aucun de nos officiers ne prit-il à ce moment cette initiative !

Au loin, les cris éperdus d'une charge à la baïonnette, la sonnerie entraînante : « *Y a d'la goutte à boire là haut !* » se faisaient entendre et venaient jusqu'à nous ; ces cris nous électrisaient et, dans les dispositions où nous nous trouvions, je puis affirmer qu'une main énergique nous aurait entraînés courageusement à l'ennemi. Les deux pièces allemandes, peut-être mal soutenues, seraient tombées entre nos mains. Quelle gloire pour le régiment !

J'ai toujours été convaincu que les artilleurs ennemis qui aperçurent, à la lueur du feu de leurs pièces, nos rangs bien formés, à si peu de distance, crurent être tombés dans un mauvais pas.

Quelques hommes furent blessés par les boîtes à balles prussiennes, entre autres mon ami, le sergent Jupin, qui eût la cuisse traversée par un biscaïen.

Nous pûmes rentrer en bon ordre à notre cantonnement de Villorceau, sans autre incident. Ma compagnie n'avait pris, ce jour là, qu'une part passive au combat.

Le lendemain, 8 décembre, nous étions debout avec le jour et, après avoir absorbé le café, le régiment se trouva aligné, en dehors et à proximité du village, face à l'ennemi, à peu près au même endroit d'où nous étions partis la veille.

Quoique sous les armes, on fit approcher des voitures du convoi, ce qui permit de nous faire, à la hâte, une distribution de biscuit, de cartouches, et de quelques paires de souliers. Quant au pain, il était devenu pour nous un comestible des plus rares. Nous n'en avions pas touché depuis plusieurs jours et il fallait encore, suivant l'expression familière du troupier : *nous en brosser le ventre,* qu'on veuille bien me passer pour une fois ce langage un peu trivial, mais qui peint bien la situation.

On avait déjà extrait des voitures et mis à terre quelques barils de lard américain, nouveauté qui nous faisait venir l'eau à la bouche, lorsque les premiers obus furent tirés sur nous. Mais on ne s'étonnait plus pour si peu ; malgré la canonnade, les barils furent défoncés et la distribution commença.

On aurait aussi bien fait de laisser ce lard où il était et de l'abandonner aux chiens, qui probablement n'en auraient pas voulu ; il n'était pas mangeable ; la graisse rancie avait pris une teinte jaune et il s'en exhalait une odeur répugnante de suif.

Nos officiers étaient indignés, mais quelle protestation pouvaient-ils faire en ce moment? Les mobiles jetèrent cette viande immonde et une fois de plus maudirent l'Intendance.

Cependant, la canonnade prenait de l'intensité. Une batterie de pièces de quatre, à qui nous servions de soutien, jolies petites pièces de bronze se chargeant par la bouche, fut amenée. Elle prit position en arrière de nos rangs et bientôt riposta.

Sous nos yeux, les artilleurs manœuvraient leurs pièces, chargeaient, tiraient avec le plus grand sang-froid, ripostant coup pour coup; les obus se croisaient sans relâche au-dessus de nos têtes; les braves gens étaient admirables de calme. En quelques instants ils eurent plusieurs hommes et plusieurs chevaux hors de combat. Néanmoins, les pièces continuaient à cracher avec régularité et, toujours entretenu, le tourbillon de fumée blanche, qui enveloppait la batterie, d'où partaient les gerbes de feu et les détonations, se renouvelait incessamment. Cette fière contenance des artilleurs était bien faite pour nous inspirer du courage.

Au milieu de ce tumulte, on nous fit avancer en colonnes à travers les vignes. Mais, comme la veille, l'ordre de marche fut beaucoup contrarié par la présence des fils de fer tendus en travers, qui nous barraient le passage. Les rangs ne conservèrent pas leur cohésion; le bataillon se trouva émietté et les compagnies isolées ne sentaient plus les voisins sur lesquels elles auraient dû s'appuyer; en un mot, le commandement fut brisé, et les chefs de compagnies se trouvèrent livrés à leur propre inspiration.

Ma compagnie, un peu disloquée, avançait toujours, malgré la gêne que nous éprouvions dans notre marche. Les balles sifflaient, nombreuses, au-dessus de nous. En face, une fusillade intense se faisait entendre; nous marchions dans cette direction; sur notre gauche, la bataille faisait rage.

Arrivés à bonne distance, le lieutenant Deforges nous fit faire halte, profita de cet arrêt pour rassembler les éléments dispersés de sa compagnie, de manière à la bien sentir dans sa main ; puis, levant son épée, commanda : première section en tirailleurs, en avant!

Ce fut avec une véritable satisfaction que j'entendis cet ordre. J'avais tous les hommes de mon escouade et ceux de l'escouade voisine autour de moi, car je faisais fonctions de sergent ; je répétai en levant mon fusil le cri : en avant! accompagné d'un juron énergique, et nous nous élançâmes droit devant nous, à une allure aussi précipitée que les obstacles le permettaient.

Au bout de quelques instants de cette course, nous nous trouvions à découvert sur un mamelon, d'où nous pouvions dominer les alentours et embrasser d'un coup d'œil la bataille qui se déroulait devant nous. Instinctivement, nous nous étions un peu trop rapprochés les uns des autres. Nous formions alors un groupe trop compact, excellent point de mire pour l'ennemi ; aussi une grêle de balles vint-elle siffler à nos oreilles ; ce fut miracle qu'aucun de nous ne fut atteint par cette raffale.

Je me rendis compte rapidement de la situation et compris le danger que nous courions. En face, à quelques centaines de mètres, une grosse ferme entourée de bâtiments, presque un petit village, se couvrait de fumée, une fusillade intense s'en échappait. C'était le guêpier d'où venaient les projectiles ; c'était lui qui devait servir de but à nos coups.

J'ordonnai vivement à mes hommes de s'espacer, de me suivre en avant et, le corps penché pour offrir moins de prise aux balles, nous atteignîmes la lisière de la plantation de vignes ; là, nous nous disposâmes à commencer le feu.

Devant nous, une dépression de terrain s'étendait jusqu'à la ferme, espace uni, sans aucun abri. Nous découvrions tout notre champ de tir, rien ne gênait la vue ; mais aussi nous n'avions pour nous protéger que nos sacs mis à terre, derrière lesquels nous nous abritions, rempart bien illusoire.

Nous voilà donc, rangés sur une ligne, les uns à genoux, les autres couchés à plat ventre, ouvrant à moins de trois cents mètres le feu à volonté. C'était une suite de détonations continuelles, nous étions dans un nuage de fumée, nous respirions l'âcre odeur de la poudre. Entre deux coups de fusil, quand la fumée se dissipait un peu, rien ne nous échappait de la position de l'ennemi. Ses tirailleurs étaient postés à toutes les ouvertures de la grande ferme, aux fenêtres, aux lucarnes des toits, il y en avait partout. Ils occupaient aussi les petits bâtiments qui entouraient la ferme. D'autres encore, en dehors, formaient une ceinture de défenseurs qui faisaient le coup de feu, couchés à terre comme nous-mêmes, dissimulés derrière les buissons et dans les fossés. Les flocons blancs étaient incessants, innombrables; de part et d'autre nous tirions avec acharnement. Les balles prussiennes, vives, serrées, sifflaient à nos oreilles pour aller se perdre au loin, frappant, saccageant autour de nous, avec un bruit mat, les échalas des vignes qu'elles coupaient en deux; ou bien encore elles venaient se ficher dans la terre, en avant de nous, et nous envoyaient des éclaboussures de graviers.

Les fusils s'échauffaient, nous ne pouvions bientôt plus nous en servir. Nos chassepots avaient un défaut dans les tirs prolongés ; il s'encrassaient tellement qu'à un moment donné il devenait impossible de les charger ; la cartouche ne pénétrait plus dans le canon, malgré la poussée de la culasse mobile. Sous le feu de l'ennemi, je vis des hommes démonter cette culasse pour ramoner leur arme avec la baguette, ce que je fus obligé de faire moi-même.

La bataille était à son paroxysme d'intensité. Les détonations de l'artillerie et de la mousqueterie s'étendaient au loin ; à notre gauche et à notre droite une fumée intense s'élevait au-dessus des combattants.

Depuis un instant, cependant, nous avions ralenti notre feu ; celui de l'ennemi avait aussi presque cessé, nous nous en étonnions. Soudain, à notre droite, tout près de nous, nous entendons le clairon français qui sonne la charge. Nous prêtons l'oreille, pour nous assurer si, au milieu du vacarme, nous ne nous trompions pas. Nous étions là, haletants, nous interrogeant du regard, quand, tout à coup, au-dessus de la ferme, que nous criblions de nos balles l'instant d'avant, le drapeau tricolore, le drapeau du régiment que nous reconnûmes de suite, parût et flotta, agité par un mobile monté au sommet du toit.

De proche en proche alors, en même temps que l'ordre de « cessez le feu ! » un cri de « Vive la France ! » s'élança de nos poitrines.

Puis, à gauche de la ferme, nous voyons s'échapper un flot d'hommes, une véritable masse noire qui détalait vivement ; c'étaient les Prussiens, ils évacuaient la position. Le feu, de notre côté reprit de plus belle et nous poursuivîmes de nos balles l'ennemi qui fuyait et se dispersait au loin, nous offrant pendant quelques instants une cible vivante magnifique.

Après cette courte reprise, la fusillade cessa tout à fait de notre côté et nous pûmes considérer le spectacle grandiose, palpitant, qui s'offrait à nos yeux.

Le drapeau flottait vainqueur sur une position prise de vive force et déjà nous nous laissions aller dans notre enthousiasme à crier victoire !

Ah ! cher drapeau de la France, chaque fois, depuis cette époque, que je te vois flotter dans les rangs de nos régiments qui passent, je me sens envahir d'une émotion que je ne peux maîtriser.

C'est que surgit alors devant mes yeux cette vision unique du drapeau de mon cher 33e, agitant ses plis vainqueurs sur la ferme du Mée, dominant le fracas des canons, des fusils, maîtrisant la bataille. Je ressens encore l'impression inoubliable de fierté, d'enthousiasme, de satisfaction du devoir accompli pour la Patrie, qui ce jour-là, sur le champ de bataille, remplissait le cœur du moblot.

Il est certain que ceux qui n'ont point passé par là ne peuvent comprendre tout ce que disent les trois couleurs ; ils ne ressentiront jamais l'émotion qui déborde du cœur en présence du haillon sacré !

Tout près, gisait un cadavre. C'était un mobile de mon escouade, le pauvre Hervé, frappé mortellement au plus chaud de l'action. Afin de se rendre mieux compte de ce qui se passait, il s'était soulevé sur les bras et, à ce moment précis, une balle provenant du Mée l'atteignait au cou. Il retombait lourdement, sans un cri, sans un mouvement, puisque son plus proche voisin, Chaudet, ne s'était aperçu de rien ; une large mare rouge peu à peu se répandait autour de lui.

Capitaine Henri COUTURIÉ

De ma compagnie étaient également tombés deux camarades: Reboursier et Rouillard. Ce dernier, relevé et emmené à l'ambulance vint mourir au Mans, au milieu de sa famille; Reboursier resta sur le champ de bataille.

Sur le moment, nous ne pouvions nous rendre compte de la manière dout les choses s'étaient passées. Les accidents du terrain et les vignes nous dérobaient la vue des mouvements qui s'opéraient cependant tout près de nous.

Voici les faits :

Un groupe assez important de mobiles, pour la plupart désagrégés, appartenant aux trois bataillons, s'étaient trouvés rassemblés à notre droite, sur un point, autour du drapeau. Ce groupe, d'abord un peu mêlé et confus, avait reçu une impulsion énergique et, entraîné par le capitaine Couturié, s'était précipité sur la ferme du Mée, hardiment, la baïonnette au canon. Pendant que nous, tirailleurs, occupions de face les défenseurs de la ferme, nos camarades les assaillaient, s'emparaient de vive force de la position, faisant une centaine de prisonniers.

Cette attaque avait été couronnée de succès, mais nous avait coûté un certain nombre de victimes, parmi lesquelles mon vieux camarade Henri Lebouc, sergent-major à la 3e compagnie du 3e bataillon (capitaine du Trochet), qui avait eu la jambe broyée par un éclat d'obus.

La masse allemande, sur laquelle nous avions tiré à la fin du combat, était précisément composée des défenseurs du Mée. Ceux-ci avaient fui devant nos camarades lorsqu'ils firent irruption dans le village par le côté opposé. Alors le capitaine Couturié, en personne, pour faire cesser la fusillade, et aussi comme signal de ralliement sur le point conquis, avait grimpé sur un toit avec le drapeau en main, qu'il agitait glorieusement. De l'avis général, et c'était justice, tout l'honneur du mouvement lui revenait.

D'après ce que me dirent plusieurs de mes camarades, qui avaient pris part à cette charge, l'attaqne et la défense furent chaudes. Mais l'impulsion était si énergique que, sans hésitation, la masse assaillante entra comme un coin dans les bâtiments de la ferme du Mée, non sans avoir essuyé des coups de feu presque à bout portant, qui couchèrent à bas bien des nôtres.

Mon ami, le sergent Garreau, qui s'était porté en avant et tirait sur les derniers défenseurs, eut sa baïonnette coupée nette, au bout de son fusil, par une balle, au moment où, rechargeant son arme, il s'abritait derrière la margelle d'un puits situé au milieu d'une cour.

Nos camarades auraient pu être canardés par les ennemis restés tapis à l'intérieur des habitations.

Mais, après avoir pénétré, ils ne virent que les dos d'un certain nombre de Prussiens qui fuyaient en désordre. Un mobile, exaspéré d'avoir vu tomber plusieurs de ses camarades, tua d'une balle dans les reins un de ces fuyards, au moment où en se sauvant il escaladait une barrière. Les Allemands qui étaient restés à leur poste, se voyant menacés des baïonnettes, levèrent la crosse en l'air, jugeant la résistance inutile et se rendirent prisonniers, en faisant force supplications pour qu'on leur laissât la vie sauve.

Quelques coups de fusil tirés dans les greniers firent sortir en grande hâte ceux qui s'y étaient cachés et qui se rendirent aussi sans résistance. Il y avait en tout une centaine de prisonniers, qui furent aussitôt désarmés et dirigés sur Beaugency.

C'était un beau fait d'armes !

Je reviens, après cette digression, à mon récit personnel.

Nous avions cessé le feu et, livrés à nos réflexions, à nos tristes réflexions, le cadavre du malheureux Hervé sous nos yeux, nous attendions des ordres.

Il n'y avait pas un seul officier auprès de nous, nous étions isolés; par suite de la difficulté à se mouvoir dans ces vignes, la compagnie était dispersée. J'envoyai un homme en arrière demander des ordres, ne pouvant, moi caporal, prendre une initiative dans un sens ou dans l'autre. Si je n'avais écouté que mon sentiment et mon impulsion, j'eusse été directement rejoindre le drapeau au Mée. Cependant, depuis un instant, il avait cessé d'y flotter.

Immobiles et toujours sans direction, les hommes commençaient à donner des signes d'inquiétude. Ils aperçevaient au-delà du Mée des colonnes profondes d'ennemis qui s'avançaient; le mobile, que j'avais envoyé prendre des ordres, ne revenait pas. Déjà, à côté, dans les vignes, un cri de « Sauve qui peut » s'était fait entendre, et ces gens, qui jusqu'ici s'étaient bravement comportés, hésitaient maintenant, regardaient en arrière. Leur fermeté était ébranlée, ils ne se sentaient plus soutenus par des voisins rapprochés, cette inactivité au milieu du combat les énervait et devait avoir des conséquences déplorables.

Nous en étions à ce moment d'hésitation, quand tout à coup, d'en face, des lignes prussiennes, partent des feux de salves, qui bien qu'éloignés nous criblent de balles. Un cri, deux cris de « Sauve qui peut » se font à nouveau entendre. Ah ! les misérables paroles, et comme elles déshonorent ceux qui les profèrent ! Et les malheureux mobiles, affolés, dominés par l'instinct de la conservation, au lieu de riposter, se laissent aller à l'exemple contagieux de quelques-uns qui prennent la fuite. Ils s'arrêtent cependant au bout d'un instant, dans un creux du terrain, font appel à leur courage et se ressaisissent. Mais, pendant ce temps, l'artillerie ennemie s'était remise en batterie et à son tour nous envoyait une pluie de projectiles. C'était comme un rideau de balles et d'obus qui passait par dessus nos têtes. Nous aurions dû nous maintenir dans cet endroit, où nous étions à l'abri et dans une zone peu dangereuse pour l'instant. Il était évident que ce feu était dirigé contre les renforts qui venaient de notre côté et ne faisaient que paraître au loin, sur nos derrières. Les obus passaient très haut, allaient tomber à une grande distance en arrière ; les tirailleurs dispersés, comme nous l'étions, n'étaient pas visés par l'artillerie.

Ce fut alors que je rencontrai un mobile de ma compagnie, mais d'une autre escouade, Poirrier, ancien camarade d'école, qui *rappliquait* aussi, soutenant de la main gauche sa main droite brisée ; il avait la paume de la main traversée d'une balle, et perdait beaucoup de sang. Le pauvre garçon se désolait, non pas de la douleur qu'il endurait, mais du chagrin de se voir estropié, incapable de gagner sa vie, peut-être obligé de subir une amputation.

Je lui enveloppai la main dans un mouchoir, que je serrai fortement pour arrêter le sang, et cherchai à le consoler de mon mieux par de bonnes et amicales paroles. Il se mêla aux hommes de mes deux escouades.

Ma compagnie, qui avait été toute entière déployée en tirailleurs, devait payer son lourd tribut de victimes. Un groupe de mobiles rapportaient couché sur leurs fusils un des nôtres, le pauvre Gohon. Dans notre mouvement de retraite, il avait été atteint par l'explosion près de lui d'un obus et la mitraille lui avait littéralement brisé les membres.

L'infortuné, affolé, hurlait de douleur ; il était criblé de blessures et suppliait de l'abandonner là où il se trouvait, préférant cent fois mourir plutôt que de supporter les douleurs atroces que chaque mouvement lui causait. Jamais je n'oublierai cette figure sanglante, ces yeux hors de tête pleins d'épouvante et cette voix qui n'avait plus rien d'humain, clamant avec désespoir ces seuls mots : mes amis !... mes amis !... Ses camarades, obéissant à leur conscience l'emportaient cependant de leur mieux vers les maisons les plus rapprochées. Ils le déposèrent dans une ambulance, où il mourut le soir même.

La canonnade devenait de plus en plus formidable. Un bataillon de mobiles, dont je ne connais pas le régiment, envoyé en soutien dans notre direction et qui, sans doute, n'avait pas encore été au feu, fut pris de panique ; il était presque arrivé à notre hauteur quand il se débanda, jetant sacs et fusils. Lorsque nous passâmes sur l'emplacement où il s'était si lestement déchargé, nous prîmes le temps de débarrasser les sacs des morceaux de pain qui s'y trouvaient attachés et nous fûmes enchantés de l'aubaine.

Dans notre mouvement de retraite, nous rencontrons enfin des troupes solides, qui venaient hardiment combler les vides. A un moment donné nous nous trouvâmes dans une zone extrêmement meurtrière ; les obus pleuvaient, il en tombait à gauche, à droite, l'un n'attendait pas l'autre ; la terre en était ébranlée et, à plusieurs reprises, le sable et les cailloux, projetés en éventail, nous atteignirent, heureusement sans causer de blessures dans la poignée d'hommes qui m'entourait.

Un caillou, une balle morte, sans doute, m'atteignit maussadement à la cuisse, et me fit trébucher ; touché ! me dis-je, en me palpant instinctivement. Dieu merci, j'en fus quitte pour une contusion, un bleu, large comme une pièce de cent sous.

Sous nos yeux des scènes émouvantes se présentèrent. Un hussard, un tout jeune homme, porteur d'ordres probablement, et qui pour accomplir sa mission traversait bravement le danger, parvenait avec la plus grande peine à maîtriser son cheval rendu fou par les détonations incessantes, au milieu desquelles il se trouvait. L'animal cabré se dressait presque debout sur ses pieds de derrière, cherchant à désarçonner son cavalier. Celui-ci, dans une véritable lutte, employant toutes ses forces et ensanglantant ses éperons, le maintenait cependant face au combat. Camarades, nous cria-t-il, en barrant le passage, du courage ! en avant ! ne tournez pas le dos à l'ennemi, en avant ! pour la France !

Mais nous n'avons plus de cartouches, disent les hommes. Il tira celles de sa cartouchière et nous les passa.

Ce cavalier nous présenta, dans ce cadre animé et grandiose, l'image vivante du *Hussard* de Géricault, qu'on admire au Louvre, et dont la lithographie, bien connue dans ce temps, m'avait servi de modèle de dessin, aux jours heureux et tranquilles de l'école.

A côté, un brave lignard, faisant partie d'une chaîne de tirailleurs qui se portait au devant de l'ennemi, est projeté en l'air, les membres déchiquetés, dispersés par un obus, qui tombe et éclate sous ses pieds. Ce fut l'affaire d'une seconde ; il ne souffrit pas longtemps celui-là !

Tout près encore, je vois passer un capitaine de l'Isère qui, supporté de chaque côté, sous les bras, par deux de ses soldats, trouve encore la force de marcher, retenant avec les mains ses entrailles, qu'une horrible blessure au ventre a mises à jour et que ses doigts ne peuvent retenir.

Notre mouvement de retraite nous rapprochait de Villorceau, où nous comptions nous rallier, retrouver nos officiers et nous reformer pour reprendre le combat.

Le village, dont la plupart des maisons étaient couvertes de chaume, commençait à brûler, incendié par les obus prussiens. De tous côtés on apportait des blessés; presque toutes les maisons en avaient déjà recueilli. Mais le nombre en était grand et les pauvres gens s'entassaient aux portes des ambulances désignées par le drapeau blanc à croix rouge.

Nous traversâmes le village, qui d'un bout à l'autre présentait le même spectacle. Les cloches sonnaient à toute volée, mêlant leur parole de paix au fracas monstrueux de la bataille.

Malgré le drapeau de Genève qui flottait au clocher, l'église servait de point de mire aux obus allemands. Déjà l'édifice avait été atteint en plusieurs endroits; les ardoises brisées laissaient voir plusieurs trous béants, un tourbillon de fumée s'échappait des toitures défoncées et les flammes commençaient leur œuvre.

Par le portail grand ouvert, encadré d'une draperie noire comme au jour des Morts, on apercevait sur l'autel les cierges allumés, qui piquaient de points brillants la demi obscurité du chœur, et jetaient leur pâle lueur sur les nombreux blessés et les cadavres qu'on apportait. La nef était trop petite, hélas! pour le nombre des victimes.

Contraste cruel! désolant spectacle! terrible antithèse! Quel sujet de tableau pour l'artiste qui sentirait et saurait rendre le côté tragique de cette scène! L'église du village, temple de paix et de concorde, où hier encore on célébrait les baptêmes, les mariages, les fêtes religieuses, tout ce qui constitue les joies de la famille, devenant sans transition le suprême refuge, au milieu de la tempête humaine, qui hurle déchaînée!

A chaque instant, un obus bien pointé s'abat sur un toit, défonce la chaumière. On évacue les blessés de quelques maisons qui sont déjà la proie des flammes et les balles, sans relâche, passent en sifflant!

Des soldats de toutes armes encombrent l'unique rue. Ils sont en désordre, têtes nues, débarrassés de leurs sacs; ils frappent le sol de la crosse de leurs fusils, avec des gestes de découragement ou de rage. Tous ont donné; tous, au feu, ont vu la mort de près; les traits sont convulsés, les figures et les mains sont noires de poudre.

Dans cette foule, quelques officiers de la ligne et de la mobile exhortent les hommes à se ressaisir et à reprendre le combat. Ils cherchent à faire comprendre que le village sert de cible et que le danger est moins grand au dehors. La cohue tournoie, s'agite, et se sent comme retenue malgré elle sur place. On dirait que ces hommes, n'ayant plus sous les yeux la vue du combat, veulent s'y soustraire à jamais; et puis la voix pacifique de cette cloche, qui sonne à toute volée, leur rappelle le village natal et semble leur donner l'oubli du moment; ils se laissent bercer par ces sons, qui ont aussi bercé leur enfance, et dont les vibrations les pénètrent.

Quelques-uns de nos officiers font l'impossible pour rallier les débris dispersés du régiment qu'ils rencontrent. On s'appelle, on crie : 33e ralliement, par ici le 33e. Nous nous trouvons bientôt réunis en un groupe assez important, à deux pas de Villorceau. Il y a des hommes des trois bataillons, le commandant de Musset, le capitaine du Rivau sont là; ils s'efforcent de faire former une colonne, mais le temps s'écoule, le jour tombe, et ces officiers sont sans ordres, sans instructions, ils ne savent où donner de la tête.

Malgré l'obscurité qui est survenue le combat se poursuit. On entend son fracas affaibli et intermittent, surtout à droite, dans la direction de Beaugency. Enfin, on nous fait prendre à travers la plaine la direction de Mer. Nous nous éloignons du champ de bataille, jalonné par la flamme des incendies qui rougissent l'horizon.

Notre colonne s'élevait tout au plus à quelques centaines d'hommes; qu'était devenu le régiment ? Qu'étaient devenus nos camarades que nous avions perdus au milieu de cette atroce mêlée ? Autant de points d'interrogation que nous nous posions, anxieux, tout en marchant, dans la nuit.

Plus tard nous devions apprendre que le gros du régiment avait été rallié à la même heure que nous, mais sur un autre point du champ de bataille, et, au lieu d'être entraîné dans la retraite, avait été maintenu à son poste de combat.

Après une marche longue et fatigante, nous arrivions vers le milieu de la nuit, aux portes de la ville de Mer (portes, au figuré). L'entrée en était gardée par des gendarmes qui nous barrèrent le passage. Il fallut parlementer et attendre longtemps, par un froid atroce, une bise glaciale, l'autorisation de passer.

Un convoi de nombreux blessés, hissés sur les cacolets de 150 à 200 mulets dût subir le même retard. Ce convoi s'étendait, comme on peut en juger par le nombre de bêtes de somme, sur une assez longue distance. Dans toute cette ligne, les cris aigus des uns se répondaient, dominant les gémissements des autres; cris de douleur, cris d'angoisses. Ces malheureux blessés n'avaient reçu que des pansements sommaires ou même n'en avaient reçu aucun. Etendus sur les cacolets, dans des positions incommodes, ils enduraient de terribles souffrances par cette température glaciale. Beaucoup, envahis par la fièvre, demandaient à boire ; nous n'avions rien dans nos bidons et tout était gelé autour de nous. Qu'on se figure cette scène, au milieu de la route, en pleine nuit.

En même temps se trouvait également arrêté, rangé près de la berge à la hauteur de la colonne, un convoi de voitures de vivres ramené en arrière et gardé par une escorte de gendarmes. Malgré la surveillance de ces derniers, plusieurs de nous trouvèrent le moyen, en se glissant sous le ventre des chevaux, et grâce à l'obscurité et à l'encombrement, de fausser la consigne de Pandore. Les bâches, qui recouvraient les voitures et qui étaient clouées tout autour, furent soulevées légèrement et nombre de pains passèrent dans nos musettes.

Ici, je fais une humble confession, celle d'avoir une fois dans ma vie dérobé le pain nécessaire à ma subsistance. Mais j'avoue aussi que je n'en éprouvai jamais le moindre remords, car nous avions été privés de pain depuis si longtemps, et d'ailleurs, ces vivres ne nous étaient-ils pas destinés ?

Et puis... la faim..., l'occasion...

A Mer, nous trouvâmes une partie de la population encore debout dans les rues, mouvante, anxieuse, en attente des nouvelles.

On avait entendu le canon toute la journée, l'inquiétude était grande. Chacun de nous fut entouré par des groupes, questionné sur les évènements dont nous avions été témoins.

La consternation se peignait sur tous les visages aux récits que nous faisions. Puis, logés dans des magasins et des écuries, nous ne tardâmes pas, enfin, à prendre, étendus sur la dure, un repos bien mérité.

Le lendemain, dès qu'il fit jour, notre petite colonne prenait la route nationale de Mer à Blois. Cavaliers, fantassins, artilleurs, quantité de soldats, isolés ou par petits détachements, suivaient la même direction.

Hélas! c'était la retraite, la fuite devant l'ennemi, et nous marchions cotoyant la Loire, dans un magnifique paysage de glaçons et de neiges, qu'éclairait un soleil d'hiver radieux.

Nous allions têtes basses, torturés par nos intimes pensées, inquiet du sort de nos camarades restés en arrière et dont chacun de nos pas nous éloignait.

A Blois, où nous restâmes vingt-quatre heures, nous fûmes logés dans l'église Saint-Nicolas ; puis un train nous emmena à Tours et de là au Mans, où nous arrivâmes dans l'état le plus lamentable. Tout avait été contre nous, la température s'était faite l'alliée inconsciente des envahisseurs.

On dira à cela que le froid était le même pour les allemands que pour les français ; c'est vrai, mais ceux-là, usant du droit de la guerre et de leurs règlements militaires en pays conquis, s'imposaient sans pitié chez l'habitant.

Au cantonnement, ils trouvaient des vivres et du feu, qu'ils exigeaient au besoin avec menaces. Repus et réchauffés, ils reposaient ensuite à l'abri; ils prenaient, grâce à cette manière de faire la guerre, un repos réparateur, tandis que les troupiers de France bivouaquient le plus souvent au grand air, en plein champ et souvent aussi l'intendance les laissait dénués de vivres.

CHAPITRE IV

Retour au Mans. — Le Gué-de-Maulny. — Campement de la Butte des fermes. — Retour du colonel. — Reprise du service en campagne. — J'obtiens les galons de sergent. — Aux Grands Courpins. — Reprise des hostilités.

Je ne chercherai pas à dépeindre mon retour dans ma famille. Le 12 décembre au matin j'arrivai inopinément, surprenant les miens, et de part et d'autre, en s'étreignant, des larmes nombreuses furent versées ; mais c'étaient des larmes de joie, entrecoupées de cris et d'exclamations : Ah ! mon frère ! Ah ! le pauvre enfant ! Le voilà revenu !

Les premières effusions passées, je fus assailli de questions ; il me fallut faire un rapide récit des évènements auxquels nous nous étions trouvés mêlés et sur lesquels on aurait voulu avoir tous les détails.

J'étais dans un état de dénuement pitoyable, sali, crotté des pieds à la tête : je ne m'étais pas nettoyé depuis au moins quinze jours, mes habits, capote et pantalon montraient de nombreux accrocs rapiécés comme j'avais pu, à la diable, mes souliers étaient retenus à mes pieds par des ficelles, je devais avoir un aspect lamentable.

Quelle satisfaction ce fut pour moi de pouvoir changer de linge, me reposer, vivre quelques jours de la vie civilisée, et savourer avec les douceurs de la famille le bien-être d'un foyer ! Il n'est rien de tel que d'avoir pâti, souffert, pour en reconnaître les joies.

Cependant, la nouvelle de l'arrivée d'un détachement du 33ᵉ mobiles venant du théâtre de la guerre, — hélas ! si rapproché de notre département, — s'était rapidement répandue en ville. Dès le soir de mon retour commença le triste défilé des familles qui accouraient en quête des nouvelles de leurs enfants dont elles étaient privées, ou qu'elles savaient blessés, sans connaître les circonstances, ni le lieu de l'ambulance qui les avait recueillis.

Où l'avez-vous vu pour la dernière fois? Comment était-il alors?

Quelle contenance tenir en présence des pères, des mères, dont les yeux rougis et les traits défaits laissaient trop voir les inquiétudes et les angoisses?

Je n'eus pas la cruauté de faire connaître à quelques-uns de ces pauvres gens, qui conservaient encore une lueur d'espoir, la triste vérité qu'ils apprendraient toujours trop tôt.

Le surlendemain de mon retour, m'arrachant avec peine à la sollicitude des miens, je rejoignis mes camarades cantonnés au Gué-de-Maulny, sur les bords de l'Huisne. On nous avait assigné comme cantonnements les anciens bâtiments du moulin, employés par le Service des eaux de la ville.

Il fallait que l'on fut bien au dépourvu de logements pour nous entasser dans un endroit aussi humide. N'importe, nous nous y trouvions bien quand même; la paille et les couvertures de laine n'y manquaient pas.

Par suite des derniers revers qui avaient amené la retraite de l'armée de la Loire tout entière vers Le Mans, il était résulté un encombrement et une perturbation très grande dans les services généraux, intendance, convois, approvisionnements.

Le service de la poste pour les troupes ne fonctionnait plus depuis une douzaine de jours; c'était, à coup sûr, celui qui entraînait les moindres inconvénients.

Deux grands sacs à distribution, bondés de lettres pour le 33e, avaient rétrogradé au Gué-de-Maulny; ils gisaient dans une salle fermée à clef.

Je fus désigné pour accomplir le travail de classement de cette correspondance, et j'employai une journée entière à trier ces lettres par bataillons et compagnies.

Combien d'entre elles ne devaient pas être ouvertes par leurs destinataires disparus : Loigny, Villorceau avaient fait bien des victimes!

J'étais ému plus que je ne puis le dire en retenant quelques instants entre mes doigts certaines de ces lettres, images palpables d'un lien brutalement brisé. Suscriptions formées par la grosse écriture aux caractères frustes et tremblés de parents âgés, fines pattes de mouches féminines, vous portiez au petit mobile perdu dans la tourmente le réconfort, les encouragements d'un père, d'une mère, vous transmettiez les paroles affectueuses d'une sœur, d'une cousine, les témoignages de l'affection plus tendre encore d'une fiancée, qui formait des vœux en attendant l'absent et tremblait pour lui.

Hélas ! missives si chères et qui aviez été peut-être ardemment attendues, les yeux qui devaient vous lire étaient à jamais fermés, le cœur qui devait tressaillir aux effusions que vous apportiez ne battait plus, le deuil planait sur ceux qui vous avaient tracées.

Au Gué-de-Maulny, repos complet ; à part l'entretien de l'habillement et des armes, on laissait les hommes inactifs du matin au soir, les jours s'écoulaient et les forces revenaient ; à l'âge où nous étions, il y a tant de ressort. Aussi nous avions repris meilleure mine, et la tenue devenait satisfaisante avec nos uniformes raccommodés et nettoyés.

Pendant que nous nous laissions vivre ainsi, au milieu du bien-être relatif dont nous jouissions, nos camarades du régiment, toujours en contact avec l'ennemi, effectuaient la pénible retraite de Vendôme et enduraient des souffrances de toutes sortes.

Le plus souvent, passant nos après-midi en ville au milieu de nos familles, nous assistions à des mouvements considérables de troupes.

L'encombrement de notre cité était inoui ; tous les établissements militaires regorgeaient de malades et de blessés ; il y avait cependant quantité d'ambulances privées ; les écoles, le théâtre étaient occupés, les églises même avaient été mises à la disposition des détachements de toutes sortes qui refluaient.

Ce fut alors qu'il fut permis de voir notre cathédrale transformée en caserne ; la nef et le pourtour du chœur dégarnis des chaises avaient été recouverts de paille, afin d'y recevoir les troupiers.

J'entrai un soir après dîner. Ce jour là un régiment de mobiles occupait l'édifice ; ces hommes étaient arrivés harassés, après une étape démesurée, depuis une heure environ ; ils avaient déposé au hasard leurs sacs et leurs fusils, qui gisaient en désordre le long des murailles, entassés dans les angles ou appuyés aux colonnes.

Quantité de bougies allumées, placées à terre ou accrochées aux aspérités des pierres, jetaient une lueur suffisante pour permettre de se rendre compte de l'extrême fatigue et de l'épuisement de ces pauvres gens ; ils n'avaient plus assez de volonté pour chercher à se procurer ou se préparer des aliments, et restaient étendus sur la paille, souillés de la boue des routes, sans mouvements, dans un pêle-mêle qui rendait la circulation presque impossible.

Les moins exténués se pressaient aux portes autour de braves gens du voisinage, qui distribuaient le contenu de vastes récipients remplis d'une soupe préparée à l'intention des arrivants.

Des femmes, des jeunes filles, à leur tour arrivaient et dans le désordre parvenaient à grand peine à pénétrer auprès des plus éclopés. Munies de vases et de brocs remplis d'eau chaude, elles déchaussaient les mobiles, lavaient leurs pieds meurtris, qu'elles pansaient ensuite avec de la charpie, des onguents et des linges et, véritables sœurs de charité, ces bonnes françaises, que rien ne répugnait dans leur patriotique assistance, achevaient leurs soins en réconfortant par des paroles maternelles les nouveaux venus. Chacune d'elles avait certainement sous les drapeaux un fils ou un frère ; y avait-il en France une famille qui n'y eût quelqu'un des siens ? Et elles songeaient sans nul doute aux chers absents qui eux aussi combattaient et peut-être étaient écrasés par les mêmes fatigues, par les mêmes souffrances.

Ainsi, à mon tour, j'assistais en amateur au spectacle que nous avions donné nous-mêmes quelques jours auparavant dans l'église Saint-Nicolas de Blois et, mieux que personne, il m'était donné de compatir aux souffrances de ces malheureux, pour les avoir endurées moi-même.

Le 20 décembre, nous fûmes informés au rapport, d'avoir à

nous tenir sous les armes, prêts à partir pour rejoindre le régiment, dont l'arrivée était annoncée pour le lendemain ; nous devions rencontrer et rejoindre nos camarades sur la route de Parigné-l'Évêque.

En effet, le lendemain nous étions rassemblés dès 9 heures du matin en tenue de campagne et sac au dos sur l'allée supérieure de la promenade des Jacobins, au nombre d'environ deux cents appartenant à toutes les compagnies des trois bataillons.

Pendant que nous attendions des ordres de départ qui ne venaient pas, un nombreux cortège venant de l'ambulance de M. Hamme, vint à passer sur la place sous nos yeux ; c'était le convoi funèbre d'un des nôtres, celui du pauvre Camus, dont le cercueil était suivi par notre capitaine, joint à la famille.

L'infortuné était mort des suites de la blessure reçue le 2 décembre ; fait prisonnier quelques instants après que je l'eus quitté, il était resté plusieurs jours abandonné, sans soins, dans les ambulances allemandes encombrées de blessés ; lorsqu'on avait été le chercher pour le ramener ici, il était trop tard la gangrène avait fait son œuvre.

Et la vision des incidents de cette nuit passée à l'ambulance du château de Villepion, auprès de mon ami, se représenta vivement à ma mémoire, les sanglots s'échappèrent de ma poitrine. Cette nuit de cauchemar avait son épilogue ; le dénouement du drame se présentait sous mes yeux.

Un certain temps s'écoula ; ne recevant pas les ordres qu'ils attendaient, nos officiers ramenèrent leurs hommes au cantonnement du Gué-de-Maulny ; quant à moi, je trouvai le moyen de rentrer chez les miens avec tout mon fourniment et pus coucher encore cette nuit là dans un lit.

De bonne heure, le lendemain, 22 décembre, je me rendis au Gué-de-Maulny. Le détachement était parti ; j'appris qu'il avait suivi la direction de Pontlieue, et qu'il devait se rendre à la « Butte des fermes », passage situé à l'intersection du chemin aux Bœufs et de la route de Parigné.

Les quatre ou cinq kilomètres furent vivement franchis, je

Capitaine Michel LEGOULT

ne tardai pas à rencontrer des mobiles portant à leur képi le n° 33, et me trouvai bientôt au milieu d'un groupement qui représentait le régiment.

Pauvres amis, dans quel état les retrouvais-je ?

Malgré l'incroyable dénûment où ils étaient et le besoin de se refaire, l'entrée de la ville leur avait été interdite ; ils avaient dû établir leur bivouac au milieu des sapins ; les faisceaux étaient formés, les tentes montées parallèlement au chemin aux Bœufs ; hâves et défaits, la plupart des mobiles, assis à terre, se pressaient en cercle autour de nombreux feux qui lançaient au ciel leur fumée.

La vie du camp, pour ceux-là, n'avait pas eu un moment d'interruption ; pour nous, elle recommençait et je l'avoue, sans m'apporter, pour mon compte, le moindre enthousiasme.

Le contraste était trop marqué, après les douceurs du repos à la ville dans des appartements bien clos et bien chauffés, revenir à la vie en plein air, et dans la saison où nous nous trouvions, c'était plutôt pénible.

Appelant à notre aide toute notre philosophie, nous finîmes par accepter notre sort de bon gré ; en comparant avec la nôtre la situation de nos camarades, nous étions les favorisés, et nous aurions eu mauvaise grâce de nous plaindre.

Nous reprîmes donc avec courage notre rang dans nos compagnies, où nous pouvions constater que de nouveaux vides s'étaient produits ; quelques-uns avaient été faits prisonniers au cours de la retraite, d'autres étaient tombés malades, ou n'avaient pas encore rejoint la colonne.

Nous eûmes la satisfaction de voir notre capitaine, M. Legoult, reprendre sa place à la tête de sa compagnie. Comme je l'ai dit, il était tombé malade au camp de Saint-Sigismond, et il nous avait manqué précisément quand les circonstances rendaient sa présence le plus nécessaire.

Il s'occupa de ses hommes avec la plus grande sollicitude, et veilla à ce que le ravitaillement se fit le mieux possible, sous la forme de boîtes de conserves de bœuf, dont les rations étaient abondantes.

Nous souffrions énormément sous la tente pendant les nuits

glaciales de cette rude saison; quoique pressés les uns contre les autres, nous grelottions sans pouvoir nous réchauffer.

Tout gelait, le vin dans les bidons, le pain dans les musettes, et qui n'a pas mangé de pain gelé ne peut se rendre compte de ce goût exécrable, que nous ne pouvions mieux comparer qu'à celui de savon que l'on se mettrait sous la dent.

Nous avions essayé de recouvrir les tentes de branchages de sapin; remède illusoire. La nécessité rend ingénieux, nous avions enfin imaginé de creuser des fosses en terre de près d'un mètre de profondeur; elles furent recouvertes des toiles de tentes et par dessus de branchages ; le fond avait été garni de sapinettes (ou aiguilles de sapin) et nous nous glissions dans ces abris comme dans un terrier; il en résultait une petite amélioration à notre sort.

Il venait du Mans beaucoup de curieux, de parents et d'amis voir l'installation de nos gourbis, à qui l'on trouvait un air de campement de trappeurs, et nos visiteurs, ravis de la couleur locale, prenaient plaisir à s'asseoir autour de nos feux, sur lesquels bouillaient les marmites des escouades, voulant goûter quelques instants à notre existence et la partager. Mais ils ne restaient pas longtemps; la fumée rabattue par le vent les avait bientôt aveuglés et chassés.

Les fêtes de Noël furent marquées par un redoublement du froid. Dans la nuit, le son des cloches des paroisses de la ville nous arrivait apporté par le vent du nord qui berçait les grands sapins, et cette musique aérienne nous rappelait avec une acuité singulière les joies de la famille, les réjouissances du réveillon.

Couchés sur les sapinettes au fond du gourbi, pelotonnés sous une couverture insuffisante, combien d'entre nous, songeants et grelottants, revenaient en esprit sur le passé, rêvaient aux réunions familiales des années précédentes, et aggravaient encore l'état de leur esprit par ces souvenirs et les comparaisons qui en découlaient avec l'heure présente.

La Noël de 1870 ne fut pas gaie dans le campement de la Butte des Fermes.

Un événement se produisit vers ces jours-là au régiment, ce fut la réapparition au camp du colonel de la Touanne; nous ne l'avions pas revu depuis Loigny.

Il n'était certes pas tendre, ce diable d'homme, avec ses mobiles; mais il avait gagné la confiance de tous, et son énergie nous subjuguait.

Pourtant, quelques-uns de la 4e, se ressouvenant d'un épisode pénible des premiers jours de notre entrée en campagne, avaient toujours sur le cœur la furieuse galopade qu'il nous fit, au cours de cette marche de nuit vers Autainville, alors que pour hâter notre allure il prodiguait les menaces de prison et les apostrophes... (qualifions les de virulentes), poussait son cheval sur les hommes épuisés de fatigue, qui murmuraient et à qui il refusait un instant d'arrêt.

Sans ce coup de fouet, que devait-il résulter ? Sinon un émiettement de notre petite colonne cheminant péniblement sur cette route perdue de la Beauce, en pleine nuit, sous la pluie battante; de plus, nous étions en présence d'ordres urgents.

Par la suite, nous en avions vu bien d'autres !

La première fois qu'il nous fut donné de l'apercevoir au camp de la « Butte des fermes », le bras en écharpe, le regard encore plus sec, le menton encore plus volontaire, ce fut pour tous l'incident heureux de la journée, et le sentiment de la hiérarchie seul empêcha une sympathique manifestation.

La blessure de son colonel faisait l'honneur et la fierté du régiment.

Nous avions été à même de constater combien son absence depuis Loigny avait été préjudiciable au 33e, et combien il nous avait manqué dans la retraite qui suivit, et à Villorceau.

Le troupier ne se trompe pas sur la valeur de ses chefs.

En particulier, et j'en puis parler, le colonel de la Touanne savait s'attirer le dévouement absolu de ses sous-officiers; il nous connaissait tous, je crois, par nos noms, et rien ne nous flattait davantage que de nous entendre appeler individuellement, lorsque nous passions près de lui, et recevoir un mot, une parole d'encouragement, si brève fut-elle, qui nous aurait fait aller sur son ordre, je ne sais jusqu'où.

Le 27 décembre, je fus désigné pour commander un poste de grand'garde, en avant du camp, dans un petit chemin au delà de Ruaudin.

Je pris possession du poste un peu avant la nuit vers quatre heures. On se fit une place en écartant la neige avec les pieds au revers du fossé, où il fallut rester jusqu'au jour, sous la bise, sans le moindre abri.

Ce fut une nuit atroce que j'eus à passer avec mes quatre hommes, et pendant laquelle nous regrettâmes amèrement nos gourbis de la « Butte des fermes ».

L'expérience acquise, malgré ma jeunesse, me permit de constater une fois de plus que dans ce monde tout est relatif, et qu'il y a toujours des échelons à descendre.

Dès notre arrivée, l'un de nous, armé d'une hache de campement, ayant avisé un superbe sapin tout proche qui balançait orgueilleusement son panache, l'avait abattu.

Puis, afin de fournir chacun son travail, et aussi en vue de ramener la circulation dans nos membres et combattre l'engourdissement, la hache passa de mains en mains, et le sapin fut débité à tour de rôle par les uns et par les autres.

Les branches résineuses flambèrent bientôt ; à deux pas, se trouvait la barrière d'un champ qui nous fournit un bois plus sec... Brigandage, dira-t-on !... hélas ! l'occasion... le besoin... la guerre... Eh ! qui n'a pas eu à l'époque de pareilles peccadilles sur la conscience !... Bref, nous eûmes devant nous, grâce à notre « industrie », un brasier auprès duquel nous nous pressions accroupis, et si rapprochés des tisons que l'on cuisait d'un côté pendant que l'on gelait de l'autre.

Après avoir été tenus en haleine par le mugissement du vent dans les sapinières environnantes, la nuit prit fin, nuit blanche s'il en fut. La consigne était accomplie, et je ne chercherai pas à dire avec quelle satisfaction nous vîmes venir la patrouille qui nous releva le lendemain matin.

Cependant, peu à peu, le régiment se réorganisait, un certain nombre d'hommes du 4e bataillon (composé d'hommes mariés pour la plupart, en réserve au camp de Sainte-Marie dans la Manche), avaient été amenés et, répartis dans les compagnies, les avaient renforcées.

Nous nous considérions un peu, avec nos nouveaux camarades, comme des « anciens » vis-à-vis de « conscrits » et quand nous rappelions les péripéties par lesquelles nous avions passé, nos combats de la Beauce, ils écoutaient nos récits avec un intérêt marqué, et acceptaient volontiers l'ascendant que nous donnait à leurs yeux le baptême du feu.

Les journées, si pénibles qu'elles étaient, s'écoulaient cependant insensiblement, le temps marchait amenant chaque chose à son heure.

Nous arrivions aux derniers jours de l'année et une grande activité se manifestait partout; en dehors des exercices et du service des gardes, c'étaient des corvées perpétuelles, de vivres, de bois, d'habillement, sans compter les corvées plus fatigantes pour le génie.

En effet, chaque jour des escouades de travailleurs étaient envoyées de différents côtés. Ce fut ainsi que je retrouvai le sergent avec lequel j'avais lié connaissance le jour de la bataille de Coulmiers et dont j'avais conservé le meilleur souvenir ; il construisait un épaulement pour l'artillerie sur la route de Parigné, à la hauteur de la « Butte des fermes ».

Séparés par les événements, nous ne nous étions pas revus depuis la bataille ; notre rencontre fut celle de vieux amis, tant il est vrai que la fraternité des armes n'est pas un vain mot.

Nous envoyions aussi chaque jour des travailleurs au Tertre-Rouge, où l'on établissait un véritable réseau de retranchements; à la crête du monticule, épaulements formidables pour l'artillerie; à mi-côte et au pied, abris pour les tirailleurs ; il en était ainsi sur tout le front de l'armée; la position, d'après ce que nous en jugions, était rendue inexpugnable.

Hélas ! on sait comment nos prévisions optimistes furent déjouées plus tard, et comment la perte du Tertre-Rouge entraîna le sort désastreux de la bataille qui livra Le Mans à l'invasion.

L'année 1871 débuta bien pour moi; le matin même du jour de l'an, j'eus une heureuse surprise, j'éprouvai une joie, une de ces satisfactions qui marquent dans mon existence de ce temps là.

Comme je revenais d'une de ces interminables corvées aux vivres, j'aperçus de loin, en approchant du campement, plusieurs de mes camarades qui me faisaient de grandes démonstrations ; ils agitaient leurs képis et poussaient des cris joyeux en accourant à ma rencontre sur le chemin aux bœufs.

Bonne nouvelle ! me dirent-ils en m'entourant et me serrant les mains, ton nom est au rapport ce matin, tu es promu sergent !... il va falloir arroser tes nouveaux galons !

Quoique je comptais un peu sur cet avancement, la nouvelle en était agréable, elle me fit rougir de plaisir et de suite me rendit tout joyeux. Maintenant, je regardais presque avec dédain mes galons de laine.

J'allai me présenter à mes officiers réunis (1) ; ils me confirmèrent ma nomination et me serrèrent la main avec de bonnes paroles ; mon capitaine surtout, l'excellent M. Legoult, me fit le plus vif plaisir en me disant qu'il était heureux de me conserver à sa compagnie et qu'il comptait sur moi ; ses paroles me récompensèrent de mes efforts, et me firent oublier bien des misères passées.

Je demandai ensuite à mon capitaine la permission d'aller au Mans faire emplette de mes nouveaux galons, dont j'avais hâte d'être paré.

« La ville est consignée absolument aux troupes, je ne puis vous donner une autorisation régulière, me dit-il, mais je fermerai les yeux sur votre absence, pourvu que vous soyiez rentré demain matin pour l'appel ».

Coûte que coûte, je résolus d'aller en ville, et voici quel fut mon plan : je savais que l'entrée de Pontlieue était gardée par des factionnaires qui avaient la consigne de ne laisser passer aucun soldat non muni d'une permission régulière ; mais tous les jours un certain nombre d'hommes narguaient la défense, soit en passant la rivière en bateau à la hauteur de Préau, soit

(1) Voici, à cette date, la composition des officiers de la 4e Compagnie :
LEGOULT Michel, capitaine ;
DEFORGES Auguste, lieutenant ;
AVICE Gustave, sous-lieutenant.

en employant le pont du chemin de fer de la ligne de Tours.

Quand la nuit fut venue, j'allai directement à travers les sapinières vers ce dernier point ; arrivé au pied du talus, je m'assurai que le pont était désert, puis prenant ma course, je le traversai d'une haleine, ensuite par des rues détournées j'arrivai auprès des miens que je surpris agréablement.

Le lendemain matin avant qu'il fit jour, la manche rehaussée de mes galons neufs, cousus par ma sœur, et que j'aurais été si fier de pouvoir exhiber dans la journée à toutes mes connaissances, je reprenais pour le retour le même chemin que celui de la veille.

Rendu au pont, j'aperçus un détachement de ligne qui le gardait aux deux extrémités; rien à faire de ce côté, me dis-je : arrivé dans l'avenue de Pontlieue, je constatai non sans émoi, que le passage était encore mieux gardé par un double poste de lignards et de gendarmes; puis, avec un amer regret, je jetai un coup d'œil sur mes beaux galons neufs que mon infraction allait peut-être me faire perdre, avant même de les avoir portés un jour.

Devais-je reculer? ou payant d'audace passer hardiment? C'était peut-être me jeter dans la gueule du loup.

Mais il y avait certes, ce matin-là, une bonne fée qui veillait au salut de mes galons. Indécis quelques instants sur le parti à prendre, j'aperçus de loin sur l'avenue, marchant dans la même direction que la mienne, un de mes amis, le sous-lieutenant Sorin, un vieux camarade d'école, fraîchement promu lui aussi à son grade et qui arrivait de la ville.

J'allai à lui; à ma mine qui devait avoir l'air fort penaude, il devina de suite l'embarras où je me trouvais : laisse-moi faire, me dit-il, marche près de moi, j'ai une permission régulière en poche ; puis allant droit à un gendarme, il exhiba le précieux papier et, sans attendre une question à mon sujet, ajouta que le sergent qui l'accompagnait appartenait à sa compagnie et avait été autorisé à se joindre à lui pour aller se procurer ses nouveaux galons en ville.

Pandore ne fit aucune objection, le pont redoutable fut franchi, bravement, la tête haute, et trois quarts d'heure plus tard je pouvais joyeusement exhiber devant mes camarades mes insignes et prendre mon nouveau service.

En raison de la continuation des froids rigoureux qui avaient amené plusieurs cas de congélation des pieds, et grâce aux démarches du colonel, le régiment avait été autorisé à cantonner dans les fermes environnantes.

Notre compagnie fut installée, aussi bien que les circonstances le permettaient, en avant du chemin aux bœufs, à la ferme des Grands Courpins; les hommes furent entassés dans les granges, les écuries, les étables, partout où l'on trouva de la place, quelques-uns même se logèrent dans des toits à porcs.

Grâce à cette mesure nous ne souffrions plus autant, pendant la nuit surtout, des rigueurs de la saison.

En revanche, la discipline se resserra; il y avait presque toutes les nuits des contre-appels faits par le sergent-major, en vue d'empêcher les fuites rendues plus faciles; les mobiles qui ne répondaient pas étaient punis de garde du camp (ou prison) et allaient par conséquent passer la nuit au poste, à la belle étoile, ce qui donnait à réfléchir.

Dans la journée, pas un instant de repos ; si nous restions au cantonnement, nous avions des revues d'armes et d'habillement. Les munitions anciennes supposées avariées par l'humidité avaient été versées et remplacées par des paquets nouveaux de cartouches; portés au nombre réglementaire de dix paquets par homme. Ces mesures et divers autres indices nous faisaient comprendre que le relâchement qui avait régné un certain temps devait prendre fin ; les ordres devenaient plus impérieux et la discipline plus exigeante.

Les rapports du matin relataient presque chaque jour des exécutions de fuyards et de déserteurs, et exhortaient les troupes à se tenir à la hauteur des circonstances.

Nous n'ignorions pas non plus que des combats étaient livrés journellement sur notre front dans la vallée du Loir. L'ennemi se rapprochait des positions occupées autour du Mans, il fallait donc se préparer à recevoir le choc et le repousser; nous étions prévenus que les hostilités pouvaient reprendre pour nous au premier jour.

Le plus souvent, nous étions en mouvement; on nous entraînait à la marche, en nous faisant exécuter des reconnaissances de terrain en avant des positions que nous étions appelés sans doute à défendre.

Parfois, nous assistions sur la route à des mouvements de roupes, les unes rentrant au Mans, harassées, à peu près débandées, d'autres partant en bon ordre en avant du front.

Parmi les corps variés à l'infini qui s'offrirent à nos regards ; lignards, mobiles, chasseurs à pied, francs-tireurs de tous costumes, cavalerie légère et grosse cavalerie, nous vîmes un jour passer un goum nombreux de spahis algériens se dirigeant vers l'ennemi.

Montés sur de jolis petits chevaux, à la tête fine, aux mouvements souples et vifs, ces cavaliers, assis en de hautes selles, constellées comme tout le reste du harnachement de clous dorés, la botte de cuir rouge engagée dans de vastes étriers, le sabre et le mousqueton amarrés devant eux en travers de l'arçon, cela ne ressemblait à rien de ce que nous avions vu jusqu'ici.

C'était plutôt le spectacle d'un véritable cortège oriental sorti de son cadre, apparaissant dans un paysage de sapins noirs et de neige éblouissante, que nous donnèrent ces hommes d'une autre race, habitués à d'autres cieux, en défilant drapés frileusement dans leurs grands burnous blancs ou rouges.

Malgré l'air de mépris que réflétaient leurs regards à notre endroit, nous les eussions volontiers applaudis au passage.

Cependant les jours s'écoulaient, nous avions retrouvé nos forces, la discipline était revenue et la réorganisation des bas taillons semblait aussi complète que possible.

Les événements, du reste, approchaient, qui devaient imprimer dans nos esprits des souvenirs ineffaçables.

Le 7 janvier 1871, nous fûmes déplacés; le 2e bataillon fut cantonné pour 48 heures dans le bourg même de Changé, et en repartait le surlendemain 9 janvier.

Ce jour-là, la 4e compagnie fut commandée de grand'garde en avant du château des Arches, occupé par le reste du bataillon; dans l'après-midi nous fûmes disséminés par sections dans les petites maisons qui bordent la route de Paris, en face du plateau d'Auvours, à quelques cents pas de la gare d'Yvré-l'Evêque (située à cette époque à la Fourche même), où nous avions un poste.

La demi section que je commandais fournissait une sentinelle sur la route de Paris.

Il faisait très froid, la neige recouvrait le sol d'une couche épaisse ; j'occupais avec une partie de mes hommes l'une de ces petites maisons formant le hameau de Polucan, habitées par des ménages d'ouvriers travaillant à la filature d'Yvré.

J'étais logé chez un de ces ménages. La femme qui s'exprimait en assez mauvais français, était irlandaise; elle me dit qu'elle avait été embauchée dans son pays pour venir apprendre aux ouvrières d'Yvré et de Champagné le tissage mécanique, et qu'elle était mariée depuis peu avec un ouvrier du pays.

Après une veillée, où de part et d'autre nous déplorâmes la dureté des temps et les malheurs de la guerre, ces pauvres gens, qui n'avaient qu'une pièce pour tout logement, se déshabillèrent sans façons, se glissèrent dans leur lit et ne tardèrent pas à ronfler le plus honnêtement du monde, m'abandonnant de bonne grâce le coin de la cheminée, auprès de laquelle je m'installai pour passer la nuit sur une chaise.

Cela s'était passé tout simplement comme la chose la plus ordinaire du monde, l'irlandaise ne se préoccupant nullement de ma présence.

Les mobiles abrités dans un appentis contigu, construit en planches et par conséquent ouvert à tous les vents, souffrirent beaucoup ; je les entendis se plaindre toute la nuit du froid qu'ils enduraient; à la vérité, je n'étais guère mieux, mon feu s'était éteint faute de combustible.

La nuit me parut longue. Le bout de bougie que j'avais atteint de ma musette avait été consumé en quelques heures ; plongé dans l'obscurité, livré à mes rêveries, je combattais le sommeil avec peine, le silence de la nuit troublé seulement par la respiration régulière de mes hôtes ou la voix de mes camarades d'à côté.

Un peu avant le jour, vaincu par la fatigue, je m'assoupis. Je me sentais alors bercé en quelque sorte par un roulement sourd et continu, que je ne m'expliquais pas exactement dans ma somnolence, malgré sa proximité ; puis une sentinelle, qui venait d'être relevée, heurta la porte, entra, et m'informa que la route de Paris était couverte de troupes.

Je sortis, afin de me rendre compte de ce qui se passait : le matin était brumeux et sombre, et dans le jour qui ne faisait que commencer à poindre, je vis la route de Paris regorgeant de soldats de toutes armes qui marchaient en désordre dans la direction du Mans ; il y avait de l'artillerie tirée par des chevaux fourbus, des marins, des mobiles, tout pêle-mêle, une véritable cohue.

Ces gens hâves, crottés jusqu'à l'échine, étaient harassés et se traînaient péniblement, ils nous dirent qu'ils avaient pris part l'avant-veille à un engagement aux environs de Nogent-le-Rotrou, que depuis ils battaient en retraite, sans savoir où on les conduisait ; ils avaient marché toute la nuit.

Longtemps encore ce triste défilé continua, montrant au fur et à mesure qu'il s'avançait des hommes de plus en plus exténués et démoralisés ; c'était à la fin une véritable débandade, une véritable déroute !

Ah ! le triste spectacle !

CHAPITRE X

10 janvier 1871. — *Combat de Changé.* — Retraite sur le château des Arches. — Nuit du 10 au 11 janvier : le Tertre de Changé. — Journée du 11 janvier. — Dans la tranchée de Changé. — Un exploit du capitaine Boulay. — Nous sommes relevés par les chasseurs à pied. — Nous réoccupons la Butte des fermes.

Nous étions au matin du 10 janvier. Vers dix heures, la compagnie était ralliée par notre capitaine qui nous ramenait en arrière rejoindre le gros du régiment, réuni sur la petite route en avant du château des Arches, la gauche appuyée au remblai de la ligne de l'Ouest.

Sur la ligne nous suivions du regard des locomotives blindées faisant un service de reconnaissance à une allure circonspecte.

Bientôt arriva sur la petite route où nous nous trouvions un fourgon du train d'artillerie qui déchargea plusieurs caisses de munitions; elles furent déclouées à la hâte, et les paquets de cartouches prirent place dans les sacs et les musettes. Cette attention de l'état-major nous laissait pressentir que l'on allait a ns tarder nous inviter à utiliser ses dons.

En effet, à peine le fourgon délesté avait-il tourné bride, sur notre droite, des détonations d'abord assez éloignées se firent entendre ; elles se rapprochèrent en peu de temps, véritable traînée de poudre; puis la fusillade finit par prendre une ntensité excessive, et le canon se mettant de la partie ne cessa de tonner au loin, sans interruption, accompagné de la crécelle des mitrailleuses.

Nous restâmes assez longtemps ainsi, rangés sur la route, piétinant la boue glaciale formée par la neige fondue, l'arme au pied, attendant des ordres, cherchant à nous rendre compte des événements, et suivant le fracas de la bataille qui se répercutait au loin, bien au-delà des bois qui nous masquaient dans la direction de Changé, nous attendant à entrer en ligne d'un moment à l'autre.

Sur ces entrefaites, un officier d'état-major survient au galop, s'approche du colonel auquel il fournit des instructions; il pouvait être entre une heure ou deux de l'après-midi.

C'était le 2e bataillon qui devait marcher. On nous fit immédiatement prendre le pas de course, traverser le Pont du Gué-Perray, et nous engager à travers les taillis dans la direction du bourg de Changé, où nous arrivions essoufflés.

Le bataillon fut rangé en réserve sur la place même du bourg, en arrière de l'église; nous nous étions rapprochés du combat qui se livrait maintenant en avant de Changé dans la direction de Gué-la-Hart et du château d'Amigné.

Les maisons de Changé, closes de toutes parts, donnaient l'impression d'un village abandonné. Ses habitants, devenus invisibles, se terraient dans leurs caves, affolés par le bruit du combat. De temps à autre cependant une porte s'entr'ouvrait et laissait voir une figure anxieuse qui interrogeait du regard.

De l'endroit que j'occupais, à mon rang, au coin de la place, en face des deux petites tourelles en poivrière prolongeant la mairie et qui avaient servi de corps de garde, je pouvais voir de nombreux blessés qui arrivaient à l'ambulance, établie dans une maison à porte cochère tout près de moi, aux fenêtres de laquelle flottaient les drapeaux à croix rouge.

Tous ces blessés appartenaient au 37e et au 62e de marche, nos camarades de brigade; le combat en avant de Changé était soutenu par ces deux régiments.

Deux blessés qui avaient reçu un pansement sommaire en sortirent; on évacuait, pour faire de la place, les hommes en état de marcher; l'un avait eu le poignet brisé par une balle, il passa près de nous, le bras en écharpe, priant de lui indiquer le chemin le plus direct pour gagner Le Mans; notre capitaine apprit par ce blessé, qui avait tout son sang-froid, que l'attaque était menée très vigoureusement par les Allemands, mais que les Français retranchés au château d'Amigné, dans les maisons du hameau de Gué-la-Hart, les fermes environnantes et les fossés tout autour de Changé tenaient l'assaillant en respect; on pouvait avoir bon espoir dans l'issue de la journée.

Le second blessé avait la mâchoire fracassée; un épais pansement de charpie et de linge recouvrait une partie de sa figure; il marchait, par suite de la commotion reçue, comme un homme atteint de vertige. Notre capitaine, ne doutant pas du résultat heureux de la journée, proposa à cet homme de lui procurer un logement pour la nuit, où il pourrait reposer, et se remettre le lendemain en route pour la ville.

Quelques vigoureux coups de crosse, frappés dans les volets de la maison la plus proche, firent entr'ouvrir une porte, dans l'entrebaillement de laquelle se montra une figure bouleversée. Notre capitaine enjoignit de procurer un lit à ce blessé, l'habitant ne se fit pas trop prier, le soldat trouva un gîte qui par malheur lui valut probablement d'être fait prisonnier quelques heures plus tard.

La nuit approchait, le vacarme du combat loin de diminuer semblait au contraire prendre une intensité nouvelle, les détonations se rapprochaient distinctement du bourg, il faisait déjà sombre, et l'on observait dans nos rangs des signes non équivoques de trouble et d'énervement; notre immobilité avait trop duré.

Après avoir dépassé les toits des maisons qui nous faisaient face de l'autre côté de la place, les balles, maintenant bourdonnaient au-dessus de nos têtes, quelques-unes enfilant la rue qui mène à Gué-la-Hart nous effleuraient de plus près ; cependant, personne ne fut atteint ; mais les ardoises ou les tuiles dégringolaient avec fracas.

Notre commandant, M. Simonard, reçut enfin l'ordre de placer son bataillon sur le petit chemin qui, longeant le cimetière, remonte dans la direction de Noyers.

Nous nous installons le long du talus formant une haute banquette, notre droite touchant presque les dernières maisons, la gauche s'allongeant au delà du cimetière. Le centre du bataillon avait la vue masquée par un bouquet de gros sapins, mais aux deux extrémités rien ne gênait le tir, la gauche surtout se trouvait dans une position dominante qui lui donnait un magnifique champ de tir, par suite de l'exhaussement du terrain.

Une fois ses compagnies placées, le commandant retourna au bourg ; il ne fut pas longtemps sans revenir avec des ordres, et s'être assuré probablement par lui-même de la façon dont les événements se dessinaient.

Faites charger les armes, dit-il aux officiers. On entendit alors dans toute cette longue file le cliquetis des culasses mobiles manœuvrées ; il était temps, notre tour était proche d'entrer en scène. Presque aussitôt, en face de nous s'éleva dans l'obscurité une clameur immense, des cris et des hourrahs prolongés retentirent pareils à un ouragan et couvrirent tout autre bruit. Nous nous souvenions les avoir déjà entendues ces clameurs le soir du 2 décembre à Villepion.

C'étaient les Prussiens qui débouchaient après la chute du jour par la route de la Fourche et celle qui vient du château d'Amigné, et se jetaient en masse sur Changé pour s'en emparer d'assaut; une distance de 150 mètres à peine nous séparait ; le commandement d'un feu de salve que nous attendions avec impatience fut donné et, de nos rangs partit un éclair immense accompagné de la détonation formidable d'un feu de bataillon de 5 à 600 fusils.

Pendant une ou deux minutes nous prolongeons la fusillade par un feu à volonté.

C'était un bruit étourdissant; dans ce court espace de temps plusieurs milliers de cartouches furent brûlées par nous.

Les hourrahs avaient cessé aussitôt ; étonnés d'abord et surpris, les allemands ripostent bientôt ; les commandements gutturaux et les coups de sifflet de leurs officiers arrivent à nos oreilles, les balles passent en raffales au-dessus de nos têtes, quelques-unes avec un bruit pareil à un claquement de fouet frappent derrière nous le mur du cimetière, où elles s'écrasent, puis la fusillade devient plus molle, diminue de part et d'autre pour s'éteindre tout à fait.

Par notre feu, nous avions contribué au dégagement de nos camarades de brigade, en brisant sur un point l'effort de l'attaque qu'ils soutenaient, et montré aux allemands que la position avait encore d'autres défenseurs.

J'ai toujours supposé que notre feu, malgré son intensité, avait causé peu de mal à nos adversaires ; la route par laquelle débouchaient les allemands était pourvue, comme la nôtre, d'un talus élevé qui les avait abrités.

Chez nous quelques hommes seulement du bataillon avaient été atteints.

Cependant, de l'autre côté du village, les coups de feu reprennent, les hourrahs des allemands retentissent à nouveau, des feux de pelotons peu nourris ripostent à l'intérieur du bourg ; l'obscurité où nous étions plongés nous empêchait de nous rendre compte de ce qui se passait.

Et puis un sentiment mêlé d'angoisse s'emparait de nous, après l'exaltation du feu, toujours immobiles derrière notre talus, nous étions retombés à plat et dans une espèce d'hébétement.

Nous nous rendions parfaitement compte que l'attaque du village se portait sur une autre de ses faces. Plus tard nous apprîmes que les allemands avaient réussi à pénétrer dans Changé en portant leurs efforts sur la route qui vient de Gué-la-Hart ; ils avaient franchi le pont du ruisseau malgré la vaillante défense de nos camarades du 37e ; ceux-ci rejetés, culbutés par des forces sans cesse renouvelées, avaient finalement évacué le village de Changé.

Les Prussiens devaient déjà pénétrer dans Changé quand notre commandant nous fit quitter la position ; nous nous défilâmes sans bruit en remontant le chemin du cimetière, puis à travers les taillis et les sapinières nous regagnâmes le château des Arches, reprenant ainsi les cantonnements que le bataillon occupait le matin.

Mais il n'y avait pas place pour toute la troupe qui y avait reflué ; une partie des 37e et 62e de marche, s'y trouvaient avec nous ; les bâtiments de la ferme et les communs regorgeaient, de sorte que beaucoup d'entre nous se virent réduits à s'installer en plein air pour y passer le reste de la nuit.

Des feux de bivouac furent allumés tout le long des murs de

clôture, autour desquels nous étions assis, lignards et mobiles entremêlés et fraternisant, sac au dos, fusil entre les jambes.

M'écartant quelques instants de mon groupe, je me rapprochai du château, dont les fenêtres du rez-de-chaussée étaient éclairées et projetaient au dehors une vive lumière; il me fut permis d'apercevoir à travers les carreaux l'intérieur d'un grand salon rempli d'officiers, dont les bottes souillées de boue maculaient tapis et parquet, répartis en petits groupes. Parmi ces groupes les uns, muets, paraissaient anxieux et s'interrogeaient du regard, d'autres faisaient cercle autour d'un collègue qui pérorait avec animation.

D'un bout à l'autre du salon marchait à grands pas notre nouveau général de brigade, le capitaine de vaisseau Ribell, qui semblait en proie à une vive agitation.

Revenu auprès du feu, assis sur un fagot, je m'étais laissé aller au sommeil, vaincu par la fatigue, quand tout à coup je me sentis secoué par l'épaule : on part ! debout ! rassemble tes hommes, me dit un sous-officier.

Les écuries et les hangars où reposaient les mobiles furent évacués, et la compagnie réunie reçut de notre capitaine la recommandation expresse de faire le moins de bruit possible, pas de conversations, pas de cigarettes, les fourreaux des sabres-baïonnettes devront être tenus de la main gauche pour éviter tout choc métallique, puis nous nous mettons en marche, contournant le château et nous engageant dans les allées du parc des Arches. Un ruisseau se présente, nous le passons sur des troncs d'arbres jetés en travers ; et à tous moments nos officiers nous répétaient à voix basse la recommandation d'observer le silence. Les Prussiens, paraît-il, menaçaient le château, quelques-unes de leurs patrouilles s'en étaient approchées, d'autres étaient signalées se dirigeant à travers les bois, de manière à couper nos communications avec Changé ; nous nous serions trouvés alors acculés à la rivière de l'Huisne, si leur mouvement n'avait été prévenu.

Marchant à travers les taillis, dont les branches saupoudrées de neige nous frappaient au visage, nous arrivons au chemin aux bœufs, puis par des sentiers impraticables aux voitures, semés de fondrières et d'ornières que l'obscurité nous empêchait d'apercevoir, et dans lesquelles nous trébuchions à chaque instant, après des arrêts et des contre-marches, à croire que nous allions à l'aventure, nous arrivons près des murs de l'ancienne abbaye de l'Épau.

Là nous faisons une halte ; la colonne se resserre, puis obliquant à gauche nous reprenons notre marche nocturne et silencieuse, tantôt à travers des sapinières, tantôt à travers des taillis ; nous arrivons enfin à un carrefour, où le chemin aux bœufs se croise avec la route de Changé.

Une neige épaisse s'était mise à tomber, rendant notre marche encore plus pénible et difficile.

La colonne, comme on peut le penser, dans cette marche de nuit, s'était considérablement allongée ; le bataillon, par suite des obstacles, ne pouvait marcher autrement qu'à la file indienne ; il se fit une halte nouvelle, puis tout le monde étant réuni sur la route, le colonel qui était à pied, accompagné du capitaine adjudant-major M. Boulay, prit la tête et s'engagea sur la gauche, dans un petit chemin bordé de gros châtaigniers, qui partait du carrefour, plus mauvais si possible que ceux que nous venions de quitter ; le bataillon suivait silencieux, sur la recommandation nouvelle qui venait d'être faite d'observer le silence.

Nous dépassons un hameau de pauvres cahutes et presque aussitôt, quittant le chemin creux, nous arrivons sur une éminence couronnée de gros sapins, dans les branches desquels soufflait avec furie la bise venant du large.

Nous étions au Tertre de Changé.

Parmi nous, qui connaissait alors ces solitudes, ces espaces de terre sablonneuse, recouverts de bruyères et de sapins, où le laboureur n'obtient, par-ci par-là, dans d'étroits champs, qu'une maigre récolte de seigle, au prix d'un labeur obstiné ?

C'était là et dans les environs immédiats que devait se jouer un acte de la sanglante tragédie de la bataille du Mans ; c'était là que nous devions passer une veillée d'armes, dont le souvenir, trente ans après, n'est-ce pas, camarades, cause encore un frisson à chacun de nous quand nous l'évoquons.

Et pourtant, nous n'eûmes qu'un rôle passif ; le drame ne s'y déroula qu'après notre occupation.

Aux portes du Mans, ces noires sapinières, ce paysage monotone, triste et sévère, que rien ne vient égayer, n'attire que de bien rares promeneurs. Il n'attire aujourd'hui que ceux qui ont le *culte du souvenir*, qui viennent aux anniversaires *se rappeler*, retremper leur patriotisme et rendre un pieux hommage aux braves gens qui sont tombés là, après qu'ils eurent pris notre place le lendemain.

Une halte encore, puis une à une, les compagnies conduites par leurs capitaines, qui avaient été au préalable reconnaître les emplacements qu'elles devaient occuper, s'avancent à la lisière de la sapinière, bordée d'une profonde tranchée qui l'enserrait comme une sorte de ceinture.

Nous sautons au fond de la tranchée, dont la terre rejetée en avant formait banquette et nous abritait jusqu'aux épaules, et là, prenant notre faction, chacun peut donner champ à toutes ses réflexions ; elles n'étaient pas gaies, ma foi !

La neige fondue sous nos pieds avait formé une boue liquide et froide dans laquelle nous pataugions.

En face de nous, autant que l'obscurité de la nuit nous le permettait, nous dominions du point culminant où nous étions un terrain découvert, tout blanc d'une neige immaculée, qui s'étendait en pente à nos pieds.

Pour corser encore la situation déjà assez pénible, la tourmente de neige redoublait, ses flocons nous donnaient l'assaut, épais, tourbillonnants, recouvrant chacun de nous d'une chape blanche.

Nous avions été prévenus par nos officiers que l'ennemi s'avançait dans notre direction venant de Changé, et que, devant de notre côté chercher autant que possible à lui laisser ignorer notre présence, le silence absolu était ordonné ; défense aussi d'allumer pipes ou cigarettes.

Quelques mots tout au plus, chuchotés à l'oreille de son voisin, étaient échangés ; mais, malgré les recommandations d'éviter tout bruit qui pût nous déceler, d'un bout à l'autre de la tranchée des accès de toux opiniâtres, impossibles à étouffer, déchiraient les poitrines malades et se répondaient sans relâche.

Les heures s'écoulaient mortelles et lentes, avec des accès de somnolence troublés par votre voisin qui, vous heurtant le coude, vous répétait à voix basse les rumeurs peu engageantes qui circulaient. Dans une compagnie, à côté, un mobile du pays, ayant proposé d'aller chercher du cidre à une ferme qu'il connaissait, était parti muni de nombreux bidons vides ; quelques minutes après son départ, il revenait en courant, hors d'haleine, tremblant d'émotion. Dès qu'il avait pu parler, ç'avait été pour annoncer que la ferme où il était allé, à deux cents pas et dans une direction que l'on ne croyait pas occupée, était bondée de prussiens, qui se tenaient tranquillement autour de feux à pleines cheminées ; on l'avait renvoyé avec sa charge de bidons vides sans lui faire aucun mal.

Un allemand l'avait seulement chargé de la commission suivante : « Va dire à tes camarades que demain nous vous aurons tous pris », puis lui avait envoyé sa botte au bas des reins en guise de congé.

La nouvelle se colporte de bouche en bouche et circule bientôt d'un bout à l'autre de la tranchée.

Nous étions encore sous son impression, quand une lueur rouge jaillit soudain derrière nous, à cent mètres en arrière. Elle partait des masures du hameau, dont une partie brûlait. La flamme s'élevait haute et claire, illuminant d'une lueur rougeâtre le paysage de neige ; elle devait s'apercevoir de fort loin dans la nuit. Ce fut un véritable feu de paille qui dura à peine un quart d'heure, soit qu'il s'éteignit faute d'aliment, soit qu'il fut combattu par les occupants, lignards du 37e, nos camarades de brigade, qui à leur tour se tenaient en seconde ligne.

Cependant, immobiles dans nos retranchements, le froid nous perçait jusqu'aux os, nous grelottions, nos dents claquaient ; le froid aux pieds surtout devenait intolérable ; dans les rangs des murmures se faisaient entendre, des cris et des imprécations éclataient par intervalles.

Notre capitaine alors se mit à marcher derrière sa compagnie, s'adressant aux hommes, les exhortant au courage et cherchant par de bonnes paroles à les réconforter, laissant entendre que d'un moment à l'autre nous devions être relevés de notre faction.

La nuit nous parût longue, comme on peut le croire. Avec le matin, les ténèbres peu à peu se dissipèrent, le ciel cependant restait sombre et neigeux ; dès qu'il fit assez jour nous cherchions à reconnaître le paysage, les objets qui nous entouraient.

La neige avait cessé ; devant nous s'étendait à perte de vue un terrain uni, recouvert d'un linceul immaculé, qui se déroulait en pente, et sur lequel se détachaient à peine, tant la couche de neige était épaisse, les haies chétives ou les toitures basses des petites maisons de ferme.

Des sapinières bornaient cette étendue et, sur notre gauche, par dessus le rideau de sapins se dressait droit et pointu le clocher de l'église de Changé, distant de quinze cents mètres environ.

Au premier plan se trouvait un verger de pommiers et à soixante pas de nous, en contre-bas, une vieille bâtisse carrée, qu'à son toit élevé, ses deux hauts épis de faîte, on devinait avoir été autrefois une maison de maître, transformée maintenant en bâtiment à l'usage des fermiers.

La façade de cette maison, orientée à l'est, était du côté opposé ; nous avions devant nous deux grandes fenêtres et une ouverture plus petite, fermées par des volets pleins.

En regardant attentivement, quelques-uns d'entre nous aperçurent dans la muraille qui nous faisait face des traces de démolition à mi-hauteur de la bâtisse, entre les fenêtres ; trois ou quatre percées s'y comptaient ; c'étaient autant de meurtrières que les prussiens avaient faites pendant la nuit, afin de tirer à couvert sur les défenseurs de la tranchée ; pour le moment c'était autant d'yeux tournés sur nous.

Le fait fut signalé à nos officiers, qui se servant de leurs jumelles, de suite hochèrent la tête d'un mouvement qui n'était rien moins que rassurant.

En examinant attentivement les alentours ils avaient reconnu que le chemin qui menait à la maison était occupé par les Prussiens. Derrière le talus de ce chemin, derrière les gros châtaigniers qui le bordaient, ils signalaient une quantité de casques à pointes et de fusils dont ils n'apercevaient que l'extrémité.

Quand le jour fut tout à fait venu, chacun de nous pût se rendre compte de la réalité : cent mètres ou cent cinquante mètres au plus nous séparaient de l'ennemi.

Pour le moment, aucun signe, aucun mouvement n'indiquait que l'action devait bientôt commencer ; nous étions cependant face à face avec nos adversaires ; le silence était inquiétant, et nous nous demandions qui allait ouvrir le feu.

L'instant était vraiment solennel.

Le colonel de la Touanne vint auprès de la tranchée et défendit expressément de commencer le feu sans un ordre.

Cependant d'un bout à l'autre on entendait le cliquetis des culasses mobiles, que chacun de nous faisait manœuvrer pour s'assurer du bon fonctionnement de son chassepot, et pour y introduire aussi une cartouche ; cela ne faisait aucun doute pour nous que, le jour étant venu, d'un moment à l'autre les premières détonations allaient retentir et proviendraient du poste avancé représenté par la maison aux meurtrières et l'affaire serait chaude !

Le combat dans la tranchée devait être tout différent de ceux que nous avions soutenus jusque-là dans les plaines de la Beauce, en rase campagne, où nous apercevions à peine l'ennemi, où l'on se tirait à grande distance, où l'artillerie jouait le plus grand rôle ; ici les canons étaient relégués au second plan, c'était un duel gigantesque de tirailleurs embusqués de part et d'autre, rivés à leurs places, au lieu de la mobilité des combats précédents. Cette immobilité dans le combat nous donnait beaucoup à réfléchir, aussi nos pensées devenaient de plus en plus sombres, en présence des dangers auxquels nous ne pouvions nous soustraire.

On se repliait sur soi et je puis dire, sans crainte de me tromper, que chacun d'entre nous, dans sa détresse, appelait intérieurement à son aide un secours moral, comme il arrive chaque fois qu'un danger imminent, inévitable, vous menace.

De plus chacun sentait le besoin de s'assurer l'amitié de son plus proche voisin de tranchée, lui faisait à voix basse ses réflexions, et aussi ses recommandations en cas de malheur...

(J'ai tenu à reproduire, un peu longuement peut-être, les sensations que nous éprouvions à cette heure-là, et je demande à chacun de vous, mes camarades, n'était-ce pas là ce que vous ressentiez alors que nous nous tenions sur ce qui-vive aigu?)

La trêve tacite cependant se prolongeait, nos yeux ne quittaient pas nos adversaires, épiaient chacun de leurs mouvements.

A mi-chemin de la maison aux meurtrières se trouvait un pommier gros et trapu, derrière lequel un soldat allemand, sentinelle perdue, homme sacrifié, se tenait abrité de son mieux. Le pauvre diable, qui devait se rendre compte mieux que personne de sa situation critique, de temps à autre montrait sa tête coiffée du casque à pointe, ses traits dénotaient une frayeur intense et non dissimulée ; il était la première victime désignée d'avance.

Pour dégourdir nos bras et nous réchauffer, nous lui avions déjà lancé quantité de boules de neige. Le malheureux ! s'il n'avait eu à redouter que ces sortes de projectiles ! Boules de neige, lazzis, invectives pleuvaient à son adresse.

Tiens, attrapes celle-là !... et celle-ci, va la porter à Bismark !...

Pendant ce temps, M. Boulay, capitaine adjudant-major du 2e bataillon, qui n'en était pas à son premier acte de bravoure et de témérité même, avait pris une résolution : se hissant sur la tranchée, il se tint debout sur la terre rejetée formant banquette, et montrant un bidon d'une main, de l'autre faisait signe au factionnaire ennemi de venir à lui, criant : « ami, ami viens, il y a du schnaps ! tu n'as rien à craindre ! »

Le soldat comprenait parfaitement la mimique et ne demandait pas mieux que de se rendre ; pour lui c'était le salut ; il jetait les yeux avec anxiété en arrière du côté des siens et n'osait prendre une résolution. Pour en finir, M. Boulay fit quelques pas en avant, alla au prussien la main tendue ; dès que celui-ci vit l'officier français à mi-chemin, il jeta son fusil à terre d'un mouvement brusque, s'élança et d'un bond arriva à la tranchée, au fond de laquelle il se blottit. Il était prisonnier !

Cela se passait à quelques mètres de la place que j'occupais ; je pus voir le transfuge courbé en deux pour mieux se dissimuler et tremblant de tous ses membres, en roulant des yeux hagards.

Pendant que cette scène avait lieu, nous avions vu sortir de la maison plusieurs soldats ennemis, dont un sous-officier, fusils en main, qui semblaient suivre avec la plus vive attention ce qui se passait. Au moment où M. Boulay s'avançait à découvert, ces hommes avaient fait le mouvement de mettre en joue ; mais de notre côté et sans commandement, cinquante fusils s'étaient abaissés, prêts à la riposte.

Ce n'avait été qu'une menace de part et d'autre et la recommandation de ne pas ouvrir le feu avait été respectée.

Mais quelques instants après, d'un bout à l'autre de la tranchée quantité de boules de neige étaient lancées dans la direction de l'ennemi ; geste rageur ou jeu enfantin, ce combat inoffensif dura un certain temps, il secouait notre torpeur et ranimait la circulation dans nos membres engourdis, et servait tout au moins à prouver que la gaîté française ne perd jamais ses droits.

Il pouvait être suivant mon appréciation entre dix et onze heures, la neige après une courte reprise avait cessé, le temps s'éclaircissait, quand un mouvement se produisit d'un bout à l'autre de la tranchée. Détournant la tête à gauche nous apercevons à cinquante pas en arrière un état-major nombreux qui examinait la position. Il y avait des généraux que nous reconnaissons à leurs képis galonnés ornés d'étoiles, des officiers d'ordonnance en pelisses sombres, le collet de fourrure relevé jusqu'aux oreilles ; l'escorte se composait de spahis drapés dans leurs grands burnous rouges, la carabine au poing.

C'était, nous dit-on, le général Chanzy qui venait en personne se rendre compte sur toute la ligne des positions occupées par l'armée française.

Après un moment d'arrêt, le groupe qui s'était avancé un peu imprudemment des postes ennemis disparut dans les sapins. Je crois qu'il partit à temps, car on avait déjà observé chez les Prussiens certains mouvements qui pouvaient laisser croire que la venue de cet Etat-major n'était pas passée inaperçue.

Quelques minutes s'écoulent et, de l'emplacement même où venaient de nous apparaître les cavaliers, nous voyons déboucher un bataillon de chasseurs à pied qui se dirige vers nous ; le bataillon s'approche de la tranchée ; nous apprenons alors que l'ordre était venu de la lui abandonner, nous étions relevés. Ce fut sans regret que nous cédâmes la place, après une faction de plus de dix heures, de dix heures glaciales.

Hélas ! pour ces braves gens, la faction qu'ils montèrent à leur tour, pour être moins longue que la nôtre, fut autrement terrible ; nous avions eu à combattre les éléments, le froid, la neige ; eux, eurent à soutenir le combat des hommes, terrible, acharné ; la position du Tertre était la clef de tout le secteur.

Rivés à la tranchée, au-dessus de laquelle les têtes et les épaules se détachaient en silhouette, entourés d'ennemis auxquels ils servirent de cible, combien de ces petits soldats y périrent ?

A combien d'eux la tranchée devait servir de tombe, et combien y furent ensevelis, roulés dans leur capuchon bleu !

On nous fit défiler par la droite, à couvert par la banquette ; puis, suivant le mouvement, les chasseurs s'y engagèrent un par un, et bientôt ils eurent pris notre place.

Pas besoin d'être grand clerc pour se rendre compte que le moment était grave, que la trêve tacite ne pouvait durer indéfiniment.

Il le sentait bien ce jeune sergent de chasseurs, dont je revois encore la figure énergique, qu'agrémentait une fine moustache et le fer à cheval traditionnel, blond et frisottant. Précédant ses hommes de quelques pas, il avait voulu voir de ses yeux ; arrivé derrière moi, il s'était arrêté et là, debout, jetant un coup d'œil rapide sur le tableau que nous avions nous-mêmes sous les yeux depuis qu'il faisait jour, il se rendit compte de suite de ce qui devait se produire infailliblement à bref délai.

« Camarade, fit-il, en m'adressant la parole, depuis combien

« de temps êtes-vous ici en tête-à-tête avec les pruscos? Je « crois que nous arrivons juste pour le coup de torchon, reprit- « il, ça pourrait bien chauffer avant qu'il soit longtemps, je « donnerais volontiers quelque chose pour être à ce soir ! »

J'ai bien souvent depuis pensé à ce brave garçon; en est-il revenu ? ou fut-il au nombre de ceux qui accomplirent au Tertre de Changé leur dernière étape ?

En contre-bas, de l'autre côté de la route, nos camarades des 1er et 3e bataillons laissaient la place à un régiment de ligne.

(C'étaient deux corps de la brigade Jouffroy qui nous relevaient : 1er bataillon de marche de chasseurs et 45e de marche).

Après avoir quitté la tranchée, notre bataillon fut rallié dans le chemin creux bordé de châtaigniers, par lequel nous étions arrivés pendant la nuit.

Soit en attendant des ordres, soit pour un autre motif, on nous fit faire un arrêt; nous aurions préféré marcher, afin de ramener la circulation dans nos membres glacés. Notre commandant, voyant nos besoins et utilisant cette halte, nous avait autorisé à allumer du feu derrière le talus et à faire du café. Déjà quelques brindilles de bois flambaient dans le fossé, dont nous avions écarté la neige avec les pieds, les marmites étaient retirées de dessus les sacs, quand au bout d'un quart d'heure l'ordre arrive de nous remettre en marche.

Nous débouchons au carrefour formé par l'intersection du chemin aux bœufs et de la route de Changé ; à cet endroit se tenaient en batterie deux pièces de canon, abritées derrière un épaulement exécuté sur la route.

Il devait être bien près de midi; les nuages chassés par le vent avaient subitement dégagé le ciel; un soleil d'hiver faisait étinceler le paysage de neige, au milieu duquel nous nous trouvions. Nous nous engageons dans le chemin aux bœufs; là nous attendait un spectacle militaire bien fait pour remonter notre moral.

Sur la droite du chemin, une infanterie nombreuse se tenait correctement alignée et s'allongeait tout au loin, l'arme au pied, semblant n'attendre que l'ordre de s'élancer en avant.

Les canons des fusils et les baïonnettes lançaient des éclairs sous les rayons du soleil; le calme et la belle assurance de ces troupes en ordre et reposées causaient une favorable impression et avaient eu de suite le don de relever nos courages.

Aussi chacun de nous en défilant dans le chemin raboteux redressait sa taille, marchait moins lourdement et s'efforçait malgré sa fatigue et sa détresse morale à relever son attitude au niveau de celui de ces troupes fraîches.

A peine avions-nous dépassé les compagnies de tête qu'un commandement se fait entendre, et nous voyons les lignards traverser vivement la route et s'engager dans les sapins qui faisaient face, allant gagner sans aucun doute des postes de combat. Quant à nous, nous nous dirigions du côté de la route de Parigné. Il y avait tout au plus quelques minutes que nous avions dépassé les dernières files des fantassins, nous n'étions pas encore rendus à notre emplacement, que la fusillade s'engageait dans les sapins laissés derrière nous et se prolongeait dans l'éloignement (1).

Pour nous nul doute, la tranchée que nous venions de quitter à peine depuis une demi-heure était en ce moment un véritable cratère, et la troupe devant laquelle nous défilions quelques instants avant était également aux prises avec l'ennemi.

En un rien de temps la fusillade devenait furieuse, épouvantable, par dessus un crépitement continu on distinguait nettement le roulement des feux de pelotons et les salves.

La bataille du 11 janvier commençait, journée qui devait décider du sort de notre cité.

Cependant, en suivant le chemin aux bœufs, nous avions bientôt atteint l'emplacement qui nous était assigné; c'était précisément celui de notre ancien campement au-dessus du

(1) Parmi les troupes engagées en avant du chemin aux bœufs, dans cette direction, se trouvait le 4e bataillon des Mobiles de la Sarthe (arrondissement de Mamers), faisant partie de la brigade Bérard, division de Roquebrune.

Avec le 41e de marche, de la même brigade, ce bataillon fournit une pointe vigoureuse en avant, traversa la route de Parigné repoussant les allemands baïonnette dans les reins, jusqu'au château de la Paillerie.

Ses pertes furent assez sensibles, surtout en officiers.

chemin aux bœufs, au milieu des sapins : nous reconnaissons de suite nos précédentes installations.

A peine arrivés, une compagnie est envoyée en reconnaissance en avant de la position ; nous voyons nos camarades se répandre dans cet espace immense, dénudé, qui s'étendait en pente et formait comme un cirque bordé au loin de noires sapinières ; les hommes marchent avec difficulté dans la neige, qu'aucun pied humain n'avait encore foulée, sur un terrain semé de fondrières et d'obstacles qu'ils n'aperçoivent pas.

Puis, l'après-midi tout entière, nous restons immobiles, alignés, l'arme au pied, attendant un signal qui n'est pas venu pour entrer dans la fournaise à notre tour.

Nous ne voyions rien du combat, mais en revanche nous n'en perdions aucun bruit. Sur notre gauche le vacarme était épouvantable ; parfois les détonations se rapprochaient si près que nous nous croyions au moment d'entrer en ligne ; les balles venant de ce côté passaient en bourdonnant dans les sapins au milieu desquels nous nous trouvions, coupant les branches qui tombaient autour de nous, ou bien elles s'enfonçaient dans les troncs avec un bruit sec, projetant l'écorce en miettes.

Dans le lointain, le canon faisait rage, avec le bruit strident des mitrailleuses.

L'emplacement que nous occupions se trouvait, comme je l'ai dit, à droite de la route de Parigné, dans les sapins sur la crête de la colline.

Précisément à notre hauteur, sur la route, on avait établi deux pièces d'artillerie, à l'abri d'épaulements pour lesquels nous avions fourni des travailleurs. Ces pièces avaient un champ de tir magnifique. En effet, du haut de la côte s'allonge un ruban de route de quatre à cinq kilomètres en ligne droite et la position domine une immense étendue. A différentes reprises dans l'après-midi ces deux pièces entrèrent en action ; tirées si près de nous, leurs détonations emplissaient nos oreilles et nous entendions le déchirement de l'air causé par le projectile. Plusieurs mitrailleuses postées de l'autre côté de la route à la même hauteur dans les sapins, et que nous ne pouvions apercevoir, firent entendre aussi leurs sinistres craquements.

Dans notre raisonnement de petits troupiers, « qui en avaient vu d'autres », nous comprenions parfaitement que l'ennemi venant de la gauche se portait à notre droite, et que se présentant sur la route de Parigné pour la traverser en vue des deux pièces, il essuyait leur feu, ainsi que celui des mitrailleuses.

Selon nous, il devait avoir pour but d'attaquer notre position. Le voisinage du Tertre-Rouge, dont nous connaissions les formidables défenses, nous rassurait; cependant nos officiers nous tenaient sur un qui-vive permanent.

Nous ne nous trompions pas : nous eûmes bientôt la preuve que la manœuvre allemande avait réussi. L'ennemi avait traversé la route en se tenant hors de portée de nos pièces, et dans la seconde partie de l'après-midi, un certain nombre d'obus provenant de l'aile marchante, s'abattirent en avant de nos lignes ou passèrent au-dessus de nos têtes, tâtant, fouillant le terrain, puis plus tard, quand le jour commença à baisser, les fantassins allemands ayant pris position en face, la fusillade s'en mêla.

A la lettre, ce fut une traînée de poudre qui s'allongea de plus en plus sur notre droite; puis comme toujours, à la tombée de la nuit, ce fut un redoublement de vacarme, un feu de mousqueterie ininterrompu; c'était le moment décisif de la journée, les Prussiens voulaient en finir et emporter la position par un dernier acte de vigueur.

Quand il fit tout à fait nuit, le bruit cessa; on n'entendait plus que quelques coup de feu isolés dans la direction du Tertre-Rouge, dont nous étions éloignés de dix-huit cents mètres environ.

Je me rappelle parfaitement qu'à ce moment, dans le calme relatif de la nuit, un bruit singulier se fit entendre; il me causa une impression plus profonde que les coups de fusils auxquels nous avions fini par nous habituer.

C'était un cri humain poussé par des centaines de voix, qui s'étendait comme une chaîne interminable en face de nous, dans la même direction que la fusillade de tout à l'heure.

Ce n'étaient pas des hourrahs ni des cris furieux poussés comme pour un assaut; les cris, au contraire, étaient plutôt doux et traînards et comme un appel formé sur deux notes seulement et sur deux syllabes ayant la même consonnance que ces deux mots : viens donc! viens donc!

Nous devions, du reste, entendre quelques jours plus tard à Saint-Jean-sur-Erve ce même appel; et c'était bien un appel destiné à former et lier par la voix cette chaîne immense d'hommes qui marchaient dans la nuit et s'avançaient en ligne, malgré l'obstacle des fourrés de sapinières, vers le Tertre-Rouge.

Nous entendîmes tous cet appel sans nous l'expliquer alors; il causa parmi nous un certain émoi, mais cependant ne provoqua pas une crainte marquée; nous ne pouvions nous douter de ce qui se passait.

La nuit était venue, noire, épaisse, et nous entendions toujours des coups de feu isolés; ils venaient d'en face, tirés à une certaine distance ou des environs du Tertre-Rouge.

Sur notre gauche, silence profond.

CHAPITRE XI

La nuit du 11 au 12 janvier. — Le matin du 12 janvier. — La 4e en tirailleurs. — En retraite sur le Mans.

Avec la nuit, le froid de la journée déjà intense avait redoublé, nous étions transis, nous souffrions de la faim; depuis trois jours aucune distribution n'avait été faite, les vivres de réserve du sac, les petites provisions de la musette mangées sur le pouce étaient épuisées depuis longtemps, nous n'avions plus pour nous fournir de pain, de vin et d'eau-de-vie les innombrables mercantis, qui avant les hostilités encombraient les routes et le camp; ils avaient disparu aux premiers coups de fusil, telle une volée de moineaux.

On pourra se faire une idée de l'état d'esprit où se trouvaient les mobiles, en pensant que, sous une température glaciale, nous venions de passer deux nuits dehors, dans la neige, sans fermer l'œil, que les estomacs étaient vides, et que les émotions par lesquelles nous avions été secoués depuis vingt-quatre heures, jointes à la fatigue et au manque de sommeil, avaient amené chez nous un état fébrile; nous grelottions autant de la fièvre que du froid.

Epuisés moralement et physiquement et nous croyant toujours sur le point d'être menés au feu, un véritable énervement s'était emparé de nous.

Ainsi que la nuit précédente, c'était une nouvelle faction que nous devions monter jusqu'au matin.

Etendus à terre, derrière les faisceaux qui avaient été formés au milieu des sapins, les mobiles, la tête posée sur le sac, succombaient au besoin de dormir; l'imagination envahie par les plus pénibles pensées se laissait aller aux pires divagations; les quelques mots de conversation échangés avec les camarades n'étaient empreints que de découragement et de sombre tristesse.

Les sous-officiers avaient reçu l'ordre de veiller à ce que les hommes ne se laissent pas aller au sommeil ; il fallait les tenir éveillés en cas d'alerte. La recommandation était faite aussi avec l'intention d'éviter les congélations des extrémités ; il y eut cependant cette nuit-là quelques cas de pieds gelés ; les souliers, qui depuis trois jours baignaient dans la neige, prenaient l'eau comme des éponges ; malgré une lutte de tous les instants, les sergents et les caporaux ne pouvaient obtenir le résultat demandé.

Alors le commandant Simonard du 2e bataillon, dans le but d'essayer de combattre le sommeil, autant que pour dégourdir nos membres, nous autorisa à allumer des feux de bivouac en prenant toutes les précautions pour les dissimuler ; en quelques instants, des branchages sont réunis, les cercles se font autour des foyers et la flamme se montre éclairant des visages défaits. Mais soudain... pst... pst... les balles, sifflent à nos oreilles, il faut disperser les tisons et nous replonger dans l'obscurité.

A deux ou trois reprises, ce fut même jeu, les feux rallumés durent être éteints, l'ennemi plus rapproché qu'on ne le croyait nous surveillait. Des hommes de bonne volonté furent envoyés sur le front, quelques coups de fusil échangés, et défense expresse alors fut faite de chercher à rallumer les feux, qui révélaient trop notre emplacement.

En ce moment, une chose inexplicable pour nous se produisait : nous entendions siffler les balles, elles coupaient les branches au-dessus de nos têtes, ce n'était donc pas des hallucinations ; cependant nous ne percevions aucune détonation. Etait-ce la distance ou le vent du nord qui rabattait le bruit de la détonation déjà assourdie par la couche de neige ?

A notre droite, se trouvaient nos camarades du Loir-et-Cher. C'étaient des amis pour nous, nous ne nous étions pas quittés depuis le début de la campagne, faisant partie de la même division. Quelques-uns d'entre eux s'étaient approchés de nos feux dès qu'ils les avaient aperçus ; ils nous avaient appris que trois des leurs, à la nuit, s'étaient écartés dans la direction du Tertre-Rouge, en arrière de nos lignes ; ils allaient en toute assurance à travers les sapins à la recherche d'une habitation où ils pensaient avoir chance de trouver quelques provisions à acheter; ces trois hommes se heurtent tout à coup à une sentinelle prussienne, le cri : Werda! se fait entendre, suivi aussitôt d'un coup de feu. Un des mobiles atteint avait roulé à terre; les deux autres affolés prenaient leur course, rentraient hors d'haleine et racontaient au retour leur funeste rencontre.

Ce fut ainsi que nous apprîmes la prise du Tertre-Rouge.

Etait-il possible qu'une position pareille ait pû tomber en si peu de temps, et pour ainsi dire sans lutte. Placés où nous étions, à si petite distance, aucun bruit ressemblant à celui d'un combat ne s'était fait entendre. Rien n'était si vrai cependant, et la suite nous le prouva.

Cependant, accroupis à terre, serrés les uns contre les autres, la plupart des mobiles, la tête penchée sur l'épaule du voisin, succombaient au besoin de dormir. Un obus tombant près d'eux ne les aurait pas, je crois, fait sortir de leur léthargie. Nous étions tous incapables d'analyser la suite de nos idées, et à plus forte raison de nous rendre compte de la gravité des événements.

Tout à coup, un galop de cheval se fait entendre sur le chemin aux bœufs et s'arrête brusquement. Le cavalier s'avance vers nous demandant en hâte le colonel; il pouvait être onze heures; quelques instants après, nos officiers recevaient l'ordre de nous former en colonne d'attaque.

Tout le monde se relève, on ne pense plus au sommeil, la plupart des mobiles mal réveillés trébuchent aux premiers pas, et le bataillon se trouve bientôt en ligne dans le chemin aux bœufs.

Le commandant passe sur le front, puis nos officiers après nous avoir formés en sections de compagnies font mettre baïonnettes au canon.

Ma compagnie, la quatrième, dont c'était le tour de marcher, prit la tête du bataillon.

Mes souvenirs sont précis, je revis parfois en pensée ces instants tragiques.

Les compagnies étaient réduites à quatre-vingts hommes environ chacune, les sections se composaient donc d'une vingtaine d'hommes, c'est-à-dire de dix files qui tenaient la largeur du chemin, chacun de nos officiers était à la tête de sa section réglementaire, le sergent-major commandant la troisième.

Comme sergent, je me tenais à la droite de ma section qui était au premier rang; devant nous, M. Deforges notre lieutenant se montrait très décidé; il avait tiré son sabre dont il tenait la pointe appuyée sur le bout de sa botte, c'était sa manière habituelle, et là, ainsi qu'à l'exercice de chaque jour, il plaisantait encore et trouvait le moyen de dérider le front de ses hommes; près de lui était placé le clairon qui devait sonner la charge.

Notre capitaine, toujours brave et excellent homme, circulait dans nos rangs, surveillait son monde, s'assurant dans l'obscurité que les sacs étaient à hauteur voulue, les ceinturons suffisamment serrés et retenant les musettes sur la hanche de manière à ne pas gêner le mouvement des bras.

Tous ces préparatifs, dans la nuit, ne laissaient pas que de donner matière à réflexions. Après notre attitude passive de la nuit précédente dans la tranchée du Tertre de Changé, nous allions cette fois nous donner de l'air, du mouvement, vu la courte distance qui nous séparait du Tertre-Rouge, l'événement ne devait pas tarder.

L'ordre donné était de reprendre le Tertre-Rouge à la baïonnette; défense de tirer un coup de fusil; si nous abordions l'ennemi ce ne devait être qu'à l'arme blanche, afin disait le capitaine de pas tirer sur les camarades qui devaient marcher de différents côtés en même temps que nous sur la position.

« C'est un rude effort qu'on nous demande, ajoutait-il; allons, mes enfants, pensez à vos familles que vous défendez! Manceaux! du courage, après tout on ne meurt qu'une fois! »

Telles étaient ses paroles dans leur laconique énergie. Notre capitaine n'était pas orateur, il prêchait plutôt d'exemple.

Quant à moi, ma résolution était bien prise de ne pas bouder, je voulais être digne de mes galons de sergent, j'étais décidé à bander toutes mes forces et à faire mon devoir. J'avoue, cependant, que ce fut avec un véritable soulagement que, saisissant quelques mots échangés entre le capitaine et le lieutenant, j'entendis le premier qui expliquait que nous étions précédés dans notre mouvement par une première colonne d'attaque, qu'il s'agissait surtout de soutenir, et que nous ne venions qu'en seconde ligne; de là, la défense expresse de tirer.

Si l'on nous avait mis en marche de suite, je suis persuadé que les mobiles se seraient bien comportés et eussent fait leur devoir, comme ils l'avaient fait sur d'autres champs de bataille; mais on nous laissa piétiner la neige dans les fondrières du chemin aux bœufs, immobiles, l'arme au pied pendant deux heures; les ressorts auxquels nous avions fait appel se relâchèrent, l'effet stimulant du coup de fouet était tombé.

Sous l'empire du froid, de la fatigue, la démoralisation reprit le dessus ; et puis, il fut trop question entre nous des tranchées que nous connaissions tous, qui naturellement devaient être occupées par l'ennemi et d'où il faudrait le déloger.

Il y avait à peine trois quarts d'heure que nous étions sur le qui-vive, l'arme au pied, que déjà des défaillances se produisaient ; des hommes se laissaient tomber dans les fossés de chaque côté du chemin ; les paroles et les menaces ne servant à rien, les bourrades, les coups même furent employés par les sous-officiers, pour faire relever les malheureux, ce fut inutile.

La neige qui s'était remise à tomber saupoudra de ses flocons les corps inertes de ces hommes; ils étaient devenus insensibles à tout devoir, ils n'avaient même pas la volonté de se relever pour secouer la neige qui peu à peu les recouvrait.

Tristes exemples pour les gens de cœur qui se raidissaient en ce moment et faisaient un suprême appel à ce qui leur restait d'énergie.

Le général Deplanque passa devant nous, de nombreux officiers d'état-major passèrent et repassèrent, et ne purent faire que de pénibles constatations.

Bref, il y avait environ deux heures que nous étions debout dans le chemin aux bœufs quand le commandant Simonard reçut l'ordre de nous faire reprendre l'emplacement que nous occupions précédemment au-dessus, dans les sapins; l'attaque de vive force était décommandée.

Les faisceaux furent rétablis à nouveau et les mobiles, assis ou étendus à terre, attendirent le jour, pleins d'anxiété, sans feux, par une température sibérienne, qui les glaçait jusqu'aux moelles.

De temps à autre, les sous-officiers recevaient l'ordre de réveiller et faire lever les hommes, puis de reporter les faisceaux vingt pas en arrière, pour les ramener ensuite une heure plus tard sur le premier emplacement.

Ces mouvements s'exécutaient avec des gestes d'automates par des hommes qui semblaient en léthargie et inconscients de leurs actes, tellement ils succombaient sous le besoin de sommeil; d'autres, énervés, colères, lançaient au ciel de furieuses imprécations.

Cette nuit fut pour tous une nuit de damnés; elle nous fit voir et éprouver de la guerre toutes les misères, toutes les souffrances.

Au matin, dès qu'il fit assez clair pour distinguer ce qui se passait, nous jetâmes les yeux autour de nous. En face, le cirque de neige était désert, véritable solitude; au-delà, à la lisière des sapins, nul mouvement, tout était dans le calme; à droite, du côté du Tertre-Rouge, aucun bruit, rien qui put décéler la présence des allemands. Nous ne pouvions cependant regarder de ce côté qu'avec une certaine appréhension; de jeunes sapinières, formant de véritables fourrés de la hauteur d'un homme, pouvaient y dissimuler un ennemi embusqué, invisible et qui nous épiait.

A notre gauche, débouchaient par le chemin aux bœufs sur la route de Parigné des troupes d'infanterie et des mobiles qui refluaient en désordre sur le Mans.

Tout à coup, avant que le jour fut tout à fait levé, dans le calme du matin, un coup de canon retentit tiré du Tertre-Rouge. L'obus passa en grondant dans la direction de Pontlieue. Cette détonation nous donnait la preuve évidente que les Prussiens occupaient la position; ils appuyaient ainsi leur prise de possession.

Les détonations suivirent ensuite, sans relâche, avec un intervalle de quelques minutes entre chaque coup de canon, comme un glas monstrueux qui sonnait le deuil de la France.

Le premier obus était allé tomber si loin que nous n'avions pas entendu son éclatement ; en revanche, ceux qui suivirent, tirés pour la plupart dans notre direction, semblaient fouiller le terrain vers nos parages, chercher la route de Parigné couverte de la débandade.

Les projectiles, rasant parfois les grands sapins qui nous abritaient, en coupaient les hautes branches et allaient éclater en terre, cent ou deux cents pas plus loin, de l'autre côté de la route. Un de ces obus, mieux dirigé, ou plutôt une boîte à balles (mitraille) explosait au-dessus de nos têtes, nous faisant jeter à terre d'un mouvement instinctif et involontaire.

Un homme de la compagnie venait d'avoir le bras brisé au-dessus du poignet par le manchon de plomb du projectile.

Puis les deux pièces d'artillerie de la route de Parigné furent emmenées par leurs artilleurs. Ce départ précipité au trot des chevaux, se produisant au milieu des troupes qui battaient en retraite vers Le Mans, ne fit qu'augmenter le désordre qui régnait déjà et amena une sorte de panique sur la route.

Comme bien on pense, aucun de ces mouvements ne nous échappait, et ils n'étaient pas de nature à apporter le calme parmi nous.

Nos officiers s'efforçaient de tenir nos rangs à peu près alignés et y arrivaient difficilement.

Pour augmenter le désarroi, nous ne tardâmes pas à nous apercevoir que nous servions de cibles aux fusils prussiens. Une fusillade invisible partait en face sur main droite. Les détonations par suite de la distance arrivaient assourdies à nos oreilles, et une grêle de balles sifflait dans l'air. Elles passaient généralement un peu haut, avec un bruit prolongé et caressant comme celui de projectiles arrivés au bout de leur course ; quelques-unes cependant venaient frapper à hauteur d'homme les sapins, dans le tronc desquels elles s'enfonçaient, projetant les débris d'écorces.

Plusieurs hommes furent atteints ainsi dans le bataillon.

Un petit groupe passe devant nous, c'était le sergent-major Lepelletier, du 1er bataillon, faisant fonction d'adjudant, qui venait d'être mortellement blessé par une balle en allant porter un ordre sur notre droite, dans la direction du Tertre-Rouge; on l'emportait sur un brancard formé de quelques branches d'arbres.

L'ennemi était absolument invisible, c'était déconcertant. Si nous avions réfléchi, avec la connaissance du terrain que nous possédions, nous nous serions rendu compte que les allemands placés au fond de la vallée, au bas de l'éminence, ne nous voyaient pas plus que nous ne les voyions nous-mêmes, ils tiraient sur nous au jugé, en exécutant un tir plongeant, notre présence et l'emplacement que nous occupions ayant été dévoilés au cours de la nuit à leurs vedettes par nos feux de bivouacs.

Sur l'ordre du commandant Simonard, notre capitaine fit avancer sa compagnie et nous plaça derrière le talus du chemin ; là nous étions à l'abri et prêts à riposter quand le moment serait venu.

C'était du reste le tour de la compagnie de marcher en tirailleurs.

Il pouvait être environ neuf heures.

Ce fut le colonel qui vint en personne donner des instructions au capitaine Legoult. Celui-ci, le sabre nu à la main, prit ses dispositions, défendit de tirer avant son ordre et commanda : en tirailleurs, en avant !

Personne ne bouda, parmi ceux des mobiles qui durant la nuit s'étaient montrés les plus découragés ce fut le même élan.

Nous escaladons le talus et nous répandons dans l'espace découvert qui s'étendait devant nous.

Le déploiement de la compagnie se fit au pas de course, puis une fois les distances obtenues entre les tirailleurs, nous avançons hardiment, sans précipitation.

La marche était difficile sur ce terrain semé de fondrières, de trous recouverts de neige et où, croyant poser le pied sûrement, nous enfoncions jusqu'aux genoux.

Au bout d'une centaine de pas la déclivité du sol s'accentua brusquement, un immense espace tout blanc de neige, piqué çà et là d'arbres isolés s'étendait en contre-bas. Ce fut là seulement qu'il nous fut permis de nous rendre compte exactement de la configuration du sol et de la position occupée par l'ennemi.

En face, à deux ou trois cents pas, autant que le léger brouillard du matin nous permettait de voir, se présentaient des champs plantés de châtaigniers ou des vergers de pommiers ; puis au delà, les toits de quelques maisons de fermes espacées.

A gauche, un rideau de sapins longeait la route de Parigné ; puis à notre droite, tout au loin, bornant le paysage, s'étendait un épais rideau de sapinières qui se continuait ininterrompu formant un immense demi-cercle.

Dès que notre ligne eut commencé à descendre la pente, nous nous trouvâmes absolument à découvert, cible vivante, chacun de nous formant silhouette sur la blancheur de la neige et bien en vue des Prussiens qui nous en fournirent de suite la preuve en nous envoyant une décharge de leurs fusils... pst... pst... pan... pan...

Les balles sifflaient assez nombreuses venant toutes de la droite, et les têtes de rentrer dans les épaules, faisant aux projectiles le salut obligé.

Cependant la chaîne couvrant un espace de 150 à 200 pas continuait d'avancer lentement, après un instant d'hésitation vite réprimé, les hommes, le corps penché en avant, le doigt sur la gâchette du fusil, cherchant l'ennemi des yeux.

Un petit fossé à sec, ou plutôt une séparation de propriétés formant banquette se présente, les trois sections de droite trouvent le moyen de s'y loger, et de cet abri quelques balles sont d'abord envoyées au jugé pour tâter l'ennemi resté toujours invisible et qui maintenant avait cessé de tirer.

Les yeux fouillaient l'espace, plusieurs mobiles doués d'une bonne vue aperçurent deux ou trois silhouettes se détachant sur le fond noir des sapins à droite. Un instant s'écoula et chacun put apercevoir dans la même direction une douzaine de silhouettes nouvelles en mouvement, semblables aux premières, se montrant à la lisière du bois ; puis le groupe disparaissait soudain, se dissimulant très probablement derrière un talus qui formait la clôture de la sapinière.

Trois à quatre cents pas nous séparaient. De suite le feu s'engageait à la droite de la compagnie, chaque homme déchargeant son fusil sur les indications du capitaine qui désignait avec son sabre la direction du tir.

La droite de notre chaîne en avançant avait pu prendre vue derrière une petite butte ou plutôt un ressaut du terrain situé à une cinquantaine de pas en avant du fossé ; les hommes composant les premières files y aperçurent sur le versant opposé deux soldats prussiens couchés sur le dos, immobiles, leur fusil jeté à quelques pas d'eux.

Nos mobiles les prirent pour deux morts et ne jugèrent pas utile de leur envoyer quelques balles pour les tâter, obéissant au capitaine dont les ordres étaient de tirer plus loin dans les sapinières, ce dernier ne pouvant sans doute les apercevoir de l'endroit qu'il occupait.

Plus tard, nos mobiles en exprimèrent un vif regret. Dans leur esprit, ces deux allemands, deux vedettes, avaient usé d'une ruse de guerre en faisant le mort et personne ne douta que ces deux ennemis épargnés par nous furent peut-être les plus enragés à nous fusiller dans le dos l'instant d'après, quand nous battîmes en retraite.

Ma section occupait la gauche de la ligne, elle était toujours à découvert, le capitaine me fit dire d'appuyer le plus possible à gauche, de me rapprocher de la route de Parigné ; ce que je fis en élargissant la chaîne des tirailleurs.

Un bouquet de sapins, qui bordait la route, me donnait de l'inquiétude ; nous nous en rapprochions cependant à bonne allure, aucune balle ne venait de ce côté.

J'étais sur le point de faire ouvrir le feu par ma section sur ces arbres avant de les atteindre, afin d'en avoir le cœur net, quand je vis sortir du fourré un lieutenant de la ligne qui agitait son mouchoir et me faisait, par de grands gestes, signe de venir à lui.

L'endroit qu'il occupait avec ses lignards était en bas de la côte des Fermes. Il avait une vingtaine d'hommes déployés en tirailleurs perpendiculairement à la route. Ces hommes étaient dissimulés dans les sapins, couchés à terre, ayant vue sur la route, leurs sacs déposés devant eux et le fusil à l'épaule, prêts à tirer.

Le lieutenant, qui me sembla très énergique, parut heureux du renfort qui lui arrivait; les hommes, eux aussi, nous regardaient avec satisfaction; il me fit prolonger, par ma section, la chaîne de ses tirailleurs qui se trouvait de cette façon reliée en quelque sorte avec celle formée par les nôtres.

Du fossé où elle se tenait, ma compagnie bien postée tiraillait assez mollement, visant les sapinières. Elle devait tirer à une distance de 250 mètres environ, autant qu'il était possible de faire une évaluation des distances sur ce linceul de neige dont la blancheur aveuglait. Elle envoyait ses balles par dessus les têtes des deux prétendus morts dans la profondeur des sapinières.

Quant à ma section, qui n'avait aperçu aucun ennemi devant elle, quelques cartouches seulement y furent brûlées, un peu au hasard, il faut le dire.

Combien de temps dura ce court engagement? Une demiheure peut-être. Il ne nous avait du reste causé aucune perte.

Après une courte fusillade, le feu des Prussiens avait cessé presque tout de suite.

C'était un piège, expliquait plus tard notre capitaine. Ils voulaient nous laisser avancer le plus possible sur le terrain découvert que nous occupions, afin de nous mieux fusiller lorsque nous aurions battu en retraite; et derrière les quelques hommes mis en avant, il devait s'en trouver un plus grand nombre dissimulés dans les sapinières, que notre capitaine nous avait données comme but de tir.

Le capitaine Legoult jugeant avoir exécuté la mission reçue, qui était de tenir le temps nécessaire pour que le régiment put se donner de l'air, lui permettre de se dégager des sapins, et battre en retraite sur Le Mans, donna ordre de nous replier.

A peine avions-nous commencé le mouvement de retraite que les allemands ouvrirent le feu sur nous. Cependant, le mouvement se fit sans trop de précipitation, malgré la poursuite que nous donnaient les balles prussiennes, et tout en reculant, nous faisions volte-face pour riposter, le temps de nous donner la satisfaction de décharger nos fusils.

Les lignards, eux, tenaient toujours dans leur fourré, bien dissimulés, sans faire feu. Je m'éloignais d'eux en me faisant le reproche de les abandonner, et aujourd'hui encore, en me demandant quel fut le sort de ces vingt braves, je ne puis y songer sans éprouver un serrement de cœur.

Quand nous fûmes arrivés à l'emplacement où nous avions laissé les nôtres, nous ne trouvâmes plus personne; cela nous fit froid au cœur.

Nous prîmes alors la route de Parigné, où nous ne rencontrions que des fuyards isolés. Précisément les canons du Tertre-Rouge tiraient alors à coups précipités. Les obus déchiraient l'air au-dessus de nos têtes et allaient tomber à gauche et à droite de la route, brisant les sapins, ou bien éclatant dans les champs labourés ponctuaient de trous noirs en éventail la couche uniforme de neige.

Ma compagnie retenue par notre capitaine, qui exigeait impérieusement l'ordre dans les rangs, marchait à une allure modérée. Au fur et à mesure que nous approchions du faubourg, l'encombrement se manifestait de plus en plus; arrivés à la place de la Lune, croisement des routes de Parigné, de Tours, d'Angers et d'Arnage, l'encombrement était devenu une cohue. De ces dernières routes descendaient pêle-mêle des soldats de toutes armes, des voitures, des caissons, c'était un remous, au milieu duquel il était devenu impossible d'avancer.

Toute cette masse refluait en désordre vers le pont de l'Huisne, aux approches duquel la presse était telle qu'il en était résulté un arrêt complet.

Une petite partie du régiment, les compagnies de tête, avaient cependant pu réussir à passer le pont.

On sait qu'il existe à droite, en contre-bas du remblai qui mène au pont actuel, une ancienne voie qui conduisait autrefois au vieux pont de Pontlieue, dont il ne reste plus que six arches de pierre. C'était encore, en 1871, ce passage qui desservait le moulin établi à cet endroit sur l'Huisne.

Presque tout le bataillon fut engagé dans cette issue. Nous y avions rejoint nos camarades, et bientôt les premiers rangs des mobiles pénétraient dans le moulin et par d'étroits passages, resserrés, difficiles, où l'on ne pouvait avancer qu'un à un, à la queue leu leu, nous débouchons enfin sur l'autre rive.

Ce vieux pont, jadis détruit en partie pour empêcher l'entrée de la ville aux Vendéens en 1793, voyait aujourd'hui l'armée française utiliser ses ruines pour battre en retraite, échapper aux étreintes des Allemands.

Après la guerre civile, la guerre étrangère!

Je ne pus m'empêcher de me reporter quatre-vingts ans en arrière et de me faire cette réflexion : comme l'histoire se répète, et comme certains lieux ont une destinée historique et fatale!

Nos officiers jugèrent inutile de chercher à nous engager sur l'avenue de Pontlieue pour augmenter le désarroi qui y régnait; nous contournâmes l'église Saint-Martin et atteignîmes par des rues parallèles la place de la Mission.

A cet endroit, l'encombrement était inouï. Un long convoi de voitures d'approvisionnement était engagé dans la rue Basse, pêle-mêle avec les caissons, l'artillerie et les troupes débandées.

Dans cette cohue indescriptible, un spectacle me frappa au passage; c'était sur la place de la Mission, au milieu de cette mêlée humaine, une compagnie de gendarmes rangée dans l'ordre le plus parfait, l'arme au pied. Ces braves gens, impassibles, laissaient passer le torrent et se préparaient à disputer l'entrée de la ville à nos vainqueurs.

Quel contraste entre cette troupe disciplinée, bien aux mains de ses chefs et la débandade générale!

Sur la place de la Mission se trouvait une batterie de nouvelles pièces de bronze se chargeant par la culasse, dont on semblait ne pas s'occuper, qui n'était même pas attelée; qu'est devenue cette batterie? a-t-on pu l'évacuer à temps?

Mêlés à la cohue lamentable des troupiers, aux uniformes sales, maculés de boue, qui remontait la rue Basse, nous suivîmes le flot humain.

Nous allions baissant la tête, harassés, honteux, ne sachant que répondre aux habitants arrêtés sur les trottoirs qui nous interrogeaient au passage, et qui ne se doutaient pas que quelques heures plus tard, ils auraient devant eux les casques à pointes.

Une fusillade lointaine et le canon se faisaient entendre vers les emplacements que nous occupions le matin, et des obus tombaient avec fracas dans la direction de la gare sur notre gauche.

Des gendarmes postés au coin de toutes les rues transversales barraient impitoyablement le passage à tout soldat voulant s'écarter à gauche ou à droite. Je cherchais à me diriger vers la demeure de mon oncle Cossonneau, où je voulais retrouver et revoir ma sœur, mais ce ne fut pas sans peine que je réussis à trouver une issue qui me permit de braver la consigne.

Les magasins à l'intérieur de la ville commençaient à se fermer, les rues étaient encombrées par une multitude de soldats débandés qui circulaient en tous sens, piétinant dans la boue et la neige.

Enfin j'arrivai...

L'inquiétude était grande chez les miens. Depuis la veille surtout ils étaient dans les transes sachant que les affaires tournaient mal. Ils se multiplièrent pour m'entourer de soins de toute sorte.

Littéralement rompu de fatigue, je m'assis devant une table servie auprès d'une cheminée. Mais quoiqu'on m'offrit pour me restaurer, et j'en avais pourtant fortement besoin, je suppliai qu'on me laissât fermer les yeux et dormir quelques instants ; le besoin de dormir devait passer avant celui de manger : il me terrassait.

Un sommeil de plomb s'empara de moi sur la chaise où j'étais incommodément assis.

Au bout d'une heure, on me secoua pour me réveiller.

J'abrège ici... les souvenirs me sont trop pénibles ; il fallait repartir.

Ma pauvre sœur en me faisant ses adieux me glissa quelques louis, à peu près tout ce qu'elle possédait, pour garnir ma bourse. Une dernière fois je l'embrassai et la séparation eut lieu.

Quand pourrions-nous nous revoir ?

Quelles sombres pensées! quels soucis!

Je devais abandonner ceux que j'avais de plus chers, abandonner ma ville natale, en un mot, abandonner tous les miens, qui demain peut-être subiraient les exactions et les insolences d'un ennemi vainqueur!

Ah! ne pas avoir su défendre son foyer!

. . . .

Il était midi à l'horloge de la halle.

Le temps était sombre, absolument triste, les rues avaient un aspect lugubre. Les soldats en troupeaux roulaient d'un pas pesant, sans mot dire, du côté indiqué pour la retraite, vers la route de Laval.

Je pris la rue Saint-Louis, encombrée dans toute sa largeur par un convoi qui se trouvait immobilisé.

Du haut de la rue, on n'apercevait en contre-bas, dans son prolongement, que des bâches de voitures innombrables, recouvertes de neige, serrées les unes contre les autres sur deux ou trois rangs. En tête, plusieurs chevaux, rosses efflanquées, fourbues, s'étaient abattus à la descente et ne se relevaient pas, malgré les coups de fouet des conducteurs. Il en résultait un arrêt pour toutes les voitures qui venaient à la suite, et un encombrement général pour les piétons.

Evitant le pont Napoléon, passant par le pont Perrin où l'on circulait plus facilement, puis gagnant la rue Montoise, j'arrivai à la place de la Croix-d'or; là je retrouvai un groupe de camarades avec des officiers; il y avait des hommes des divers bataillons; puis on prit la route de Laval.

Arrivé à la hauteur du passage du chemin de fer, notre groupe s'arrêta une heure environ, pendant laquelle de nombreux trains passèrent sous nos yeux fuyant vers la Bretagne. Cet arrêt nous permit de rallier un certain nombre de mobiles égarés parmi les troupes qui défilaient en désordre devant nous.

Nos officiers attendaient, paraît-il, un ordre probable de nous diriger sur les hauteurs de Saint-Georges, d'où nous devions reprendre le combat et où, disait-on, se concentrait de l'artillerie. De braves habitants du Mans, doués d'un optimisme robuste, se faisant l'écho d'une rumeur fantaisiste, ne nous avaient-ils pas déjà expliqué notre retraite comme un mouvement stratégique !

Je cite ce souvenir sans y apporter le moindre commentaire.

De l'emplacement élevé où nous nous trouvions, nous entendions par delà le coteau sur lequel s'ét ae la vieille cité mancelle, et que le demi-brouillard nous masquait, le bruit d'une fusillade qui se produisait entre nos vainqueurs et les derniers défenseurs de la ville, nous avions le cœur serré.

Puis un dernier flot de soldats débandés : lignards, chasseurs, mobiles, artilleurs, tel un troupeau bigarré, reflua dans notre direction et nous dépassa. Nos officiers alors, nous firent suivre le mouvement de la retraite sur la route de Laval, qui se déroulait pareil à un grand sillon noir au milieu de la campagne recouverte de neige.

Il faisait presque nuit quand nous arrivâmes à la hauteur de Trangé ; on s'engagea à droite par un petit sentier à travers un bois de sapins au bout duquel nous aperçûmes les ruisseaux gelés et les pelouses blanches du château de la Groirie, dont toutes les fenêtres étaient éclairées.

Les mobiles du 33e se groupèrent. Nous représentions environ deux compagnies. On nous fit cantonner, partie dans les écuries et les remises du château, le surplus dans les bâtiments de la ferme.

Après une journée doublement pénible comme celle qui s'achevait, ayant le couvert, nous étendions avec satisfaction nos membres brisés sur la paille dont nous étions largement pourvus ; puis, malgré notre tristesse, les conditions d'esprit où nous nous trouvions, malgré l'absence de souper, notre jeunesse fut bientôt terrassée par le sommeil.

Nous dormions donc à poings fermés, oubliant nos peines, nos fatigues, nos misères passées et celles qui nous attendaient, quand dans la nuit noire nous sommes réveillés en sursaut par des coups frappés violemment aux portes, et les cris : Alerte ! alerte !.. Sac au dos !

Il était à peine quatre heures du matin, plusieurs heures nous séparaient encore de la venue du jour et, fusil sur l'épaule, nous reprenions dans l'obscurité la marche de la retraite par de petits chemins détournés, abominables de boue.

Au jour, nous arrivions à Chauffour, où nous retrouvions le gros du régiment.

CHAPITRE XII

Journée du 13 janvier. — L'incident de Joué-en-Charnie. — La nuit du 14 au 15 janvier. — *Combat de Saint-Jean-sur-Erve* (15 janvier 1871).

Les compagnies se reformèrent tant bien que mal, puis nous vîmes arriver plusieurs voitures du convoi. Bon ! disons-nous, ce sont des vivres, on a pensé à nous, nous allons avoir quelque chose à nous mettre sous la dent... La distribution se composa de paquets de cartouches, dont nous ne manquions pourtant pas, n'en ayant que peu brûlé ces derniers jours.

Alignés sur le côté de la route, nous laissons passer, activés par la gendarmerie, tous les groupes de soldats qui restaient en arrière, et au moment de nous mettre en marche, nous apprenons que nous formions l'arrière-garde.

Derrière nous ne venait plus qu'un peloton de chasseurs à cheval, commandé par un capitaine de cavalerie appartenant à l'état-major. Ce capitaine, reconnaissable à sa pelisse bleue d'une nuance particulière était pour nous une vieille connaissance. Il s'était toujours montré d'une rare énergie. Aujourd'hui, il avait pour mission de presser les traînards et tenir son peloton en contact avec les uhlans lancés à la poursuite de notre malheureuse armée.

Nous marchons toute la journée sur la route de Laval, traversant successivement Coulans, Brains, pour ne nous arrêter qu'aux environs de Chassillé, à la nuit noire.

Là, nous devons passer la nuit sur la route, au bas d'une côte, dans un fond ; les faisceaux et les feux de bivouac sont installés sur les berges.

Presque en face de l'emplacement de ma compagnie, se trouvait une petite maison de ferme, pauvre, misérable, où s'était installé un général, dont je ne me souviens pas le nom, il y recevait à chaque moment des estafettes. Un factionnaire était à la porte.

Aucun de nous n'osait approcher, encore moins pénétrer dans cette maison, la croyant entièrement occupée par le général, ses officiers d'ordonnance et les plantons.

Cependant, la pensée d'une nuit à passer dehors ne me réjouissait qu'à demi. Je souffrais de la poitrine, une toux opiniâtre me secouait de la tête aux pieds : j'avais cela de commun avec presque tous les camarades.

M'enhardissant, à la faveur des ténèbres, je contournai la maison et découvris par derrière, donnant sur les champs, une petite écurie dont je poussai la porte. Il y faisait noir comme dans un four. A la lueur d'une allumette, j'aperçus à l'intérieur un cheval attaché au ratelier et, presque sous les pieds de l'animal, deux hommes couchés à terre.

L'un de ceux-ci me reconnaissant de suite, m'appela par mon nom, et m'offrit malgré le peu d'emplacement de partager le gîte.

C'était un sous-officier de la 2e compagnie, un vieux camarade d'école, mon ami Constant Foucault : « Installes-toi près de moi, et dors tranquille, ne crains rien », me dit-il, « si le « régiment décampe avant le jour, nous en serons informés « par des hommes de ma compagnie qui me savent ici ; dor- « mons et reposons-nous ; puisque l'occasion se présente, il « faut savoir la prendre aux cheveux ».

Le second hôte, un mobile breton, ne parlait pas français, nous ne comprenions rien de son langage.

La pièce était exiguë, le cheval en occupait une grande part. C'était une bonne bête, qui se rangea docilement au long du mur, se contentant de nous réveiller de temps à autre, par ses mouvements et ses hennissements.

Réunis sous la même couverture, nous passâmes, mon ami Foucault et moi, une assez bonne nuit, tandis que les autres restèrent jusqu'au matin exposés au vent, au froid, à la neige, sur la route.

Nous ne quittâmes cet abri tutélaire qu'au jour, pour rejoindre nos compagnies qui occupèrent toute la matinée le même emplacement. en armes, sur le qui-vive, prêtes à marcher au premier signal.

Ce ne fut que vers le milieu de la journée que l'on nous fit rétrograder quelques kilomètres en arrière, au-delà du village de Chassillé.

Nouvel arrêt sac au dos sur la route, pendant lequel nous entendîmes un engagement de mousqueterie assez violent, auquel le canon se mêla, et qui devait avoir lieu dans les environs de l'endroit où nous avions passé la nuit. Il dura à peu près trois quarts d'heure, plusieurs obus vinrent tomber dans nos parages, au milieu des champs.

L'affaire terminée, nous reprenions le mouvement de retraite qui nous rapprochait de Joué-en-Charnie.

Quoique la distance à parcourir fût très courte, il faisait déjà sombre quand nous atteignîmes ce village, après avoir gravi une côte plus escarpée que les autres, au haut de laquelle les habitations sont rassemblées sur la gauche autour du clocher.

Le régiment reçoit l'ordre, c'était maintenant la coutume, de bivouaquer sur la route, auprès de nos amis du 37e de marche.

Quelques compagnies cependant sont amenées au village, la 4e était du nombre; bonne affaire, pensons-nous, c'est pour cantonner.

Le bourg sans aucune lumière était lugubre, avec toutes les portes et les fenêtres de ses maisons hermétiquement closes. Nous débouchons à un carrefour, où se trouvait un groupe de cavaliers qui avaient mis pied à terre et tenaient leurs montures par la bride.

Nous reconnaissons la silhouette à cheval du fameux capitaine bleu, qui dominait les têtes. Une discussion avait lieu, le capitaine gesticulait et s'exprimait sur un ton menaçant et irrité. Tout à coup une voix déchirante répondait à la sienne, clamant sur une note aiguë : grâce !.., grâce ! mon capitaine !...

C'était un des chasseurs du peloton, debout à terre, qui étendait des bras suppliants vers son chef. Celui-ci avait retiré un revolver de ses fontes, et froidement en tirait à bout portant deux coups précipités dans la poitrine du malheureux, qui roulait à terre poussant des gémissements inarticulés.

Les camarades de la victime nous apprirent qu'à plusieurs reprises déjà, dans la journée, ce mauvais soldat étant ivre avait injurié son capitaine, et l'avait insolemment prévenu que son intention bien arrêtée était de déserter dès que l'occasion s'en présenterait. Une dernière incartade venait de se produire en arrivant à Joué, et l'officier menacé, injurié à nouveau, n'avait pas hésité à sévir.

Sur le coup nous avions tous été profondément indignés et secoués d'émotion, et maudissions la barbarie de cette exécution sommaire.

A trente ans de distance, nous mesurons autrement la conduite de cet officier, chargé d'une consigne qui devenait inexorable dans les circonstances où nous nous trouvions.

Hélas! en temps de guerre il faut des exemples pour le maintien de la discipline, et celui-là, quoique cruel, était nécessaire, il faut bien l'avouer.

Cependant, dans la suite, après l'événement, nous ne pouvions apercevoir l'officier bleu sans avoir une malédiction pour lui.

Déjà nous venions d'être fâcheusement impressionnés par un de ces accidents trop fréquents avec les armes à feu. Quelques instants auparavant, nous avions laissé sur la route le 37e qui y installait son bivouac; les troupiers étaient groupés en cercle autour des feux, quand un des leurs, maniant son fusil avec l'intention, paraît-il, de le nettoyer, oublia que son arme était encore chargée. Le coup partit, la balle alla percer de part en part le soldat placé vis-à-vis. Pendant qu'on emportait ce dernier inanimé, l'auteur de la maladresse, fou de douleur, voulait se tuer à son tour, et ses voisins avaient dû lutter avec lui pour lui arracher son fusil.

Ces deux tristes incidents, dans l'état d'esprit dû à la fatigue, à l'épuisement moral autant que physique où nous nous trouvions, nous avaient fortement impressionnés.

Un officier supérieur nous dirigea vers les jardins qui entourent le bourg sur le versant à l'est, c'est-à-dire du côté où l'ennemi pouvait se présenter, puis on nous aligna derrière les buissons, les haies, dans les fossés, de manière à nous dissimuler.

De l'endroit que nous occupions, nous dominions la grande route en biais, à courte portée, et un vallon tout blanc de neige se déployait sous nos pieds. La position était des mieux choisie ; au cas où l'ennemi se serait avancé par la route ou aurait tenté l'escalade de Joué, nous l'aurions fusillé de première main.

La nuit était venue sur ces entrefaites, noire, brumeuse. Accroupis dans notre embuscade, un froid atroce nous engourdissait; défense de rompre le silence, d'allumer pipes ou cigarettes.

Nous restâmes ainsi en faction deux mortelles heures, dans la neige, sans qu'aucun incident se produisit.

Enfin, grâce à Dieu, nous fûmes relevés, et donnant leurs ordres à voix basse, nos officiers nous ramenèrent dans l'intérieur du bourg où nous étions maintenant autorisés à cantonner; mais comme je l'ai dit, toutes les habitations étaient fermées et vides.

Saisis de panique, les habitants qui avaient entendu le canon de la veille à Chassillé avaient pris la fuite, abandonnant tout ce qu'ils possédaient, dans la crainte des obus ou d'un combe possible chez eux.

Après avoir heurté vainement un certain nombre de portes et de contrevents, le capitaine Legoult avisant une maison sans volets me donna l'ordre d'enfoncer un carreau avec la crosse de mon fusil, et de faire jouer l'espagnolette. Ce fut vite fait ; enjambant la fenêtre un instant après j'étais à l'intérieur, puis ouvrant aux camarades, nous étions enfin abrités dans un immeuble veuf de ses habitants.

La réserve de chauffage fut découverte, et les fagots flambèrent dans la vaste cheminée autour de laquelle nous nous pressions confusément, chacun ouvrant des yeux heureux à cette flamme brillante et réjouissante qui faisait danser nos ombres sur les murs, et dont la chaleur, en même temps qu'elle dégourdissait nos membres, soulevait une buée épaisse de nos capotes saturées d'humidité.

Ce furent quelques instants d'un véritable bien-être qui, hélas ! dura trop peu ; à peine nous étions nous laissés aller au sommeil, accroupis les uns contre les autres qu'il fallait reprendre notre marche interminable, nous replonger dans la boue, la neige, au milieu de l'obscurité profonde, par des chemins exécrables.

Après avoir atteint la forêt de la Charnie, nous marchâmes près d'une heure, le plus souvent à la file indienne, par des sentiers étroits, abruptes, obligés de repousser de la main les branchages chargés de neige qui nous fouettaient le visage, et où nous glissions malgré nous aux descentes sur la terre grasse, entraînés par le poids du sac et du fusil.

Arrivés à une clairière, le cri : halte là ! qui vive ?... nous fit dresser l'oreille : on se reconnut de part et d'autre ; c'étaient des cuirassiers en vedette. Ils manifestèrent à notre vue leur étonnement, on leur avait dit en les postant à cet endroit qu'il n'y avait plus après eux aucun soldat français ; le bruit de notre marche qu'ils percevaient depuis quelque temps dans le calme de la nuit, et qui leur faisait supposer l'approche d'une troupe allemande, semblait avoir fortement alarmé ces cavaliers.

Un temps de marche, puis nous passons près de grands bâtiments de ferme disposés en carré, au milieu desquels brûlait un brasier entouré de soldats ; le groupe dont je faisais partie y pénétra.

Les fermiers distribuaient du cidre au passage, ils avaient tué un certain nombre d'oies (que l'on élève en grande quantité dans le pays), dont les membres dépécés cuisaient au-dessus du brasier dans une chaudière en fonte, la même probablement qui servait tout les jours pour préparer la pitance des animaux : veaux, vaches, ou porcs... nous n'y regardions pas de si près, trop heureux de rencontrer ces braves gens qui nous en donnèrent pour notre argent.

Ensuite, nous pénétrons dans une grange qui regorgeait déjà de soldats endormis, et nous asseyons dans un coin sans prendre la peine de retirer le sac de dessus les épaules ; l'abri semblait bon, nous étions sur le point de succomber au sommeil, quand soudain des voix se font entendre vibrantes, énergiques ! Alerte !... debout !... en route !... criait-on à l'entrée de la grange.

D'un geste d'automate je me relevai et, saisissant mon fusil que j'avais conservé entre mes jambes, je me retrouvai dans la cour.

Deux brigadiers de hussards étaient là, tout droits sur leurs étriers ; la lame de leur sabre nu qu'ils tenaient au poing brillait, éclairée par les lueurs du brasier qui flambait toujours. C'étaient deux vedettes d'arrière-garde. Chargés de repousser devant eux les traînards, ils fouillaient les maisons de la route.

Ces hussards hâtaient notre départ en disant que les uhlans prussiens les suivaient à quelques cents mètres en arrière, qu'il n'y avait pas un instant à perdre.

Nous avions retrouvé des jambes. Enfin nous atteignons Saint-Denis-d'Orques, où nous faisons une halte pour rallier les retardataires, les égarés, et nous engageons ensuite sur une route meilleure. Mais il se produisait à chaque instant de courts arrêts qui favorisaient singulièrement l'émiettement de ce qui restait des compagnies. Tout au plus, deci, delà, existait-il dans cette cohue quelques noyaux d'hommes ralliés autour de leurs officiers ; l'obscurité du reste était si épaisse, que l'on n'y voyait goutte à quinze pas devant soi.

Dans le brouillard du matin, le jour naissant nous vit nous traîner péniblement, escaladant côtes après côtes sur la route accidentée, défoncée, et rompue par le génie en certains endroits. Enfin du sommet de la dernière côte nous apercevons, à un kilomètre environ, un village assis sur le coteau escarpé situé en face et qui semblait barrer le passage.

Nous descendons la route au bas de laquelle nous retrouvons une partie du régiment au bivouac. Ils se morfondaient nos amis, l'entrée du village leur étant consignée.

Une distribution de vivres cependant avait eu lieu, la soupe cuisait et le café se préparait en plein air.

Un pont d'une seule arche, sous lequel coulait en grondant un gros ruisseau débordé, nous séparait de ce village qui avait nom Saint-Jean ; le ruisseau c'était l'Erve.

De l'autre côté du pont se trouvait une place bordée de maisons aux façades blanches et d'auberges dont les enseignes alléchantes nous attiraient. A gauche une église neuve, d'où partait un chemin qui suivait le cours de l'Erve dans le vallon au bas de l'escarpement du coteau.

Sur la place, il y avait une foule de cavaliers et d'artilleurs. Ces derniers les plus nombreux, nous les voyions sortir réjouis des auberges, portant des bouteilles et des victuailles.

Et nous de maugréer contre ce nouveau supplice de Tantale infligé à nos misères.

Des groupes de retardataires peu à peu rappliquaient, descendant la route que nous avions suivie nous-mêmes, de sorte que les compagnies se reformaient et avaient à peu près recouvré leurs maigres effectifs.

Tout à coup, un certain tumulte se produit sur la place, nous voyons plusieurs officiers supérieurs sortir précipitamment des auberges où ils se tenaient, donner autour d'eux des ordres, monter à cheval ; nos chefs à leur tour accourent de notre côté.

Nous remettons le sac au dos, les faisceaux sont rompus, la colonne est de suite reformée, et vivement on nous fait franchir le pont pour prendre le petit chemin qui passe devant l'église. Alors le régiment s'engage sur la gauche de Saint-Jean dans un sentier escarpé, encaissé, dont l'ascension se fait difficilement, étant donnée la raideur de la pente à gravir.

Laissant à droite le cimetière, nous atteignons la crête du coteau d'où nous dominons Saint-Jean et tous les environs, vaste panorama recouvert de neige ; puis, nous éloignant du village, nous prenons un chemin creux bordé de chaque côté de talus élevés recouverts d'une haie forte et touffue, et qui semblait suivre la crête dans son étendue.

Notre colonne est un moment coupée pour livrer le passage à une batterie de pièces de quatre qui arrivaient de Saint-Jean non sans peine, je ne sais trop par où, à travers champs, car le chemin que nous avions suivi pour venir au point où nous étions, était absolument impraticable au matériel d'artillerie.

La batterie s'arrêta dans le chemin creux, où quatre pièces s'établirent.

C'est à ce moment que l'amiral Jauréguiberry rejoignit le régiment avec plusieurs officiers de son état-major. Mettant pied à terre, il fit quitter le chemin creux à quatre compagnies du 2e bataillon, les conduisit lui-même sur l'emplacement qu'il voulait leur voir occuper, puis il répandit notre troupe, environ deux cents hommes, en une longue ligne de tirailleurs, rapprochés presque coudes à coudes, sur le flanc du coteau, à peu près à mi-côte, parallèlement au chemin creux, dont nous étions éloignés d'une cinquantaine de pas tout au plus. Le reste du bataillon demeura en arrière de la batterie, en soutien, les deux autres bataillons étaient placés en arrière et au-dessus du bourg de Saint-Jean, en partie dans le cimetière.

Maintenant, tournés face à l'ennemi, nous formions la droite de la ligne de défense et avions Saint-Jean à notre gauche.

Nous occupions un champ laissé en guéret depuis la dernière récolte, probablement faute de bras, et qu'une neige immaculée recouvrait.

Tournant la tête en arrière, nous pouvions voir les canonniers et les soldats du génie qui, armés de pioches, attaquaient le talus du chemin où s'abritait la batterie ; ils creusaient des embrasures dans lesquelles bientôt surgirent les gueules des quatre pièces de bronze, devant lesquelles nous formions un rempart humain ; les hommes, les chevaux et les caissons se trouvaient parfaitement dissimulés.

Devant nous, au premier plan, la déclivité du terrain sur lequel nous nous trouvions s'abaissait brusquement à pic vers la rivière qui coulait tout proche, mais que nous n'apercevions pas.

Au-delà, sur l'autre rive, le relèvement du sol se produisait moins brusque, en un pente plus prolongée que de notre côté, et s'étendait recouvert jusqu'au sommet d'un réseau de haies, de fossés dessinant les champs et les vergers, pareils aux cases blanches d'un damier aux formes et dimensions variées.

Ce paysage d'hiver respirait vraiment le calme, malgré les

préparatifs fiévreux de défense qui se faisaient à cinquante pas de nous, en arrière.

Cette apparence de tranquillité ne devait pas durer longtemps, l'ennemi dissimulé se préparait à l'attaque.

En effet, au moment où nous y pensions le moins, une détonation brutale, un coup de canon répercuté longuement par les échos du vallon se fit entendre au loin, et un obus vint éclater dans le bourg de Saint-Jean, comme un avertissement, ou un « garde à vous » formidable.

Trois cents mètres environ nous séparaient du pont à l'entrée du village. La grande route se prolongeait en avant en une ligne droite remontant le coteau. Dans cette direction, rien ne venait gêner notre vue, aucun mouvement ne pouvait nous échapper.

D'abord, ce fut une compagnie de ligne qui traversa le pont, puis se dispersa en tirailleurs de chaque côté de la route. Les fantassins postés derrière les tas de cailloux ou dans les fossés ouvrirent le feu. On pouvait compter leurs coups de fusil peu nombreux. Mais la riposte s'étant produite du haut de la route, de suite la fusillade prit une certaine intensité.

De l'autre côté du village, sur le prolongement du coteau, d'où l'on découvrait probablement l'ennemi à bonne portée, la fusillade s'engagea à son tour, vive, pressée, pareille à un crépitement continu, auquel le canon faisait un accompagnement formidable.

Pendant un certain temps, le combat sembla se porter uniquement sur la gauche. Nos regards attirés de ce côté négligeaient le coteau qui nous faisait face, quand soudain du sommet un éclair jaillit suivi d'un nuage de fumée et, avec la détonation, le grondement maussade d'un obus se fit entendre au-dessus de nos têtes ; ce premier projectile alla éclater en arrière de notre artillerie.

La réponse fut immédiate, une à une et à des intervalles égaux, précis, les embrasures du chemin creux s'enflammèrent ; les coups de nos pièces tirées si près déchiraient nos tympans, pendant que la fumée âcre arrivait jusqu'à nous.

Le duel entre l'artillerie que nous soutenions et les pièces allemandes placées sur la hauteur en face, à une distance de douze cents mètres, était commencé. Sans autre abri qu'une haie chétive au-devant d'une fraction de notre ligne de tirailleurs, l'autre fraction complètement à découvert, couchés dans la neige pendant un temps qui nous sembla bien long, c'est-à-dire la plus grande partie de l'après-midi, des centaines d'obus se croisèrent au-dessus de nos têtes. Nous apercevions parfaitement le jet de feu des pièces allemandes avant d'entendre la détonation, et l'obus passait brutalement, allant chercher les artilleurs, enlevant parfois des quartiers du talus protecteur, ou bien venant s'abattre autour de notre ligne de tirailleurs, creusait un trou, et lançait en éventail la terre et le gravier avec un vacarme épouvantable.

A différentes reprises, nous fûmes les uns et les autres recouverts de cette terre projetée ; cependant il y eût peu d'hommes blessés par les éclats. (Me trouvant sur ces mêmes lieux deux ou trois années après la guerre, je recueillais presque à chaque pas des éclats d'obus dans cette terre fouillée alors par la charrue).

Heureusement, les journées sont courtes dans la saison où nous nous trouvions ; celle-ci, cependant, nous parût interminable.

De notre côté, le feu de l'artillerie diminua d'intensité vers le soir, tandis qu'au-delà de Saint-Jean, le vacarme du combat augmenta encore quand vint le déclin du jour.

Les mitrailleuses, qui dans le courant de l'après-midi s'étaient fait entendre par intermittence, maintenant semblaient jouer le principal rôle. A la nuit tombante, leurs craquements sinistres qui s'élevaient avec des « crescendo » d'ouragan, répétés par les échos, se succédaient sans relâche, tandis que les rafales de leurs balles innombrables sifflaient comme des milliers de vipères invisibles répandues dans les airs au-dessus du vallon de l'Erve.

Avant la nuit, quelques balles nous furent envoyées de l'autre côté de la rivière. Nous aurions voulu riposter, brûler pour notre satisfaction quelques cartouches, nos chefs s'y opposèrent ; du reste l'ennemi ne se montrait pas, il restait sournoisement dissimulé.

Dans le même laps de temps, à notre droite, sur le prolongement de notre ligne, nous entendîmes une fusillade assez nourrie qui ne dura que quelques minutes et s'éteignit subitement. C'était l'aile gauche allemande qui attaquait à sept ou huit cents mètres une maison de ferme occupée par les nôtres et s'en emparait. La nuit étant enfin venue, le bruit du combat avait cessé des deux côtés.

Une fâcheuse nouvelle circula : le commandant du 1er bataillon, M. de Lentilhac, venait d'être fait prisonnier à l'entrée du bourg de Saint-Jean, où personne ne supposait que les allemands avaient déjà pénétré.

A la tombée de la nuit, le commandant avait reçu l'ordre d'aller prendre des instructions à Saint-Jean, où l'on croyait toujours l'état-major de Jauréguiberry ; il descendait le ravin qui conduisait au bourg, allait atteindre les premières maisons, quand un poste allemand dissimulé derrière un mur, l'assaillit au passage, le mit dans l'impossibilité de rebrousser chemin et le fit prisonnier.

Ne le voyant pas revenir, son capitaine adjudant-major part à sa recherche; à son tour il est assailli à coups de fusil : dès lors, plus de doute, Saint-Jean était au pouvoir de l'ennemi.

Nos officiers s'entretenaient de l'événement et le commentaient, non sans laisser trahir un certain émoi. Les allemands occupant Saint-Jean devenaient maîtres de la route de Laval, c'est-à-dire de notre ligne de retraite, ils pouvaient prendre de l'avance et nous couper le passage. Ainsi, à gauche notre retraite se trouvait déjà menacée; à droite, elle ne tarda pas à l'être manifestement aussi.

Du point où venait d'avoir lieu de ce côté la dernière fusillade, à sept ou huit cents mètres, un cri d'appel formé par une centaine de voix humaines se fit entendre dans le calme de la nuit. Cet appel peu à peu s'étendit, les soldats allemands qui le poussaient formaient sur notre droite une chaîne qui avançait, s'allongeait, gagnait toujours du terrain; cette chaîne finit par nous dépasser en arrière.

La manœuvre s'expliquait facilement; les allemands, après avoir bousculé le poste français établi dans cette direction, cherchaient maintenant à couper notre retraite, et pour marcher sur le point désigné, malgré l'obscurité et les obstacles matériels de tous genres, ils se ralliaient à la voix, en poussant sur un ton plaintif et chantant ces deux syllabes : viens donc! viens donc! ou un mot de leur langue ayant même consonnance (1).

Sur l'heure, chacun de nous interprétait ce « viens donc » comme une traîtresse invitation d'aller à eux et nous rendre prisonniers.

C'était exactement le même appel que nous avions entendu du chemin aux bœufs la nuit de la prise du Tertre-Rouge, et il nous causait la même impression.

Ce n'était pas tout. Le bourg évacué par nos troupes était maintenant occupé par un ennemi qui ne restait pas inactif; une de ses colonnes s'était avancée sur la petite route qui côtoie la rivière, passant au pied de l'escarpement sur lequel nous nous trouvions.

En contre-bas de notre emplacement étaient plusieurs habitations, dont l'existence nous avait été révélée dans le courant de la journée par leurs toitures et leurs cheminées qui seules émergeaient du sol; elles se trouvaient à soixante ou quatre-vingts pas.

(1) J'avais toujours été très intrigué, ainsi que mes camarades, par ce cri proféré dans la nuit d'une manière traînante et chantante, et dans lequel nous avions cru entendre ces deux syllabes : « Viens donc !... Viens donc!... »

L'explication m'en est venue quelques semaines seulement avant la publication de cette seconde édition; je la donne d'après les renseignements fournis par un ancien sous-officier allemand qui a fait la campagne du Mans, au 32e régiment (22e corps, von Wittich).

Il n'y a jamais eu un règlement ni un ordre prescrivant aux soldats un moyen d'appel dans la nuit pendant la campagne de 1870; mais l'usage s'était établi pendant la dernière partie de cette campagne, notamment aux environs du Mans, quand une patrouille ou des tirailleurs étaient en présence de l'ennemi, de s'appeler par ces mots répétés dans la nuit : *Bist du's* (Es-tu là ? est-ce toi ?)

Cet usage s'était généralisé, et le sous-officier du 32e l'a souvent entendu. *Bist du's* ? se prononce *Bist douss* et le *B* et le *V* se confondent aisément entendus à distance.

En même temps que des coups violents frappés avec la crosse aux portes et aux fenêtres de ces maisons, et un fracas de vitres cassées, un langage rauque inconnu, un jargon qui ne peut sortir que de gorges tudesques arrive à nos oreilles.

Ce sont les soldats allemands qui pénètrent maintenant dans ces habitations, nous en acquérons la certitude; ces pillards font main basse sur les volailles endormies au perchoir, mais qui ne se laissent pas tordre le cou sans résistance : canards, poules, oies, tous ces volatiles protestent chacun avec l'organe particulier dont la Nature l'a pourvu ; c'est une cacophonie burlesque, au milieu de la nuit, qui aurait amené une hilarité de bon aloi en toute autre occasion. La gravité de la situation nous ôtait toute envie de rire.

A ce moment, nous étions vraiment en péril, chacun le comprenait et avait le cœur étreint d'émotion. La situation, en résumé, était celle-ci : à gauche Saint-Jean occupé par les allemands, à droite une ligne d'ennemis révélée par ses appels nous encerclait en arrière; en face, là presque sous nos pieds, encore l'ennemi, et si rapproché, que nous aurions pu le fusiller à coup sûr.

Les allemands devaient ignorer notre présence sur le coteau ou supposaient que nous l'avions évacué depuis longtemps.

Tous ces fâcheux incidents au milieu des ténèbres qui nous environnaient, achevaient sur nos esprits une démoralisation commencée depuis plusieurs jours.

Avant la nuit, nous avions entendu l'artillerie se retirer du chemin creux et s'éloigner au plus vite, accompagnée du gros du régiment; nous restions seuls sur la position, allait-on nous y oublier?

Etions-nous destinés à prendre comme prisonniers le chemin du Rhin ?

Immobiles dans la neige, au même endroit où l'on nous avait postés depuis le milieu du jour, et où nous étions restés sans avoir fait aucun mouvement, nous étions transis, une humidité glaciale tombait sur nos épaules et nous pénétrait, nos jambes, nos pieds surtout, semblaient paralysés par le froid.

Pour me servir d'une expression courante, nous ne les sentions littéralement plus; il y eût du reste plusieurs cas de congélation des pieds et des oreilles.

C'est alors que se plaça l'incident suivant qui m'a laissé une forte impression et que ma mémoire conserve avec une précision particulière :

Notre capitaine, M. Legoult, fit réunir auprès de lui, autour du drapeau du régiment dont nous avions la garde, les officiers et sous-officiers de la compagnie, puis il dit à voix basse :

« Mes enfants, il y a tout lieu de craindre que nous ne soyons « faits prisonniers, mais il ne faut pas que notre drapeau, le « drapeau du 33e qui nous a été confié, tombe entre les mains « des Prussiens.

« Sitôt que nous nous verrons sur le point d'être entourés, « nous le déchirerons et chacun de nous en prendra un mor- « ceau; c'est entendu, n'est-ce pas? »

Le drapeau fut sorti un instant de sa gaîne de toile cirée, le capitaine en détacha la cravate tricolore bordée d'une frange d'or, qu'il mit de suite dans sa poitrine sous le plastron de sa tunique.

Maintenant, ajouta-t-il, chacun à son poste, et attendons (1).

(1) Le drapeau du 33e porte la trace de cet épisode.

Tous, nous étions convaincus du sort qui semblait nous attendre d'un moment à l'autre.

Interprétant le sentiment du groupe entier, une voix se fait entendre : « Au moins, *qu'ils* ne sachent pas que c'était le drapeau du 33e ! »

Déjà une main s'était portée sur les lettres d'or, la soie avait cédé... l'intervention du capitaine n'avait pas été assez prompte pour empêcher une mutilation prématurée, un lambeau d'étoffe portant partie de l'inscription : *33e Régiment*, pendait lamentablement.

La déchirure n'a pas été réparée, elle subsiste toujours.

J'avais conservé de cet épisode un souvenir très précis ; cependant j'ai été heureux de recevoir au sujet de l'exactitude de mon récit, une approbation de la part de M. Gustave Avice, alors sous-lieutenant à la 4e compagnie et porte-drapeau du régiment, auquel aucun détail n'a pu échapper.

J'ajouterai que les épreuves d'imprimerie concernant les journées des 10, 11 et 12 janvier, et jusqu'ici, lui ont été soumises, et que mon ancien sous-lieutenant, seul survivant des officiers de ma compagnie, a donné son approbation de point en point à mon récit dans le billet suivant, dont je me considère très honoré :

Peu après, notre colonel, à pied, accompagné d'un officier de marine, s'approchait, et recommandant le silence le plus absolu nous faisait regagner le chemin creux. Des chevaux tués, un affût et un caisson brisés, des arbres abattus en travers, des éboulements du talus, ouvrage des obus allemands, marquaient l'emplacement occupé par la batterie.

Puis passant à travers champs, escaladant haies et fossés, nous atteignons la grande route du Mans à Laval, sur laquelle nous nous engageâmes tournant le dos à Saint-Jean-sur-Erve.

Il tombait une pluie glacée qui formait verglas à terre, la route couverte d'aspérités, durcie, ou glissante en certains endroits, rendait notre marche extrêmement difficile et pénible.

Enfin on atteignit Vaiges, situé à sept ou huit kilomètres ; n'en pouvant plus, mourant de faim et de froid, nous étions à bout de forces.

Le bourg était déjà encombré par les troupes, ou plutôt par des bandes de soldats appartenant à tous les corps ; chaque maison était bondée ; dans les rues, dans les cours, le long des murs, des feux avaient été allumés autour desquels se pressaient les hommes qui n'avaient pu trouver place à l'intérieur.

Pour moi, la nuit s'acheva dans un four à chanvre où j'avais réussi à me loger, je dormis jusqu'au jour sur des « aigrettes », résidu du chanvre broyé qu'on appelle ainsi dans le pays.

« Je vous retourne, mon cher camarade, l'épreuve que vous avez bien « voulu m'adresser, et je l'ai lue avec le plus vif intérêt...

« Je vous renouvelle tous mes compliments pour la sincérité de votre « œuvre, qui nous fera revivre, à nous, vos lecteurs d'aujourd'hui et les « acteurs d'alors, des journées sinon de bonheur, tout au moins de jeunesse.

Bien affectueusement,

G. Avice

« La Foresterie, 12 septembre 1907 ».

CHAPITRE XIII

Continuation de la retraite. — A Laval. — Je suis nommé sergent-major. — Une exécution. — Incident personnel. — La dislocation. — Ordre du jour du colonel.

A partir de ce moment, il me devient plus difficile de relater les événements qui marquèrent les jours suivants.

Il y a comme une lacune dans ma mémoire, les souffrances physiques que nous endurions depuis si longtemps m'avaient absolument détraqué.

Pendant la journée qui suivit le combat de Saint-Jean, je revois sur la grand'route une masse d'hommes de toutes armes, marchant sans ordre, pêle-mêle, confondus, véritable flot humain, refluant vers Laval.

Je me trouvais au milieu de camarades groupés autour du drapeau du régiment, nous nous encouragions les uns les autres, suivant notre capitaine qui, lui-même exténué, trouvait cependant des paroles pour stimuler nos courages défaillants.

La perspective du repos, l'idée de pouvoir satisfaire notre faim lorsque nous aurions atteint Laval nous faisait retrouver un reste de vigueur.

Ah ! qu'il était loin le temps du début de la campagne, alors que nous arpentions les routes de la Beauce avec l'entrain du premier enthousiasme, où chacun rivalisait d'ardeur, et qu'à tout-prix nous en voulions « découdre aux Prussiens ! »

Sur la route de Laval, on n'entendait plus les chants joyeux ni les refrains de marche des premiers jours, les moblots abattus marchaient tête baissée. Tout était morne, triste, silencieux, il régnait un sombre découragement.

Avant la nuit, nous arrivions à Bonchamp, village à une lieue environ en avant de Laval.

Là, on arrêta les débris du régiment qui se reformèrent sur

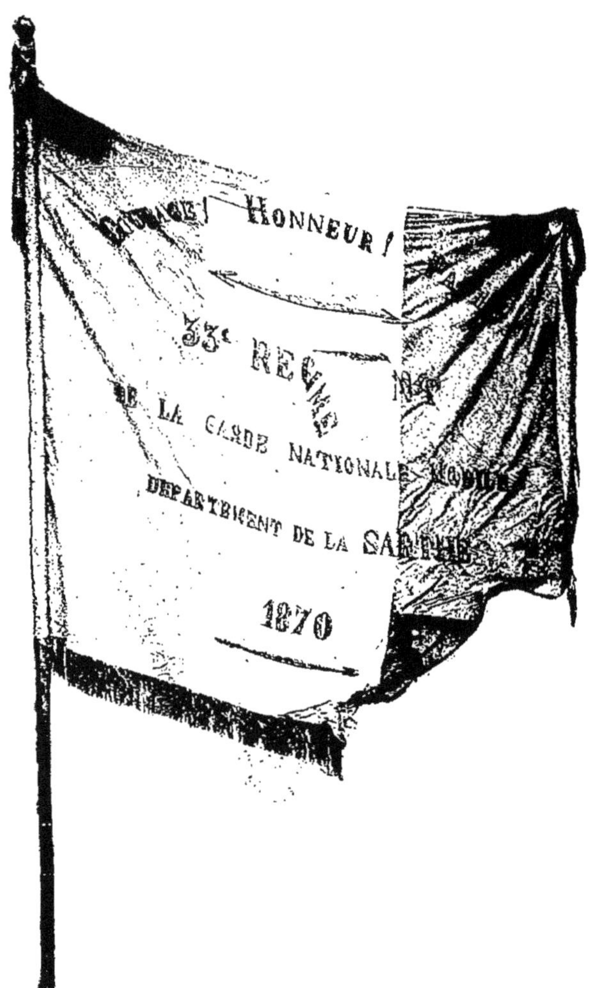
HONNEUR !
DE LA GARDE NATIONALE
DEPARTEMENT DE LA
1870

les bords de la route, laissant passer toutes les autres troupes débandées, sauf nos amis du 37e qui réorganisaient également leurs rangs.

Alors, on nous fit prendre un chemin creux perpendiculaire à la route, véritable cloaque de boue semé de flaques d'eau. Nous devions y passer la nuit en grand'garde.

Une grosse ferme située à proximité nous fournit du bois ; plusieurs tas énormes de fagots furent déménagés. Le chemin creux fut bientôt illuminé de vives lueurs, grâce à ces fagots menus et secs qui flambaient haut et clair. Les barrières des champs environnants y passèrent aussi ; le contre-poids de ces barrières formé le plus souvent d'une souche brute nous fournit des bûches énormes qui durèrent jusqu'au matin.

Afin de nous préserver de l'enlisement, un certain nombre de bourrées avaient été jetées les unes à côté des autres sur la vase du chemin creux, de manière à former une sorte de plancher ; puis après avoir enroulé nos couvertures autour de nos corps et nos toiles de tente par dessus, nous nous étions couchés sur ce plancher improvisé, présentant nos pieds aux brasiers qui furent entretenus toute la nuit et brûlèrent malgré une neige fine et serrée.

Bivouac détestable, nous n'en avons jamais eu de plus mauvais. La fatigue, le besoin de sommeil nous terrassaient ; malgré le froid, l'humidité, nous dormions cependant depuis longtemps quand vint le petit jour.

A ce moment, quelques coups de feu tirés sur notre gauche nous avaient fait sortir de notre léthargie ; le craquement des mitrailleuses, qui se fit entendre ensuite, acheva de nous réveiller complètement. Maussade réveil ; tout le monde fut vivement debout ; une fois sur ses jambes, chacun de se secouer comme un chien mouillé pour chasser l'engourdissement, ranimer la circulation et se dégager de la mince couche de grésil qui nous avait recouverts.

C'était une reconnaissance de cuirassiers allemands. Elle avait tourné bride sans en demander davantage en constatant l'accueil à coups de fusil de nos petits postes.

Cette alerte devait être pour nous la dernière de la campagne.

Nous entendions ce matin-là les derniers coups de fusil. Nous étions au 17 janvier.

Vers le milieu de la journée nous fûmes relevés et l'on nous achemina vers Laval.

Arrivés au faubourg, dans la grande rue qui conduit à la gare, on nous arrêta pour nous faire une distribution de vivres et mettre de l'ordre dans nos rangs.

Je fus alors vraiment surpris de la bonne volonté qui se réveilla, que tous montrèrent.

Etait-ce l'amour-propre de chacun mis en jeu qui nous galvanisa au moment d'entrer en ville? Ou était-ce un geste d'automate qui nous animait : nous défilâmes par demi-sections dans un ordre relativement satisfaisant au milieu d'une population sympathique: et lorsque, passant devant le général Chanzy à cheval près du pont sur la Mayenne, celui-ci salua notre drapeau déployé, en présence de cet hommage rendu au 33e, nous nous redressâmes avec une pointe d'orgueil, regardant au passage notre général en chef bien dans les yeux, et nos regards lui disaient : Depuis combien de temps vous a-t-il été donné, général, de voir un régiment défiler comme celui-là !

Nous fûmes conduits au-delà de la ville, dans un village dont j'ai oublié le nom ; ma compagnie fut cantonnée dans une ferme propre, bien tenue, c'était je crois une ferme modèle.

Exténué, fiévreux, je choisis une étable pour gîte, et je me souviens quelles furent mes délices de pouvoir reposer deux nuits de suite sur une paille épaisse, dans cette chaude atmosphère, douce à ma poitrine malade.

J'étais couché entre deux vaches, bêtes superbes, qui tout en ruminant tournaient la tête de mon côté, me regardaient avec des yeux placides et bienveillants, dans lesquels je lisais une invitation au repos et au sommeil.

Après deux jours d'inaction complète au milieu de ces bonnes nourricières, véritables foyers de vie et de chaleur, j'étais remis sur pied, la fatigue était oubliée.

Nous quittions ce village hospitalier le 19 janvier pour aller passer la nuit dans la gare de Laval, où tout mouvement des trains était arrêté. Nous bivouaquâmes sur la voie ; il s'y trouvait heureusement quantité de caisses à biscuits vides qui nous servirent de combustible.

Le lendemain, notre colonel nous conduisait à Chambaud près de Louverné. Nous étions cantonné le long de la ligne du chemin de fer, dont la défense nous était échue au cas de reprise des hostilités, et nous nous trouvions en première ligne.

Nous nous y refaisions ; avec le repos et la réorganisation, l'ordre et l'entrain étaient revenus ; les bandes de la retraite du Mans avaient repris l'aspect de troupes disciplinées aux mains de leurs officiers.

Ce fut à Chambaud que notre capitaine M. Legoult me donna une preuve de sa confiance en me proposant pour le grade de sergent-major, auquel j'étais promu le 23 janvier. J'en fus très heureux et j'avoue que lorsque je vis les doubles galons d'or briller sur mes manches j'en eus une vive satisfaction et conçus même une pointe de vanité.

Ma joie était encore augmentée à l'idée de ne pas changer de compagnie et de rester auprès de notre brave capitaine, pour lequel j'éprouvais une sincère affection.

Je me mis promptement au courant des écritures de la compagnie, le service devint pour moi beaucoup plus doux, et le prêt porté à 5 fr. 40 tous les cinq jours ne fut pas à dédaigner pour un troupier en campagne, dont la bourse n'était pas des mieux garnies ; avec cela, la santé revenue, je ne me plaignais pas de mon sort.

Cependant la réalité de notre situation nous donnait à réfléchir ; les Allemands avaient établi des postes avancés à peu de distance des nôtres, deux kilomètres à peine. On ne nous entretenait que de la reprise prochaine des hostilités et la grande occupation consistait à mettre en état de défense la position que nous occupions par des travaux de toutes sortes, épaulements, tranchées, abattis d'arbres, nous vivions sur un qui-vive perpétuel.

Les paysans, qui pour leurs affaires journalières avaient traversé les lignes ennemies, nous nommaient les fermes rapprochées où ils avaient aperçu les casques à pointe, et du doigt nous en indiquaient la direction et l'emplacement.

Au delà, la terre française était foulée par nos vainqueurs, et nos familles dont nous étions sans nouvelles subissaient leur joug ; nous ne pouvions penser aux nôtres sans éprouver un serrement de cœur. Ce cordon infranchissable d'ennemis ne nous montrait que trop et de la manière la plus tangible la réalité et la dureté des choses.

Pendant notre séjour à Chambaud, nous avions été mis à une dure épreuve ; un infortuné mobile, un des nôtres, condamné pour désertion par la Cour martiale avait été passé par les armes, et nous avions dû assister à l'exécution, qui eût lieu le 22 janvier.

Voici l'histoire de ce malheureux : deux frères faisant partie de la même compagnie se trouvèrent à passer la veille de l'affaire de Saint-Jean à proximité de la maison paternelle. Ils en subirent l'attraction ; fatigués, exténués, ayant de plus sous les yeux au milieu de la débandade générale les plus déplorables exemples, ils ne purent résister à la tentation bien naturelle de se rendre chez leurs parents.

Connus dans le pays, des amis insconscients leur procurèrent des vêtements civils, blouses, pantalons et, abandonnant armes et bagages, les malheureux désertèrent.

Dans leur fuite, ils eurent à passer près d'un poste des mobiles de la Dordogne. Le factionnaire remarqua sous le pantalon civil trop court la bande rouge du pantalon d'ordonnance qui dépassait ; ce fut ce qui les trahit.

Dans le but de combattre les désertions trop nombreuses, il y avait des ordres sévères, les transfuges furent arrêtés, conduits à la brigade et traduits en Cour martiale.

L'aumônier du 2e bataillon, l'excellent abbé Morancé qui les assistait, leur avait conseillé — je le tiens de sa bouche — un mensonge bien permis dans un cas pareil : Répondez que vous aviez l'intention de rejoindre votre régiment après avoir vu vos parents et vous être reposés, dites que vous étiez malades et à bout de forces.

Les deux pauvres diables, ahuris, perdant la tête, prononcèrent eux-mêmes leur condamnation ; ils avouèrent ingénuement aux juges du redoutable tribunal qu'ils étaient partis sans esprit de retour. L'aîné des deux frères, condamné, paya pour les deux, de sa vie, un moment de défaillance.

De toutes les horreurs de la guerre, aucune ne nous parut plus douloureuse et plus cruelle que cette exécution.

A partir de cette époque, il ne nous advint plus désormais que les incidents habituels et ordinaires à la vie du soldat au repos ; ils ne présenteraient aucun intérêt au lecteur par leur monotonie. Notre existence agitée, fertile en fortes émotions était finie, mais il nous en restait une impression ineffaçable qui devait durer le reste de nos jours.

Je ne voudrais cependant pas clore ces lignes sans rappeler un épisode final personnel.

« Il n'arrive que ce qui doit arriver » dirait un fataliste, et tel incident qui s'annonce comme fâcheux devient quelquefois plutôt heureux.

Nous étions partis de Laval le 12 février pour nous rendre par étapes aux environs de Châtellerault. Le soir de la première journée de marche nous avions couché au monastère d'Entrammes, d'où nous repartions le lendemain pour Daon. Dès le départ je souffrais du genou et éprouvais de la difficulté pour marcher. Au bout de quelque temps, la difficulté était devenue de la souffrance, une souffrance toujours croissante qui devint intolérable, chaque pas était pour moi un supplice.

Arrivé avec peine à la grande halte qui se faisait aux environs de Château-Gontier, n'en pouvant plus, je tombai au pied d'un peuplier de la berge ; mon genou enflé me refusait tout service. Bienveillant à mon égard, notre capitaine envoie un homme à la recherche de l'aide-major du bataillon, M. Delaunay, lequel reconnaît un rhumatisme aigu et griffonne une autorisation de monter sur un cacolet. Attendez-là, me dit-il, les mulets suivent la colonne, vous en prendrez un au passage.

Le régiment s'était remis en marche; en me quittant notre capitaine m'avait adressé de bonnes paroles : reposez-vous quelques jours, ne vous tourmentez pas, et à bientôt.

Les mulets arrivent, ils passent devant moi, impossible de trouver une place vacante, tous les cacolets étaient déjà occupés par de nombreux éclopés. Quand ils eurent défilé je restai en détresse, absolument seul, sur la route déserte, abandonné, loin de tout secours.

Découragé, je m'étais laissé choir à terre et, entrevoyant mille tribulations qui allaient m'atteindre, j'étais envahi par un noir chagrin. Mais, il existe une Providence. Soudain j'aperçois venir de mon côté, escortée de deux gendarmes à cheval, une voiture de commis-voyageur, avec sa lourde caisse à l'arrière. Elle s'arrête juste devant moi, et une voix bien connue s'en échappe :

Que fais-tu là ?... Est-ce bien toi, mon ami ?... Es-tu malade ?

Relevant les yeux, je reconnais mon vieux camarade, le sergent Beunardeau, mon ancien collègue de la 3e, alors que caporaux d'ordinaire tous les deux, à l'époque où étant casernés à Blois, nous allions aux provisions de nos compagnies. Au début de l'entrée en campagne, il avait été requis pour servir de secrétaire au général Chanzy, notre général de division d'alors, depuis je ne l'avais pas revu.

En quelques mots, je le mets au courant de mon infortune ; alors il descend de sa voiture (dont le coffre renfermait les archives de l'Etat-major), m'aide à me hisser et me dit : Ne t'inquiètes de rien, tu feras les étapes en voiture avec moi, sans fatigue, et après quelques jours de repos, remis sur pied, tu pourras reprendre ton service.

Je me laissai faire. Le lendemain nous arrivions à Angers, où nous séjournâmes trois jours. Au bout de ce temps j'étais complètement remis, mon genou avait repris son élasticité et sa vigueur. Pendant mon séjour dans la capitale de l'Anjou, j'allais fréquemment retrouver mon ami dans les bureaux de l'Etat-major, installés boulevard du Roi-René, ce qui me procura l'occasion de voir de près les officiers supérieurs, dirigeant les opérations de l'armée de la Loire, dont les noms sont devenus depuis historiques.

Le soir du troisième jour, Beunardeau me remit, avec un itinéraire de service, un laissez-passer en règle qui me permettait de prendre le train pour Saumur, où mon régiment devait passer le lendemain.

SERGENT-MAJOR ERARD

Tiens-toi sur le pont, m'avait-il dit, le 33e doit y traverser la Loire vers midi, tu ne peux le manquer. Effectivement, j'avais eu juste le temps de déjeuner lorsque l'avant-garde défila sous mes yeux. Une demi-heure plus tard, j'avais rejoint mon bataillon. Dès qu'il me vit, mon capitaine me tendit la main, s'informant avec intérêt de mon état. Puis, je reprenais possession de mon poste, joyeux, satisfait de me retrouver au milieu de mes camarades qui me faisaient fête. Mon absence n'avait donné lieu à aucune mutation, décidément j'avais toutes les chances.

Sans l'intervention de Beunardeau, je courais le risque d'encourir les rigueurs du colonel qui avait la dent dure pour les traînards; nombre de gradés restés en arrière sans excuses valables furent cassés.

Me rappelant ce fait aujourd'hui, après plus de trente années, j'éprouve encore la sensation de mes angoisses du moment et conserve un souvenir ému à la mémoire de mon vieux camarade Beunardeau (mort en 1903 et enterré au cimetière de la Suze, son pays). Je veux lui rendre hommage dans mes « Souvenirs ».

Je ne peux m'empêcher de considérer qu'il fut à la minute précise l'instrument d'une intervention providentielle, grâce à laquelle je pus sortir heureusement d'une situation critique.

Nous étions aux environs de Châtellerault, en pleine réorganisation, quand vint la paix, suivie du désarmement et du retour dans nos foyers. Nous rentrions au Mans le 20 mars 1871.

Le 33e Régiment de Mobiles avait vécu.

Notre colonel, M. de la Touanne, en se séparant de ses mobiles, nous fit ses adieux par « l'Ordre du jour du Régiment » suivant :

Officiers et Mobiles,

« Dans quelques heures nous allons nous séparer. Je ne sais « dans quelles conditions nous nous retrouverons, mais je ne « veux pas vous laisser partir sans vous remercier, vous, Mes-

« sieurs les officiers, de votre concours si empressé, si loyal,
« vous Mobiles, de votre zèle, de votre énergie, de votre dévoue-
« ment, qui n'ont reculé devant aucun sacrifice.

« Partis avec l'espoir de chasser l'ennemi de notre territoire,
« notre illusion n'a pas été de longue durée, mais nous avons
« pu faire flotter victorieusement notre drapeau le neuf no-
« vembre, le premier décembre, et nous avons eu le plus grand
« honneur que puisse désirer un régiment : celui d'être mis
« deux fois à l'ordre du jour de l'armée.

« Aujourd'hui, nous rentrons le cœur navré dans notre pays
« si éprouvé, si cruellement dévasté. Unissons-nous donc pour
« le relever, le vivifier, le reconstituer. Ce ne sera pas le moins
« beau côté de cette institution de la Mobile que cette réunion,
« cette entente cimentée par le baptême du feu, par le sang
« versé en commun pour la défense du pays.

« Souvenez-vous en rentrant dans vos familles que, suivant
« l'expression du général Chanzy : « Vous êtes les soldats de
« l'ordre », car, sans ordre, il n'y a pas de défense nationale
« possible, et c'est avec l'ordre seul que nous pouvons rendre
« à notre pauvre pays sa vitalité et panser ses plaies.

« MOBILES,

« Les dures lois de la guerre nous forcent à rentrer sans
« armes, et pourtant nous ne les avons pas rendues, nous !
« Mais il nous reste un emblême, notre pauvre et fier drapeau
« qui, après nous avoir vu triomphants à Coulmiers, à Patay,
« après avoir été planté victorieusement sur la ferme du Mée
« par le capitaine Couturié, a vu aussi nos héroïques efforts à
« Loigny, à Saint-Jean. Ce drapeau est celui du 33e, celui des
« mobiles de la Sarthe dont le nom, grâce à votre courage, est
« aujourd'hui impérissable.

« Nous le saluerons donc avant de nous quitter, et en défilant
« devant lui, nous crierons ensemble ce cri de tout homme
« qui, comme nous, s'est donné corps et âme pour défendre la
« patrie : Vive la France !

« *Le Lieutenant-Colonel Commandant,*

DE LA TOUANNE ».

Nous rentrions environ 1300 sur les 3600 hommes que le régiment comptait au départ le 5 octobre 1870.

Nous revenions mûris par l'épreuve, et avions le droit de relever la tête quoique vaincus. Chacun de nous pouvait dire :

« *J'ai fait mon devoir* ».

APPENDICE

UN COIN DE LA BATAILLE DU MANS

Le 33e régiment de Mobiles rentrait au Mans le 20 mars 1871 et était licencié le même jour.

On comprendra sans peine combien nous étions heureux, après une campagne de huit mois qui avait été si pénible, de revoir nos foyers, retrouver nos familles et goûter le repos.

Notre satisfaction, cependant, n'était pas sans mélange; nous pensions à ceux de nos amis, à nos frères d'armes avec lesquels nous étions partis si remplis d'enthousiasme et qui n'étaient pas revenus.

Combien en avions-nous laissés, mourant de maladie ou de fatigues dans les hôpitaux et les ambulances, ou sanglants dans les plaines de la Beauce !

Le tribut avait été lourd et, si nous levions la tête quoique vaincus, avec une certaine fierté, pouvant dire en nous-mêmes : « nous avons fait notre devoir », le souvenir de nos malheureux compagnons nous remplissait le cœur d'amertume et de tristesse.

Le lendemain même de mon retour, je voulus faire le pèlerinage du champ de bataille, revoir les lieux où nous avions peiné, et c'était moins pour céder à la curiosité que pour accomplir un devoir, rendre un hommage à nos morts inconnus : mobiles, lignards, chasseurs à pied, artilleurs, à tous ces bons Français victimes des balles et des obus prussiens.

Je partais dès le matin de bonne heure, accompagné de mon ami T..., un de mes anciens camarades de lit du régiment.

Après avoir dépassé la Lune de Pontlieue, nous prenions à gauche la petite route de Changé, d'un pas leste, étonnés, ravis de nous retrouver habillés avec des vêtements civils et de ne plus sentir aux épaules la courroie du sac.

La journée, claire, pleine de promesses, s'annonçait devoir être belle, un soleil de printemps mettait la joie au cœur, la nature en travail réparait le ravage des hommes, les bourgeons s'ouvraient, l'herbe des prairies reverdissait.

Quel contraste dans notre esprit, en voyant ce même paysage, qui sous la neige, et avec les sensations que nous éprouvions alors, nous avait paru si lugubre et qui aujourd'hui était si riant.

Après avoir laissé à gauche le sentier qui mène à l'abbaye de l'Epau, et avoir gravi le raidillon qui suit, nous arrivons dans le champ de l'action.

Çà et là, des sapins brisés à moitié de leur hauteur montraient la trace des boulets ; nous rencontrons des bûcherons occupés à abattre une sapinière. « Les arbres avaient tellement ramassé de balles, nous dirent ces hommes, « qu'ils avaient « trop de chances de périr, le propriétaire a décidé de les « mettre à bas ».

Plus loin, de jeunes sapinières, fauchées à hauteur d'homme laissaient deviner l'œuvre des mitrailleuses, ces sinistres engins dont les balles serrées fauchaient, rasaient tout sur leur passage, hommes, chevaux, arbustes !

Continuant notre chemin, nous arrivons auprès de la maison du garde, située à gauche de la route au fond du vallon.

Cette maison, avec son toit dominé par un petit clocheton, est bien connue des promeneurs manceaux ; la porte ouverte, les volets pendants permettent de la croire abandonnée, nous poussons la barrière et pénétrons dans le jardin qui précède l'habitation.

Au lieu de plates-bandes, quelques monticules surmontés d'une simple croix de bois s'apercevaient çà et là ; c'étaient des tombes de soldats, les premières que nous voyions.

Pas un vivant ne se montre; à l'intérieur, silence de mort.

Cependant, d'un hangar voisin, un petit vieux tout courbé vient à nous, et sans mot dire ouvre la porte de la chambre principale; nous entrons, une violente odeur de phénol nous saisit aux narines, deux chandelles de suif brûlent blafardes sur la cheminée.

Dans le milieu de la pièce se trouvait une table sur laquelle on avait déposé quelque chose qui ressemblait à un paquet allongé, recouvert de toiles maculées de terre, et dont les extrémités dépassaient la table des deux côtés.

Le vieux paysan, toujours sans mot dire, soulève un coin de l'enveloppe boueuse que nous reconnaissons pour être une toile de tente, et alors apparaît une main blanche, exsangue, sortant de la manche d'une capote bleue de fantassin, chargée de trois galons d'or; un second pan relevé découvre tout entier, revêtu de son uniforme, le cadavre rigide d'un officier français dont les traits étaient à peine altérés.

« C'est un capitaine de la ligne », se décide à nous dire le vieux, « que sa famille a réclamé, et que nous avons retiré ce « matin de la fosse où nous l'avions mis ».

Le froid et la terre gelée avaient favorisé la conservation du corps, qui en outre avait été préservé du contact de la terre par le linceul de toile, les boutons étaient seulement ternis.

C'était un tout jeune homme, un brave qui avait trouvé la mort probablement en enlevant sa compagnie à quelques pas de là, une balle l'avait frappé à la poitrine.

Nous nous inclinons en portant militairement la main au front et reprenons notre marche.

Quelques minutes plus tard, nous nous trouvions à un carrefour; à cet endroit, le « chemin aux bœufs » coupe la route de Changé en biais, et se dirige vers la gare d'Yvré-l'Evêque; irrégulier, sablonneux, coupé de fondrières, nous le reconnaissons bien.

De ce carrefour part à main droite un autre chemin, véritable sentier, encaissé, étroit, à peine praticable aux voitures, et bordé à gauche de châtaigniers centenaires aux troncs noueux, énormes, qui prend la direction du hameau du Tertre; à droite s'étendent les sombres sapinières qui couvrent la région à perte de vue.

Nous le reconnaissons aussi ce sentier du Tertre, pour l'avoir suivi dans la nuit du 10 janvier; il nous avait conduit aux tranchées que nous devions occuper jusqu'au matin.

Ce petit chemin fait avec la route qui mène à Changé un angle aigu; dans cet angle la terre du champ avait été remuée et formait un monticule d'environ deux pieds; une croix dominait l'amoncellement et sur les bras de la croix on pouvait lire une inscription en cursifs allemands disant :

« Ici reposent 47 soldats »
« français et allemands »

Nous nous découvrons, le cœur battait dans notre poitrine et un sanglot nous montait à la gorge en songeant aux braves qui dormaient là leur dernier sommeil, sans linceul, dans leurs vêtements sanglants, le visage à nu sous le sable, pêle-mêle, amis et ennemis, et de nos lèvres s'échappent avec une ferveur religieuse les paroles du *Requiem :* « Donnez-leur, Seigneur, le repos éternel, et que la lumière éternelle les éclaire, qu'ils reposent en paix ! »

Nous nous arrachons à ce pénible spectacle et, nous engageant dans le chemin creux, nous pouvons juger de l'ardeur du combat qui s'était livré à cet endroit, en constatant les nombreuses meurtrissures de l'écorce des vieux châtaigniers.

Nous prenons à travers les vergers qui entourent les maisons misérables formant le hameau du « Tertre », plusieurs de celles-ci ont été la proie d'un incendie; les murs noircis et branlants, les poutres à demi-consumées jettent une triste impression.

Quelques pas encore, et nous voici dans l'emplacement de la sapinière qui bordait la tranchée, où nous avons passé les moments inoubliables de notre lugubre veillée d'armes.

Nous étions rendus au but de notre pèlerinage.

De cette hauteur nous embrassons d'un rapide coup d'œil le paysage immense qui se déroule à nos pieds : à droite, des champs maigres et sablonneux, coupés de haies, parsemés de maisons de fermes, pauvres, aux toits bas et écrasés; à gauche, des sapinières sombres, au-dessus desquelles se montre à l'arrière-plan le clocher aigu et recouvert d'ardoises de Changé (1).

Aujourd'hui cette campagne est baignée de lumière, une fumée légère et joyeuse s'échappe des cheminées des chaumières.

Quel contraste dans nos esprits !

Hier, tout cela était recouvert d'un linceul de neige, la nature semblait en deuil, et la bise qui soufflait sur ce paysage d'hiver n'était en quelque sorte que le prélude de la tempête humaine.

La tranchée était restée telle que nous l'avions connue : profonde de près d'un mètre, précédée d'un fossé naturel où croissaient les ronces et quelques arbres rabougris; seulement plusieurs croix placées de distance en distance, sur la terre rejetée et qui comblait par intervalles la tranchée, disaient que gisaient là quelques-uns de ses défenseurs.

La sapinière avait déjà disparu, ses arbres abîmés par la fusillade avaient été abattus de suite pour être brûlés, il n'en restait pour tout vestige que les troncs coupés au ras du sol.

Nos souvenirs, alors, nous reviennent en foule. Nous retrouvons pour un moment les émotions qui nous avaient étreints, quand, dans cette nuit du 10 janvier, on nous avait amenés par une marche nocturne prendre la faction dans la tranchée, où nous étions restés dix mortelles heures.

Nous revoyions par la pensée le paysage de neige qui se déroulait ce jour-là à nos yeux ; nous éprouvions jusqu'à cette sensation du froid et le frisson qui nous secouait, alors qu'immobiles, dans l'obscurité, les pieds baignant dans la boue, le vent d'est nous envoyait au visage les flocons de la tourmente de neige, puis nous retrouvions notre surprise, quand, au matin, le jour levant nous permit de constater que, de toutes parts, nous étions en contact avec l'ennemi, les baïonnettes et les casques à pointe surgissaient derrière chacun des fossés environnants,

(1) A cette époque, le clocher de l'église de Changé était en flèche aiguë, au lieu de celui actuel de forme massive et tronquée.

et nous nous voyions encore, défense étant faite d'ouvrir le feu, taquiner nos adversaires les plus prochés en leur jetant comme de véritables enfants des boules de neige, qu'ils nous renvoyaient à leur tour.

Enfin, puisqu'il faut tout dire avec sincérité, nous poussions à nouveau le soupir d'intense soulagement qui s'exhala de nos poitrines, quand nous fûmes relevés, un peu avant midi, par les chasseurs à pied, et je revoyais, véritable évocation, ce jeune sergent de chasseurs, joli garçon à la barbiche blonde, aux yeux bleus, qui, prenant ma place dans la tranchée, me demandait depuis combien de temps nous étions là, puis tordant sa moustache, ajoutait : « Je crois que nous arrivons pour le coup de « torchon et voudrais bien être plus vieux de quelques « heures ».

Ne devions-nous pas à ces braves gens qui avaient pris notre place à l'heure dite, et avaient payé pour nous de leur vie, ne leur devions-nous pas un pieux hommage ?

Escaladant la tranchée, nous poussâmes à travers le verger jusqu'à la maison qui faisait face, à 60 ou 80 mètres en contrebas.

Les meurtrières que nous avions vu percer au matin dans ses murs existaient encore, les volets des trois fenêtres étaient troués de balles nombreuses, le crépi du mur avait presque entièrement disparu, quant aux ardoises elles étaient réduites en miettes pour la plupart.

Pendant une nuit, les frontières de la France avaient été ramenées à cet endroit même, les adversaires montaient la garde de chaque côté, face à face, menaçants, fusils chargés, et celui qui aurait voulu passer outre y aurait laissé la vie.

Contournant maintenant sans danger la maison, nous pouvions contempler la façade de ce qui avait été un poste avancé des Prussiens.

L'édifice se composait d'un rez-de-chaussée construit sur un sous-sol élevé ou cave qui servait de remise ; on nous dit que ce lieu s'appelait « le Pavillon » ; le bâtiment figurait assez bien une modeste maison de campagne de quelque bon bourgeois du Mans quelques cents ans auparavant.

L'ensemble était d'aspect agréable, avec son perron rustique, sa porte à arcade ronde et sa toiture démesurément élevée par contraste avec les maisons voisines (1).

Cette toiture était ornée en son milieu d'une lucarne unique en pierre de taille sculptée de manière prétentieuse ; sur le fronton, je fus assez étonné de lire la date : 1643.

L'année de la fin du règne de Louis XIII !

Comme cette date nous reportait loin, et comme elle venait encore ajouter du sérieux à nos réflexions !

Ah ! si ces vieux logis pouvaient parler, s'ils pouvaient raconter les événements dont ils furent tour à tour les témoins après une existence aussi longue !

Et les âmes errantes des anciens habitants avaient-elles jamais supposé que l'ennemi, un jour, un jour de malheur, franchissant les provinces éloignées : l'Alsace, la Lorraine, puis l'Orléanais, viendrait établir ses postes avancés dans ce réduit champêtre, où depuis deux cents ans et plus régnait le calme et la solitude !...

Les paysans, qui occupaient en fermiers cette maison, nous dirent que, pendant la nuit du 10 janvier, ils en furent chassés par les Prussiens venant de Changé ; ces nouveaux venus s'installèrent en maître, mais parlant bas, évitant tout bruit qui eût pu les déceler, car ils savaient les Français très rapprochés.

Pour sortir du « Pavillon » nous nous engageâmes dans un chemin qui avait dû être l'ancienne avenue de la propriété, large et bordée des deux côtés par des châtaigniers deux fois centenaires : ces arbres portaient des traces de nombreux projectiles ; quelques enjambées, et nous retombons sur la route de Changé, le bourg distant à peine d'un kilomètre.

Arrivé, je me rendis directement chez mon ami D..., dont la boutique de boulanger se trouve sur la place, en face de l'église. Il était en proie à la tristesse, et manifesta cependant à ma rencontre une certaine joie de voir un ancien camarade de

(1) La couverture dût être entièrement renouvelée après la guerre ; deux grands épis de faîte qui donnaient beaucoup d'originalité n'ont pas été remplacés.

son frère aîné ; sa mère nous rejoignit bientôt. La pauvre veuve, en habits de deuil, avait beaucoup vieilli depuis l'époque où, pendant notre cantonnement dans le village, quelques jours avant le combat, elle m'avait interrogé au sujet de son fils parti avec nous dans le 33e Mobiles ; il n'y avait qu'un mois, alors, qu'elle était sans nouvelles, elle conservait une lueur d'espoir ; ç'aurait été cruel de la lui enlever ; j'avais évité une réponse précise, en mettant l'absence de toutes nouvelles sur le compte des difficultés de communication.

Son fils aîné, un camarade d'école, caporal-fourrier à la 5e compagnie, le 2 décembre, posté au saut-de-loup du parc de Villepion, avait reçu au moment de la brusque attaque du soir une balle à la tête, l'autre à la poitrine ; on l'avait transporté à l'ambulance du château, où il était mort dans la nuit.

Voici, rapporté aussi fidèlement que possible, le récit des événements relatifs aux combats de Changé, dont il avait été témoin, que me fit D....

Combat de Changé (10 janvier 1871).

Le matin du 10 janvier 1871, les habitants du bourg de Changé vaquaient encore à leurs occupations habituelles et ne pouvaient s'imaginer que l'ennemi s'était rapproché si près.

Dans la matinée même du 10 janvier, deux régiments de marche, le 37e et le 62e (ces deux régiments très réduits formaient brigade avec le 33e mobiles), cantonnés aux environs, à Gué-la-Hart et à Amigné, à quelques cents mètres de l'agglomération, étaient passés en revue par l'amiral Jauréguiberry, en face de ma maison ; ils étaient alignés le long des rangées de tilleuls qui font le tour de la place.

Je fus à même de voir l'amiral de très près ; il avait nommé des officiers nouveaux pour remplir les vides ; j'assistais curieusement à cette cérémonie avec quelques autres jeunes gens ; la revue n'était pas terminée que des paysans accouraient d'Ardenay et de la Buzardière, annonçant que les troupes prussiennes étaient en mouvement et se dirigeaient, les unes vers Changé, les autres vers Parigné-l'Evêque.

Dè suite, les deux régiments partaient occuper leurs cantonnements, en grande hâte, puis de nombreux cavaliers en estafette survenaient de toutes les directions, à la recherche des officiers supérieurs pour lesquels ils avaient des ordres.

Les premiers coups de fusil furent tirés vers midi et, toute la soirée, la fusillade qui avait pris de grandes proportions fut assourdissante ; les balles allemandes passaient en nuées, sifflant au-dessus des maisons du bourg, brisant les ardoises des toits, effritant les cheminées ou s'aplatissant sur les murs.

Le canon mêlait sa voix brutale et ses détonations se rapprochaient constamment, venant de la direction de Parigné.

Les mobiles de la Sarthe accouraient du château des Arches, et un des bataillons (le 2e) était placé en réserve sur la place à côté de la mairie ; les deux autres bataillons se portaient dans la direction de Noyers, pour garder le pont du moulin sur l'Huisne.

De nombreux blessés français arrivaient du combat; la principale ambulance était installée sur la place, dans une maison à porte cochère non loin de ma demeure, j'y passai une partie de la soirée, cherchant à me rendre utile.

Les blessés qui y étaient recueillis disaient que l'armée française occupait de bons emplacements, que les Allemands attaquaient sur une ligne évaluée à plus de deux lieues, et que les pertes de l'ennemi devaient être très grandes.

Malgré cela, il avançait toujours en nombre supérieur, mais on avait cependant bon espoir dans l'issue de la journée.

Un lieutenant blessé, du 37e de marche, disait que l'attaque était vigoureusement conduite ; les tirailleurs allemands, profitant des haies, des fossés si nombreux dans le pays, des moindres abris, s'approchaient des maisons de Gué-la-Hart, où les Français étaient retranchés, jusqu'à vingt-cinq mètres des chassepots ; en certains endroits on se fusillait presque à bout portant ; partout il y avait un véritable acharnement.

La nuit, dans cette saison, vient de bonne heure; à quatre heures il faisait déjà sombre et le temps était couvert ; le combat, loin de se ralentir, semblait au contraire prendre une intensité nouvelle à la chute du jour.

Je voulus rentrer chez moi ; obligé de traverser la rue qui vient de Gué-la-Hart, j'entendis siffler de nombreuses balles qui enfilaient cette rue et je me demandais avec anxiété : les Prussiens ne se rapprocheraient-ils pas?

Puis je vis une quantité de soldats français qui battaient en retraite en courant et refluaient en désordre par cette même rue; ils semblaient affolés et venaient se mettre à l'abri dans le bourg.

Quelques officiers arrêtaient leurs hommes au passage et cherchaient à les rallier, employant tour à tour les menaces ou la prière.

Bientôt quelques compagnies se trouvèrent reconstituées, elles semblaient bien réduites, il manquait surtout beaucoup d'officiers; ce qui me le prouva c'est que je vis une compagnie reformée sous le commandement d'un sergent.

Cette poignée d'hommes se tint un moment sur la place, puis une partie fut dirigée à gauche du bourg, dans les jardins du côté d'Amigné et de la route qui vient de la Fourche.

Un autre groupe fut placé et se tint à l'entrée de la rue qui fait face à Gué-la-Hart, par laquelle ces soldats avaient opéré leur retraite quelques instants avant. Ce dernier groupe exécuta plusieurs feux de salve dans la direction de Gué-la-Hart, où les Allemands se montraient en nombre et audacieux, mais ils n'osaient encore passer le ruisseau ni s'aventurer sur le pont.

Dans l'obscurité, la fusillade, accompagnée de lueurs subites, se continuait intense ; on devait tirer sans se voir de part et d'autre et les coups de fusil tirés sur la place à une distance si rapprochée étaient étourdissants.

La nuit complète était venue, rendant notre situation des plus inquiétantes, l'incertitude où nous étions augmentait la terreur des habitants du bourg qui couraient, hagards, effarés, de l'un chez l'autre ou se terraient dans leurs caves.

Quant à moi, je ne perdais pas mon sang-froid et j'assistais, en quelque sorte en curieux, à tout ce qui se passait sous mes yeux.

Tout à coup, une détonation épouvantable se fit entendre dans la direction du cimetière, on eût dit un volcan qui s'entr'ouvrait, puis un crépitement continu dura deux ou trois minutes.

C'étaient les mobiles de la Sarthe qui, après avoir pris position derrière le talus du chemin qui longe le cimetière, ouvraient le feu contre les allemands qui arrivaient en masse d'Amigné, en poussant des hourrahs; ils touchaient déjà presque le bourg, mais ils furent arrêtés net pour un instant par ce feu et celui des lignards placés dans les jardins.

Malheureusement, ces derniers ne se sentant pas en nombre pour résister plus longtemps contre une véritable avalanche, refluèrent en désordre, pour la seconde fois, dans le bourg; ils étaient suivis de près par les Allemands.

A ce moment, le sentiment du danger s'empara de moi, mon beau sang-froid, dont je m'étonnais, avait disparu, je rentrai précipitamment me mettre à l'abri dans ma maison et aussi dans le but de rassurer ma mère.

Cependant, la fusillade avait presque complètement cessé, on n'entendait plus que quelques coups de feu isolés dans l'éloignement.

Un peu rassuré, j'entr'ouvris ma porte et avançai la tête ; il faisait une nuit épaisse, véritable nuit d'hiver; en face, sur la place, plus de lignards, ils avaient tous disparus.

Le silence qui régnait, avec cette solitude de la place blanche de neige, venant après l'agitation et le vacarme d'auparavant, me faisait froid au cœur, je me sentis alors assailli de sinistres pressentiments.

Un fantassin, effaré, subitement passa devant moi en courant. M'apercevant, il s'arrêta et me demanda de quel côté les Français avaient battu en retraite. Je fis quelques pas dehors afin de lui indiquer le chemin du cimetière, qui me paraissait être le plus court pour lui permettre de rallier son corps.

Au moment précis où il s'éloignait de moi, plusieurs coups de fusils retentirent, les balles sifflèrent à nos oreilles, et l'une d'elles jeta par terre le pauvre diable qui venait d'avoir la cuisse traversée.

L'ambulance se trouvant à deux pas, je l'aidai à s'y transporter; comme je revenais en courant, une douzaine de soldats français, ceux qui probablement avaient tenu les derniers et brûlé les dernières cartouches, font irruption sur la place, ils m'aperçoivent et me suivent dans ma course pour rentrer chez moi; avant que j'eusse le temps de refermer ma porte, ils s'engouffraient dans l'entrée et remplissaient le corridor.

La plupart de ces hommes s'étaient débarrassés de leurs sacs, quelques-uns n'avaient plus leur képi, tous étaient dans une grande exaltation et frappaient avec rage la terre de la crosse de leur chassepot; ils se sentaient poursuivis de près par les Prussiens qu'ils avaient tenus en respect jusqu'au dernier moment.

J'avais à peine refermé ma porte sur ces soldats qu'elle fut heurtée violemment : c'était un commandant de la ligne, tenant son cheval par la bride, et qui avait probablement vu de loin ces hommes entrer chez moi; il me demande un verre d'eau.— « Les Prussiens pénètrent en ce moment, me dit-il, dans les premières maisons du bourg, du côté de Gué-la-Hart; ils sont sur mes talons, je ne veux pas être fait prisonnier, indiquez-moi la direction du Mans »... Ce que je fis sans sortir de chez moi, rendu plus circonspect par l'événement de l'instant d'avant.

Le commandant remonte sur son cheval, l'éperonne, et s'éloigne au galop; il n'avait pas traversé la place qu'il fut salué de deux ou trois coups de fusil tirés au coin de la rue de Gué-la-Hart; les soldats allemands pénétraient juste à ce moment dans Changé; j'entendis le galop du cheval qui s'éloignait dans la nuit, et ne crois pas que le commandant fût atteint.

Je rentrai précipitamment chez moi et barricadai ma porte, attendant avec anxiété ce qui allait suivre; je pris cependant la précaution de faire évacuer mes lignards par une porte de derrière et les conduisis à l'abri d'un hangar au fond de ma cour.

Revenu près de ma mère, plus morte que vive depuis le commencement du combat, je fus tout surpris de la retrouver presque rassurée; elle n'entendait plus les détonations et s'efforçait de croire que tout danger était passé.

Pourquoi aurais-je cherché à la dissuader de son erreur, et lui faire connaître la vérité?

Le calme en effet, semblait régner sur la place; cependant du coin de la cheminée où je me trouvais auprès du feu avec ma mère, un bruit de pas cadencés vint frapper mes oreilles, malgré que les portes et les fenêtres fussent fermées. C'était le bruit d'une troupe en marche, dominé, par instants, par des commandements rauques et inconnus de moi jusqu'ici.

Nul doute, pensai-je, ce sont les Allemands qui arrivent; il était environ huit heures.

Je ne m'étais pas trompé; bientôt j'entendis de grands coups frappés dans les volets et les portes de mes voisins, puis ce fut mon tour; plusieurs coups de crosse me mirent en demeure d'ouvrir ma porte.

Une quinzaine de soldats, coiffés du casque à pointe, étaient en face de moi; le sang ne me fit qu'un tour, c'était la première fois que je voyais de si près des soldats allemands.

Ceux-ci, dans un langage moitié français, moitié étranger, me firent comprendre que je devais les héberger; ils entrèrent assez calmes, et pendant que les uns fouillaient la maison de bas en haut, les autres se répandaient dans la cour; ces derniers eurent vite découvert les soldats français que j'avais recueillis; ces malheureux rendirent leurs armes, et je les vis repasser prisonniers devant moi, têtes basses, hébétés, les bras ballants; vraiment, ces braves gens méritaient un autre sort; ils furent conduits sur la place et réunis à d'autres prisonniers qui se trouvaient déjà groupés en face de l'église.

Mes hôtes forcés revinrent ensuite et me firent comprendre que je devais leur donner à manger et du vin; devant la force, je ne pouvais me soustraire à leurs exigences; je ne pus, non plus, les empêcher de remplir de bois les foyers en si grande quantité que je craignis un instant qu'ils ne missent le feu à ma maison.

Ces soldats allemands étaient harassés de fatigue, ils avouaient que la journée avait été très dure pour eux et qu'ils avaient éprouvé de grandes pertes; ils mangèrent avec avidité. Quand ils furent repus, je profitai d'un moment d'inattention de leur part, pendant qu'ils allumaient leurs grosses pipes en porcelaine, pour entr'ouvrir ma porte et voir ce qui se passait au dehors.

La nuit était opaque, la neige tombait et la terre en était recouverte; sur la place, il y avait encore des troupes allemandes en mouvement, on les entendait sans les voir de l'autre côté de l'église.

Un petit détachement, une patrouille chargée sans doute de faire la police, passa devant moi, un homme s'en détacha, vint à moi, et me menaça de sa baïonnette en proférant des paroles que je ne saisis pas. Le geste et l'intonation de la voix me firent comprendre que les habitants devaient rester à l'intérieur de leurs demeures.

Je refermai ma porte et ne me montrai plus à partir de ce moment.

Devant la réalité et la brutalité des faits, il fallait bien reconnaître que nous venions d'essuyer une nouvelle défaite, qu'allait-il advenir dans notre malheureuse commune?

Mon Dieu, pensai-je, la fatalité poursuit notre pauvre France!

Je passai une partie de la nuit sur une chaise, en compagnie des Allemands; ceux-ci avaient enlevé les matelas des lits, sauf ceux du lit de ma mère, ils les avaient étendus côte à côte, sur le plancher de la salle à manger, au rez-de-chaussée, et s'étaient étendus dessus en présentant au foyer leurs lourdes bottes chargées de boue.

Ces soldats évacuèrent mon domicile avant le jour, mais je ne fus pas longtemps le maître chez moi, sept ou huit nouveaux hôtes m'arrivèrent presque de suite pour les remplacer.

Ces derniers venus étaient des ouvriers boulangers qui s'emparèrent de ma boulangerie et s'installèrent au pétrin, où, après avoir quitté capotes et tuniques, ils se mirent en devoir de faire du pain... avec ma farine, bien entendu, dénouant et vidant les culasses sans m'en demander la permission. Que dire? Que faire?

Je m'estimais encore très heureux de ne pas avoir reçu, la veille, une voiture de farines que la maison Jamin et Leroux, de Saint-Georges, devait me livrer ce jour-là, et que j'avais commandée en vue des fournitures à faire aux Français cantonnés dans le bourg.

La nuit prit fin, mais la température restait glaciale et la neige tombait toujours à gros flocons.

Comme il m'était impossible de sortir, je restai dans le fournil avec mes compagnons forcés, trouvant les heures bien longues; là, je les surveillais et ne souffrais pas du froid.

La matinée s'écoula sans incident nouveau.

Dans des moments pareils, la tête lourde après une nuit blanche, on ne sait pas comment l'on vit, les heures passent sans qu'on s'en rende un compte exact; et puis confiné au logis, ne voyant rien, ne sachant rien de ce qui se passait, j'éprouvais une véritable angoisse à vivre en cette incertitude, je restai engourdi au coin du feu, plongé dans de pénibles rêveries.

Il pouvait être près de midi, quand une fusillade un peu lointaine se fit entendre, pareille à un crépitement; je jugeais parfaitement qu'elle venait du Tertre, au-dessus de Courte-Boule, sur la route qui mène à Pontlieue. Mes compagnons dressent l'oreille, arrêtent un moment leur travail, puis le reprennent en échangeant des paroles que je ne compris pas.

Dominant la fusillade qui continuait sans relâche, le canon se mit à gronder dans la direction de Parigné, puis les détonations se rapprochèrent sensiblement.

J'étais loin d'être rassuré; soudain, j'entends pour la première fois un grondement étrange passer au-dessus des toits du bourg, c'était un obus français qui allait tomber et éclater assez loin au delà, il fut suivi de quantité d'autres qui tous passaient assez haut; on s'y faisait un peu.

Tout à coup, une détonation épouvantable se fit entendre tout près de ma maison : un obus tiré plus court venait de tomber dans un grenier de bois de sapin pour le four de ma boulangerie, éclatait, lançait de tous côtés des bûches et des brindilles émiettées, et faisait trembler la maison tout entière de la cave au grenier.

Du coup, j'avais d'un mouvement instinctif tendu les épaules; mes compagnons n'en voulurent pas entendre davantage, la frousse s'était emparée d'eux; avec un ensemble parfait, ils saisissent à la hâte leurs vêtements, empoignent leurs fournitures et décampent de chez moi avec une rapidité surprenante, je demeurai seul.

Renfermé chez moi, j'entendis tout le reste de l'après-midi une fusillade inouïe qui dura sans interruption, mêlée à la canonnade, jusqu'au soir, se rapprochant ou s'éloignant tour à tour; parfois aussi, se faisait entendre le craquement sinistre des mitrailleuses.

C'était la bataille qui décidait du sort de la ville du Mans, et aussi de celui de l'Armée de la Loire; elle paraissait se livrer surtout aux environs de notre malheureux village.

De nombreux blessés prussiens avaient traversé Changé pendant le combat, pour être transportés en arrière; des personnes m'affirmèrent, dans la suite, avoir vu circuler plusieurs voitures, remplies de fusils, de casques et de sacs, s'éloignant vers Ardenay.

Nous avions encore été battus, et cependant, le soir de cette terrible journée, les troupes allemandes, rassemblées au bourg et aux environs, s'éloignèrent, ne laissant que de faibles détachements pour garder Changé; elles avaient rencontré une telle résistance, et étaient elles-mêmes si épuisées, que ces soldats ne pouvaient se croire vainqueurs, ils battaient en retraite.

D'après les conversations que j'eus dans les jours qui suivirent avec plusieurs témoins, voici comment les choses se sont passées au combat du Tertre :

Combat du Tertre de Changé (11 janvier 1871)

Le régiment des mobiles de la Sarthe, depuis le milieu de la nuit, occupait, sur la hauteur du Tertre, les tranchées qui se prolongeaient sur une longueur de quatre ou cinq cents pas, dans la direction de la ferme du Grand-Auneau, au sud, c'est-à-dire perpendiculairement à la route de Changé à Pontlieue, cette dernière route s'oriente de l'est à l'ouest.

Après une faction de dix heures consécutives sous la neige, les mobiles avaient été relevés, un peu avant midi, par des troupes appartenant à un autre corps d'armée; c'était un bataillon de chasseurs à pied (le 1er bataillon de marche de chasseurs, brigade Jouffroy), à qui avait été confié le poste le plus exposé, au Tertre même, à l'endroit où la tranchée, pour se terminer, formait un angle rentrant, faisant face à la route de Pontlieue, éloignée de moins d'une centaine de mètres.

La route de Pontlieue à Changé est bordée, du côté du Tertre, par un talus à hauteur d'homme, par suite de son percement dans le flanc du coteau; ce talus n'existe pas de l'autre côté de la route, où le terrain finissant sa déclivité s'étend uni et plat; il faut se rappeler ce détail.

Des tranchées du Tertre, en regardant vers Changé, on domine tous les environs, mais, pour le spectateur, la route se trouve masquée par suite de l'existence du talus dont je viens de parler.

Les chasseurs à pied de la tranchée avaient devant eux d'abord le petit détachement prussien installé en contre-bas, au « Pavillon », à 60 mètres environ de distance; le gros de l'adversaire qu'ils avaient à combattre consistait en une troupe nombreuse dissimulée dans le chemin qui conduit au Pavillon, et qui s'étendait au-delà et parallèlement à la tranchée; cette troupe s'abritait dans les fossés et derrière des rangées de gros châtaigniers.

De part et d'autre, on était à couvert, les Français par la tranchée, les Allemands par des abris naturels, haies et fossés, dont ils avaient su profiter.

Depuis plusieurs heures, on était donc ainsi en présence les uns des autres, l'oreille tendue, les yeux aux aguets, attendant avec énervement l'ordre de commencer le feu, et redoutant d'être attaqué inopinément par l'adversaire.

Les Allemands étaient commandés par un officier supérieur qui avait un grade équivalent, dit-on, à celui de colonel, et auquel il avait été promu la veille même, comme récompense de sa bravoure à l'attaque de Changé; c'était, paraît-il, un homme d'une témérité inouïe.

Ses soldats racontèrent plus tard un trait qui prouve sa hardiesse : cet officier avait reconnu le terrain en personne, pendant la nuit, et avait amené du bourg de Changé ses troupe prendre position en face du Tertre, en contact avec les Français.

Au matin, après avoir pris ses dispositions depuis plusieurss heures, impatient et désireux de connaître les emplacements occupés par les Français, il lança son cheval au galop sur la route de Pontlieue qu'il remonta jusqu'au carrefour du chemin aux Bœufs, c'est-à-dire cent pas en arrière des lignes occupées par nous, embrassa d'un rapide coup d'œil la situation, et, retournant sa monture, redescendit la route à fond de train pour rentrer au milieu des siens sans essuyer un seul coup de fusil des fantassins français; ceux-ci, stupéfaits d'une telle audace, n'en pouvaient croire leurs yeux.

Maïs à peine était-il rentré près de ses hommes, derrière un buisson qu'à cheval il dépassait de tout le buste, que le feu de mousqueterie commença, terrible, effrayant.

Quand la fumée des premiers coups de fusil fut dissipée, on ne voyait plus la silhouette de l'audacieux allemand; cette fois, il avait servi de cible à nos chasseurs à pied, qu'il venait de braver si témérairement ; il gisait à terre, percé de plusieurs balles.

Il fut enterré le lendemain, isolément, au bord de la route, au pignon d'une chaumière dans laquelle il avait été transporté, qui se trouve tout près de l'endroit où il était tombé.

Pendant un certain temps, la fusillade dut rester indécise; de part et d'autre, on ne laissait voir que la tête, le temps de viser et de tirer.

Les Français, rivés en quelque sorte à leur tranchée, s'y tenaient fermement.

Ce que voyant, les Prussiens opérèrent une diversion et portèrent alors leurs efforts de l'autre côté de la route de Pontlieue; envoyant une masse d'hommes, ils balayèrent dans toute son étendue le terrain de ses défenseurs, malgré le feu de deux pièces d'artillerie placées en arrière du Tertre; dès qu'ils furent maîtres de ce côté, ils revinrent avec des troupes fraîches vers la route qu'ils remontèrent en s'abritant derrière le talus, d'où ils dirigèrent un violent feu de mousqueterie sur la tranchée ; dès lors, la position des Français se trouva prise à revers et d'enfilade : elle était devenue intenable.

Les chasseurs, déjà bien éprouvés, évacuent leur abri, une partie d'entre eux traverse en courant la sapinière, atteint les vergers et se réfugie derrière les maisons du hameau où le combat reprend.

Pendant ce mouvement de recul, le commandant des chasseurs fut tué d'une balle et tomba près d'un pommier que montrent les paysans.

Une autre partie des chasseurs, se défilant dans la tranchée, s'engagea dans le petit chemin encaissé, recoupé par la tranchée et sur lequel elle se trouve placée à cheval, qu'ils remontèrent, battant en retraite.

Eloigné à cet endroit de 150 mètres environ de la route, ce petit chemin creux la suit d'abord presque parallèlement, pour s'en rapprocher en continuant par une ligne oblique ; il va tomber à la route, au carrefour même, formé par le croisement du chemin aux Bœufs.

On peut se rendre compte du mouvement simultané qui se produisit : les Prussiens remontent toujours la route, les Français de leur côté remontent aussi le chemin creux afin d'arriver à temps pour barrer le passage au carrefour.

La distance qui sépare les combattants diminue au fur et à mesure que le mouvement se poursuit ; ils se tirent à cent mètres, puis à cinquante ; ils se fusillent enfin à vingt pas les uns des autres, les Français abrités derrière de gros châtaigniers, les Allemands dissimulés par le talus de la route qui les protège.

Voyez-vous ce combat où les adversaires, marchant vers le même point, s'épient d'un chemin à l'autre, où dès qu'une tête se montre une détonation retentit, et une balle siffle à son adresse.

Mais il faut suivre l'affaire dans tous ses détails : la tranchée, comme je l'ai dit, contournant tout le mamelon du Tertre, se prolongeait dans la direction de la ferme du Grand-Auneau, sur une distance de 500 pas environ, elle bordait dans presque toute cette longueur des sapinières épaisses formées de vieux et grands sapins ; cette partie était occupée par un régiment d'infanterie.

En arrière, perdue dans les sapinières, on trouve la propriété du Perquoi, petite maison de campagne.

D'un bout à l'autre de cette immense tranchée, le combat continue ; les lignards font un feu d'enfer et tiennent bon un certain temps, après la perte du Tertre, mais à leur tour ils sont victimes d'un mouvement dirigé contre eux en arrière.

Les Allemands, à la faveur d'accidents du terrain et des sapins qui les dissimulent, débouchent du Perquoi, s'avancent sur le Grand-Auneau déjà encombré de blessés, s'en emparent après une violente fusillade.

A ses deux extrémités, la tranchée se trouve, à ce moment, débordée et prise à revers ; ses défenseurs, au centre, sont toujours engagés avec l'ennemi qui l'attaque de face, mais ils reçoivent aussi maintenant des coups de fusil dans le dos.

La position était devenue intenable ; une partie des combattants de la tranchée s'échappe en arrière, cherche un refuge dans les sapinières où ils sont reçus à coup de fusil ; ceux qui se trouvent les plus rapprochés du chemin creux s'y précipitent, croyant y trouver le salut ; ils le remontent comme ont fait avant eux les chasseurs à pied, mais les Allemands, venant du Perquoi, se sont rapprochés à travers les sapins ; ils se sont embusqués aux bons endroits, leurs balles enfilent le chemin creux ; ils fusillent nos soldats qui battent en retraite, démoralisés, en désordre, poursuivis déjà par les projectiles de leurs premiers adversaires.

Des chiffres peuvent faire juger du carnage dont ce funeste chemin creux fut le témoin ; les paysans qui furent chargés, dans les jours qui suivirent, de ramasser les morts, y trouvèrent, sur une longueur d'une centaine de pas, soixante-dix-sept cadavres, presque tous des Français ; à un endroit surtout, c'était une vraie tuerie ; on y pouvait voir en tas une dizaine de morts enchevêtrés.

Cependant, une grande quantité de lignards et de Mobiles sont ralliés par leurs officiers dans les sapins, en arrière, où ils retrouvent des chasseurs à pied auxquels ils se réunissent.

Eh bien ! ces soldats, chasseurs, lignards, mobiles, affaiblis par les jeûnes et les fatigues, qui, déjà, ont passé une nuit glaciale en plein air, dans les fossés, sans sommeil, et que l'Intendance abandonne, ces braves gens que l'on aurait pu croire démoralisés à juste titre, après le malheureux combat de la journée, retrouvent leur courage et leur énergie.

Un peu avant la nuit tombante, ils ont encore à repousser un assaut des allemands qui ne voudraient pas laisser la journée s'achever sans avoir emporté la position tout entière.

Un bataillon de Brandebourgeois tenu jusqu'ici en réserve près de Courte-Boule, s'élance en poussant de formidables hourahs !

A hauteur du chemin aux Bœufs, dans les fourrés de sapins, et au carrefour où se trouvaient les nôtres, on se fusille à bout portant, puis on s'aborde à l'arme blanche ; de part et d'autre on s'acharne autour de deux pièces de quatre, mises en batterie sur la route par les Français.

La défense est opiniâtre, le corps à corps sanglant ; c'est la baïonnette qui fait son œuvre dans la mêlée ; malheureusement, les deux pièces tombent aux mains des allemands qui se hâtent de les enlever pendant le premier désarroi.

Le combat n'avait eu qu'une courte durée dans l'ombre du soir; mais combien en tomba-t-il de Français, sur la neige qu'ils rougirent de leur sang ; et quelle lugubre veillée d'armes pour leurs camarades qui conservèrent sous les yeux les cadavres réunis, étendus sur la neige jusqu'au jour !

La fosse creusée à cet endroit (une certaine quantité de morts français et allemands avaient été enterrés au carrefour) et dans laquelle ils gisent, témoigne pour eux ; il serait juste d'élever un monument à la place même où leurs corps furent déposés, à la mémoire de ces braves gens, humbles héros dont on ne connaît même pas les noms.

La nuit arriva, après des alternatives diverses sur ce point de la bataille ; si les Prussiens avaient réussi à la fin de la journée à se rendre maîtres du Tertre, ce ne fut qu'après un combat inégal et de grands sacrifices d'hommes ; et nos ennemis effrayés de la résistance rencontrée, des pertes subies, abandonnaient Changé dans la nuit, malgré leur victoire.

Malheureusement à la droite du champ de bataille s'était produit la funeste défaillance de l'autre Tertre, du « Tertre Rouge », qui amena pour nous la perte de la journée et rendit inutiles les courageux efforts qui eurent pour théâtre le Tertre de Changé, et le plateau d'Auvours.

Sans ce contre-temps irrémédiable, il y a tout lieu de croire, d'après les personnes du pays qui hébergèrent les Prussiens, les entendirent et virent, ce soir-là leur lassitude et leur découragement, que, si le combat avait recommencé le lendemain, nous aurions eu de grandes chances de les repousser.

Notre village ne resta occupé que par de petits détachements, et pendant une partie de la nuit les Allemands charroyèrent leurs morts et leurs blessés pour les évacuer au loin.

Dois-je répéter, sans y ajouter beaucoup de foi, les racontars qui circulèrent dans le pays? Les habitants d'Ardenay et des Loudonneaux prétendent que les Allemands avaient réuni leurs morts en tas dans les bois de la Buzardière et, après les avoir arrosés de pétrole, les avaient incinérés.

Dans les journées qui suivirent, nous fûmes inondés de soldats allemands, les maisons du bourg en regorgeaient, nous étions en pays conquis et les habitants ne pouvaient satisfaire aux exigences de nos vainqueurs.

Le lendemain de la bataille, je fus réquisitionné ainsi que plusieurs hommes du bourg, de tout jeunes gens ou des vieillards, puisque tous les hommes valides étaient sous les drapeaux ou avaient été pris pour les convois de l'armée française; nous avions reçu l'ordre de creuser une grande fosse au cimetière.

Par suite du froid extraordinaire de l'hiver, le sol était gelé à une profondeur de cinquante centimètres et très pénible à travailler; n'étant point, pour ma part, habitué à manier la pioche ou la bêche, j'eus bientôt des ampoules aux mains; lâchant mon outil, je m'employai à transporter les morts que les paysans ramenaient de tous côtés dans leurs voitures.

Le cœur me tournait à ce spectacle, je ne cessais de penser à mon pauvre frère parti dans les mobiles et qui ne devait plus revenir; lui aussi avait été déposé dans la fosse commune par des mains inconnues.

Je m'écartai suffoqué par les pleurs ; l'officier prussien qui surveillait notre travail, avec une humanité à laquelle je rends hommage, me permit de m'éloigner. . . . .

. . . .

Le reste de notre histoire est bien simple, nous eûmes à subir l'invasion pendant deux grands mois ; les Allemands installés chez nous, à nos foyers, agissaient en maîtres.

Aujourd'hui, nous en sommes débarrassés, il est vrai, mais notre tristesse n'a guère diminué. Ma pauvre mère ne peut se consoler de la perte de mon frère aîné, et la rentrée dans leurs foyers des jeunes gens du même âge, ses camarades d'enfance, après le licenciement de l'armée, vient encore aviver son deuil.

Et puis, l'on ne peut faire deux pas au dehors sans voir mille choses qui nous rappellent les moments cruels que nous avons vécus ces temps derniers.

Dans le bourg, les marques du combat et de l'occupation sont visibles partout, la plupart des maisons portent des traces de projectiles.

Dans la campagne, c'est encore plus pénible : les fosses des soldats, au bord des routes, produisent une impression qui vous étreint le cœur.

Ces jours derniers, me rendant au Mans, je m'arrêtai un instant au carrefour du Tertre, en face de la fosse surmontée d'une simple croix, formée de deux morceaux de bois à peine équarris ; la terre, rejetée hâtivement sur les cadavres, ne les recouvre qu'imparfaitement.

Sous l'action des pluies persistantes de l'hiver, cette terre, fraîchement remuée, s'était délayée, avait fini par être entraînée sur les bords, découvrant dans un coin le bout d'un soulier qui émergeait du sol ; à côté un petit bidon de fer blanc recouvert de drap bleu, comme c'est l'usage dans la troupe, me semble une épave ramassée par un passant, puis rejetée avec intention ; je veux l'enlever ; mais, éprouvant de la résistance, je m'aper-

à Denis Erard
hommage amical de

çois que le bidon était retenu au cadavre de son propriétaire par la lanière de cuir passée autour de son corps !

. . . .

Est-il permis d'espérer qu'un jour prochain les gens de cœur du pays prendront l'initiative de faire élever à cet endroit même un monument durable à la mémoire des soldats français qui donnèrent leur vie au combat du Tertre de Changé ? (1)

. . . .

. . . .

Henri LEBOUC

La vieille amitié qui m'unissait à Henri Lebouc me fait un devoir de consacrer quelques lignes à sa mémoire.

Tous deux du même âge, nous avions été élevés à la pension Fouqué, une affection réciproque et sincère s'était nouée entre nous à la suite d'un incident vulgaire qui s'était produit dans la cour de recréation.

Bien involontairement, dans un de nos jeux, il m'avait atteint au front avec la plaque de cuivre de son ceinturon qu'il faisait tournoyer comme une fronde dans sa main ; j'avais perdu beaucoup de sang ; pour faire un exemple le maître lui avait infligé une punition sévère.

(1) Le Carrefour du Tertre ne restera pas vide et désert.

De braves cœurs ont entendu l'appel.

Au moment où ces dernières pages s'impriment, plusieurs de nos compatriotes se sont déjà réunis pour former un Comité en vue de l'érection d'un monument au carrefour du Tertre de Changé.

Notre patriotique population mancelle répondra certainement à leur appel ; dès maintenant, avant de clore ces lignes, je veux personnellement et au nom de tous, remercier ces bons citoyens.

P. E.

Le jour où je rentrai en classe, le front bandé, il m'avait suffit de voir Henri ouvrir précipitamment son pupitre, se cacher derrière et fondre en larmes, pour être touché de son chagrin et oublier tout ressentiment. Ce fut moi qui le consolai, le réconfortai, j'aurais voulu partager la punition.

De ce jour nous étions inséparables.

Heureux âge, où les sentiments généreux éclosent et se donnent cours si spontanément.

A la sortie de l'école, Henri alla travailler chez un filateur d'Alençon (M. Richer-Lévêque). Nous échangions chaque semaine une correspondance. La guerre survint; tous deux nous fûmes incorporés au 33e régiment de Mobiles ; lui au troisième, moi au second bataillon.

J'eus la chance de revenir indemne ; Henri frappé comme on le sait sur le champ de bataille de Villorceau, à la prise du Mée, m'a autrefois raconté qu'il resta deux jours dans une misérable grange, où il avait été transporté, sans recevoir aucun soin ; sa jambe brisée au-dessous du genou par un éclat d'obus, reposait sur la planche d'une caisse de biscuits. Il vit mourir autour de lui la moitié des vingt blessés de toutes armes qui l'entouraient ; lui-même transi par la température glaciale qui régnait, exténué de fatigue, saisi par une fièvre ardente, ne pouvait reposer un instant, par suite des cris de tous ces malheureux qui hurlaient de douleur. Je ne sais comment nous ne sommes pas tous morts de froid, disait-il.

Enfin des cavaliers allemands, qui battaient le pays, découvrirent ce groupe de blessés ; on évacua les survivants. Henri fut recueilli par une ambulance étrangère et envoyé à Beaugency. Là, sur la demande de sa sœur, il fut transporté et soigné dans une maison particulière, où il put éviter le typhus qui emportait la majeure partie des blessés, partout où il y avait entassement. Il ne quittait cette maison qu'au mois de mai suivant, après un séjour de cinq mois, amputé de la jambe gauche.

La médaille militaire avait été accordée à Henri Lebouc.

Sa sœur avait été pour lui d'un dévouement absolu, s'installant au chevet de son frère et ne le quittant plus; par la suite devenue veuve, Henri vint se fixer avec elle au Mans, dirigeant sa maison de commerce, remplissant près d'elle et de ses deux enfants les devoirs d'un père de famille, avec une abnégation admirable.

Henri était bien connu dans notre ville pour sa noble conduite à la guerre et depuis dans la vie civile. Chacun dans les rues se découvrait avec sympathie devant ce mutilé qui donnait chaque jour l'exemple du dévouement à la famille après le dévouement à la Patrie. (Il mourut le 24 avril 1893).

Sur sa tombe, en présence d'un nombreux cortège d'amis qui avaient tenu à l'accompagner à sa dernière demeure, le colonel de La Touanne prononça un émouvant discours ; moi-même à la demande de nos amis communs, prononçai quelques paroles d'adieu ; et peu après la Municipalité du Mans rendait un suprême hommage à l'ancien mobile, en donnant à une rue de notre ville le nom de : « Rue du Sergent Lebouc ».

JOSEPH REBOURSIER

Joseph Reboursier, tombé au champ d'honneur de Villorceau, était élève de l'Ecole des Beaux-Arts de Paris.

Son souvenir est intimement lié à celui de son oncle Henri Barbe, encore vivant et actuellement juge de paix en retraite à Conlie. Je ne puis parler de l'un, sans parler de l'autre.

Reboursier était d'une constitution délicate, c'était un jeune homme de taille plutôt élevée, mais mince, fluet, sa physionomie était douce et avenante.

Quand la garde nationale mobile fut appelée sous les drapeaux après les premiers désastres de l'armée du Rhin, sa mère fut prise d'une grande désolation, elle ne pouvait se faire à l'idée de se séparer de ce fils, et qu'il allait courir les dangers de la guerre ; son enfant ne pourrait jamais supporter les fatigues d'une campagne.

En présence d'un tel chagrin, l'homme de cœur n'hésita pas. Barbe, le frère de cette mère, et par conséquent l'oncle de notre jeune mobile, dit à sa sœur : « Eh bien, puisque mon neveu doit partir, je ne vois pas pourquoi moi, vieux garçon, solide, robuste, je ne l'accompagnerais pas. Je suis en raison de mon âge dégagé de tout service militaire, mais je contracterai un engagement, et j'obtiendrai de servir dans le même corps, dans la même compagnie que mon neveu ; de cette façon je pourrai veiller sur lui, et bon patriote je ferai mon devoir ».

Et Barbe fit comme il l'avait dit ; il s'engagea au 33e, abandonnant son cabinet d'expert à Jublains, ainsi que ses plus chères occupations d'érudit : ses recherches sur l'occupation romaine dans notre province du Maine, et particulièrement les fouilles du camp de Jublains.

A cette époque, Barbe avait près de quarante ans, vigoureux, il offrait le type du chasseur que la fatigue et les marches prolongées n'effraient pas, de longues moustaches qu'il portait à la gauloise lui donnaient un air résolu.

L'oncle et le neveu furent incorporés dans la compagnie dont je faisais partie moi-même (la 4e du 2e). Barbe était notre doyen, il était plus âgé que notre capitaine. On lui offrit un grade de sous-officier, mais il n'accepta que les galons de laine afin de rester plus près de son neveu.

Ouvert et gai, il se concilia de suite l'affection et la sympathie générale ; nous ressentions pour ce beau caractère de l'admiration ; cette admiration se traduisit par le surnom qui lui fut appliqué : « La Tour d'Auvergne », nous n'appelions jamais autrement notre vieux camarade.

Ce fut le bon conseil, l'ami de tous les moblots ; pour son neveu, ce fut un père, lui évitant les corvées, le soulageant de son mieux, et surtout s'employant à lui relever le moral dans les moments critiques, en même temps qu'à nous tous, troupiers imberbes, facilement impressionnés et découragés.

Les combats de Coulmiers et de Loigny se passèrent favorablement pour l'oncle et le neveu, pas une égratignure, le premier ne perdant pas de vue un instant celui qu'il regardait comme son propre enfant, et dont il avait en quelque sorte répondu à la mère.

Le 7 décembre, quand nous arrivâmes à Villorceau le pauvre Reboursier était anéanti par la fatigue; ce qui me permet de me souvenir de ce détail, c'est que nous couchâmes côte à côte sur des branchages, faute de paille, dans le hangar qui cette nuit-là nous servit d'abri.

Barbe se désolait, ne sachant que faire, ni comment réconforter son neveu; il avait fini cependant par découvrir pour lui une tranche de viande, je ne sais où, ni à quel prix, qui avait contribué à le remettre sur pied.

Enfin, ils se retrouvaient tous deux sur les rangs le matin du 8 décembre. On se déploya en tirailleurs dans les vignes, et il fallut, avec la fatalité, la présence de ces maudits fils de fer reliant les échalas, au milieu desquels il devenait si difficile de se mouvoir, pour séparer pendant le combat l'oncle du neveu; ils firent leur devoir chacun de son côté.

Quand le soir eût ramené en désordre les débris disséminés et décimés de la compagnie au cantonnement, Barbe inquiet cherche son neveu qui manque, il demande à chacun si on l'a aperçu; ceux qui l'ont vu tomber n'osent lui apprendre la fatale nouvelle et se taisent. Enfin quelqu'un se décide à parler et à dire que Reboursier était tombé dans les vignes, à peu près à mi-chemin du Mée, pendant qu'il combattait en tirailleur.

La vérité était que le malheureux enfant, au fort de l'action, avait été frappé d'une balle qui l'atteignant au ventre lui avait brisé les reins. Malgré ses efforts désespérés, il lui avait été impossible de se traîner, encore moins de se relever; ses voisins l'avaient abandonné le croyant mort, disaient-ils, mais hélas! d'après les conversations que j'eus plus tard avec les témoins, je dois conclure que ceux-ci, n'écoutant que l'instinct égoïste de la conservation, au cri de « sauve-qui-peut » avaient battu en retraite, abandonnant leur infortuné camarade au milieu de ses souffrances et des angoisses de l'agonie. Ses dernières paroles entendues avaient été des supplications pour que l'on prévînt son oncle.

Il dût mourir à l'endroit où il fut frappé et son cadavre, recueilli par les prussiens, être enterré dans la fosse commune.

Barbe était comme un fou, il erra toute la nuit sur le champ de bataille, essuyant les coups de feu des sentinelles françaises et allemandes. Ensuite, muni d'une autorisation et vêtu d'habits civils il fouilla toutes les ambulances pendant plusieurs jours.

Ses recherches furent infructueuses, personne ne pût lui fournir un détail positif sur son neveu, personne ne l'avait revu, personne ne pût dire où il avait été enterré.

Mais la mémoire de Reboursier survivra pourtant à la postérité : son nom est inscrit en lettres d'or sur le plus beau monument que la génération de l'époque éleva aux braves enfants de la France qui moururent pour la Patrie. Le nom de Reboursier est gravé au milieu de treize autres noms sur la stèle élevée à la mémoire d'Henry Regnault à l'école des Beaux-Arts, et aux élèves de l'Ecole tombés à l'ennemi, au champ d'honneur, pendant l'année terrible.

Parmi ces nobles victimes auxquelles le Génie de la Jeunesse et de l'Art, sous la figure d'une si gracieuse jeune femme, présente la palme de gloire, aucune ne fut plus douce et sympathique, aucune ne fut plus digne de ce touchant hommage que le pauvre Joseph Reboursier.

M. L'ABBÉ NOUET

ANCIEN AUMONIER DU 1er BATAILLON

Cet excellent prêtre, actuellement chanoine de la cathédrale du Mans, avait été atteint le 2 décembre par un éclat d'obus vers le milieu de la journée.

De longues années après la guerre, en nous rappelant la nuit de l'ambulance de Loigny, je fus à même d'entendre de sa bouche dans quelles circonstances. Je vais essayer de narrer l'épisode, mais ce que je ne saurai rendre c'est la modestie avec laquelle il rappelait ce souvenir, cependant si cher à son patriotisme.

Le matin du 2 décembre, M. l'aumônier Nouët s'était rapproché isolément du village de Loigny, occupé à ce moment et défendu par les Français, vers lequel l'action se dessinait très vive, il était visible que les Prussiens cherchaient à incendier le village au moyen de l'artillerie; puis il revint auprès de son bataillon (le 1er placé en arrière et tout près du moulin à vent de Villepion).

Le 33e mobiles tout entier, formé en échelons de bataillons, était alors en ligne, l'arme au pied, en ordre parfait, les alignements et les distances observés comme à la manœuvre.

Le régiment recevait une pluie d'obus qui le décimait, quand un de ces obus, pour notre malheur mieux dirigé que les autres, vient tomber dans les rangs de la gauche du 1er bataillon, et jette à terre sept ou huit hommes tués ou blessés. Un cri d'horreur sortit de nos poitrines, il nous fallait malgré tout rester debout, immobiles, nos officiers ne nous avaient pas encore donné l'ordre de nous coucher, se rappelant la peine qu'ils avaient éprouvé à Coulmiers pour faire relever leurs hommes et exécuter les manœuvres que les circonstances commandaient.

M. l'aumônier Nouët, grand et vigoureux, chargea sur ses épaules un des hommes qui venait d'être frappé à la hanche, et il le ramenait à l'ambulance du château de Villepion. Le blessé était soutenu en arrière par un mobile valide, son propre frère, afin d'alléger l'aumônier qui avait une distance assez longue à parcourir avec son fardeau.

A moitié chemin, un obus vient tomber, éclate auprès du groupe formé par ces trois hommes et fait trébucher le porteur.

Ah! monsieur l'aumônier, inutile d'aller plus loin, cria le mobile, mon pauvre frère est mort!

En effet, tous avaient ressenti une commotion, et un éclat de fonte avait achevé sur le dos de son porteur le malheureux blessé déjà évanoui et qui n'avait pas proféré un cri.

Un autre éclat avait frappé l'ecclésiastique au-dessus de la cheville, sans cependant le blesser grièvement, enlevant un morceau du bas de sa soutane.

Après la guerre, ajoutait le vénérable chanoine, ma mère, essayant de raccommoder cette soutane, retrouva logé dans la doublure un petit morceau de ferraille qui ne pouvait être qu'un des fragments du projectile.

Extraits de l'ouvrage du Général Chanzy :

« La deuxième Armée de la Loire »

I

COULMIERS

« Pendant que ces faits se passaient sur la droite du 16e corps, « l'amiral Jauréguiberry était parvenu avec la brigade De- « planque à faire occuper le village de Champs par un bataillon « du 37e de marche ; mais à peine entré, ce bataillon fut obligé « de céder devant une artillerie puissante et de nouvelles « colonnes d'infanterie bavaroise qui entraient en ligne.

« Au même moment, les batteries établies en arrière de « Champs et de Robrechère et celles en avant de la Mouise et « de Gémigny, redoublant leurs feux, jetèrent de l'indécision « dans toute la brigade. De ce côté, nos pertes étaient sensibles « et incessantes, il fallut toute l'énergique volonté de l'amiral « pour maintenir nos jeunes troupes dans les positions qu'elles, « avaient conquises. Enfin, une batterie de 12 de la réserve, « réapprovisionnée en munitions, parvint à maîtriser l'artillerie « ennemie. A cinq heures, toutes les troupes de la 1re division « se portèrent en avant et s'emparèrent au pas de course de « Champs et d'Ormeteau ; le premier était crénelé et disposé à « merveille pour repousser notre attaque ; le second était moins « important et moins bien préparé, on y fit quelques prison- « niers. La prise de ces deux villages fut le signal de la retraite « de l'ennemi, qui fut poursuivi, tant que l'on put y voir, par « le feu de notre artillerie.

. . . .

« Nos troupes d'infanterie de ligne et de garde mobile, qui « pour la plupart voyaient le feu pour la première fois, avaient « été admirables de courage et d'entrain.

(Page 28 et suivantes).

II

VILLEPION

« L'amiral faisait en même temps exécuter un mouvement « de conversion à la brigade Deplanque pour aborder la droite « ennemie ; l'action fut bientôt très vive de ce côté à hauteur « de Chauvreux. Le jour baissait, il fallait en finir. Le com« mandant de la 1re division, réunissant les troupes qui lui res« taient et se mettant à leur tête, se porta au pas de course « sur le parc de Villepion, point central de la résistance, qu'em« portèrent d'assaut le bataillon du 39e de marche, le 2e batail« lon du 33e mobiles (Sarthe) et les chasseurs à pied. On y fit « 40 prisonniers, dont deux officiers de la garde de Bavière ; « une batterie faillit rester entre nos mains, et elle ne dut son « salut qu'à l'obscurité ; l'ennemi abandonna dans le château « son ambulance et de nombreux blessés.

(Page 64).

III

LOIGNY

« On aperçut l'ennemi distinctement, dirigeant ses colonnes « sur Tanon, et prenant une position d'équerre en avant de la « Maladerie, où apparaissait en même temps une nombreuse « cavalerie.

« L'amiral prit immédiatement ses dispositions pour faire face « au danger qui le menaçait : la 2e ligne de la brigade Deplan« que exécuta un changement de front à gauche, et les mitrail« leuses, ainsi qu'une partie des batteries de la division, firent « également face de ce côté. Le 33e mobiles (Sarthe) qui for« mait presque en entier cette nouvelle ligne eut d'abord à « supporter un feu d'artillerie des plus violents qui ne l'empê« cha pas d'essayer d'avancer jusqu'à portée de mousqueterie. « Obligé de plier, il recula en ordre, les rangs formés comme « à la manœuvre, et s'arrêtant fréquemment pour essayer de

« nouveau l'offensive. A deux heures, il n'avait pas perdu un
« kilomètre de terrain, son attitude, son feu et celui de nos
« mitrailleuses avaient constamment maintenu l'ennemi qui
« perdait beaucoup de monde. La cavalerie allemande, après
« avoir essayé d'avancer, avait été rejetée en désordre sur
« Orgères.

. . . .

« La 1re division du 16e corps fut la dernière à cesser la lutte;
« c'est à elle, ainsi qu'à son chef que nous devions d'avoir
« conservé, à peu près, nos positions du matin. Sa contenance
« jusqu'à la fin de la journée imposa, du reste, tellement de
« pertes à l'ennemi, que celui-ci n'osa ni la poursuivre lors-
« qu'elle retira du champ de bataille ses régiments les plus
« engagés, ni même occuper le parc de Villepion, qui n'était
« cependant défendu à la nuit que par quelques détachements
« du 33e mobiles.

(Page 73 et suivantes),

IV

VILLORCEAU

« Dans la division Deplanque, le 39e de marche et le 33e mo-
« biles (Sarthe) s'étaient aussi héroïquement battus ; le capi-
« taine Couturié, de ce dernier régiment, avait enlevé à la
« baïonnette une ferme où l'ennemi s'était fortement retranché
« et y avait fait une centaine de prisonniers ».

(Page 128).

CONCLUSION

Oui, nous avions fait notre devoir dans la mesure de nos forces, dans la mesure de ce que l'on était en droit de demander à de jeunes hommes arrachés subitement à leurs occupations, et pour la réunion desquels il avait fallu tout improviser.

Nous nous rendions compte, par l'expérience chèrement acquise, qu'à la guerre la bonne volonté ne suffit pas ; il nous avait manqué la cohésion que donne l'instruction militaire.

Nous disions : nous serons mieux préparés pour accomplir notre tâche quand viendra le prochain appel de la France, et nous nous bercions de l'espoir de reconquérir les provinces perdues.

Nous avions rêvé.

Pendant dix ans, pendant les plus belles années de notre vie, nous avons entretenu, pour la chausser au premier coup de clairon, la paire de souliers ferrés qui devait nous porter à la frontière, espérions-nous ; elle ne nous servit que pour les manœuvres des 28 jours auxquelles nous fûmes convoqués, et l'effort auquel nous nous attendions pendant ces dix années ne nous a pas été demandé. Que réserve l'avenir à nos fils ?...

Hélas ! beaucoup ne peuvent plus penser comme leurs pères, ils n'appartiennent pas à la même époque. La nouvelle génération ne parle plus le même langage, on lui en a appris un autre... un nouveau.

Gardons le nôtre, mes amis, mes frères d'armes de 1870, l'ancien... celui qui convient à notre race.

Il n'est que trop certain que nous n'avons pas vu la réalisation de notre rêve, celui de tous les français de notre temps.

Puisque Dieu ne l'a pas permis, restons fidèles à nous-mêmes, et gardons obstinément dans nos cœurs la devise des Vétérans : *Oublier !... jamais !...*

TABLE DES MATIÈRES

Pages

Préface, par M. Robert Triger v

A propos des « Souvenirs d'un mobile de la Sarthe », par M. D. Mallet ix

Lettre de M. George Duruy xv

Avant-propos xvii

Chapitre I. — L'entrée en campagne. — La forêt de Marchenoir. — A Autainville. — Les francs-tireurs de Binas. — Récit des paysans. — Au camp de Séris-Concriers. — Au camp de Viévy-le-Rayé. — La discipline au camp. — Aux ambulances — Séjour au camp de Viévy 1

Chapitre II. — Les premiers coups de canon. — Combat de Vallière. — La Mobile. — La marche en avant. — Le général Deplanque. — Ouzouër-le-Marché 13

Chapitre III. — *Bataille de Coulmiers* (9 novembre 1870). — Le soir de la bataille. — Le commandant de Montesson blessé 23

Chapitre IV. — Le lendemain de Coulmiers. — A Epieds. — Retour au régiment. — Episode personnel. — Au camp de Bricy-Boulay. — En grand'garde. — En route pour le camp de Saint-Sigismond 38

Chapitre V. — Le camp de Saint-Sigismond. — *Bataille de Villepion* (1er décembre 1870) 53

Chapitre VI. — *Bataille de Loigny* (2 décembre 1870) 68

Chapitre VII. — En retraite. - Au Chêne. — Face à l'ennemi. — Reprise de la retraite. — Le bivouac de Huisseau. — L'épuisement. — Le bivouac de Lorges. — En marche sur Villorceau 90

Chapitre VIII. — *Bataille de Villorceau* (8 décembre 1870). 101

Chapitre IX. — Retour au Mans. — Le Gué-de-Maulny. — Campement de la Butte des Fermes. — Retour du colonel. — Reprise du service en campagne. — J'obtiens les galons de sergent. — Aux Grands Courpins. — Reprise des hostilités 118

Chapitre X. — 10 janvier 1871. — *Combat de Changé.* — Retraite sur le château des Arches. — Nuit du 10 au 11 janvier : le Tertre de Changé. — Journée du 11 janvier. — Dans la tranchée de Changé. — Un exploit du capitaine Boulay. — Nous sommes relevés par les chasseurs à pied. — Nous réoccupons la Butte des Fermes. . 134

Chapitre XI. — La nuit du 11 au 12 janvier. — La 4e en tirailleurs. — En retraite sur Le Mans............. . 153

Chapitre XII. — Journée du 13 janvier. — L'incident de Joué-en-Charnie. — La nuit du 14 au 15 janvier. — *Combat de Saint-Jean-sur-Erve* (15 janvier 1871)........... 170

Chapitre XIII. — Continuation de la retraite — A Laval. — Je suis nommé sergent-major. — Une exécution. — Incident personnel. — La dislocation ; ordre du jour du colonel.. 186

APPENDICE. — Un coin de la Bataille du Mans.... ... 196
Henri Lebouc.. 219
Joseph Reboursier.................................... 221
M. l'abbé Nouët...................................... 224
Extraits de l'ouvrage du général Chanzy : *La Deuxième Armée de la Loire*.................................. 227

Conclusion.. 231

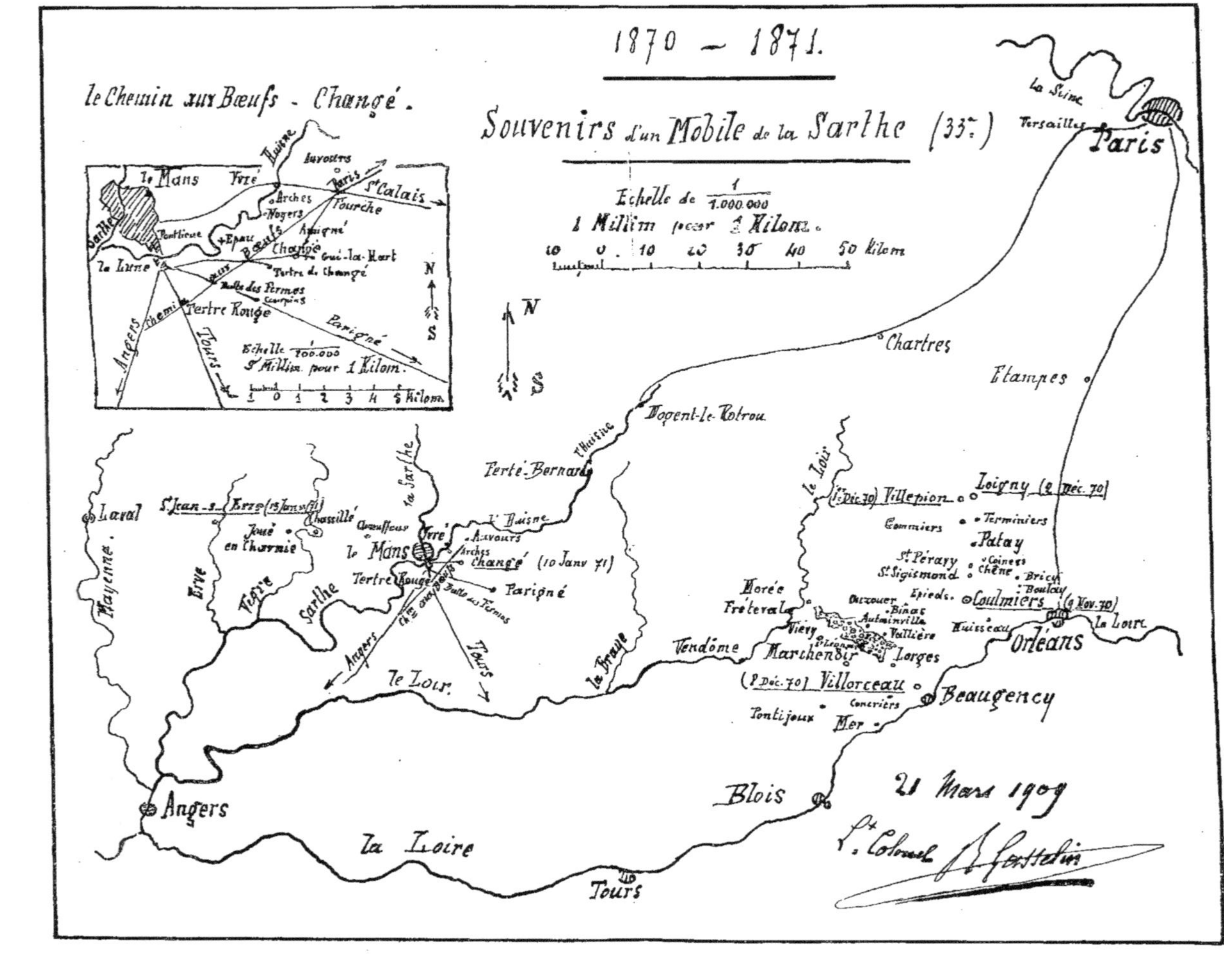

1870 – 1871.
Souvenirs d'un Mobile de la Sarthe (33e)
Echelle de 1/1.000.000
1 Millim pour 1 Kilom.
10 0 10 20 30 40 50 Kilom
N
S
le Chemin aux Bœufs - Changé.
le Mans
Yvré
Huisne
Auvours
Paris
St Calais
Arches
Noyers
Fourche
Pontlieue
Epau
Bœufs
Auvigné
Changé
Gué-la-Hart
la Lune
Tertre de Changé
Butte des Fermes
Tertre Rouge
Angers
Tours
Parigné
Echelle 1/100.000
1 Millim pour 1 Kilom.
1 0 1 2 3 4 5 Kilom.
Paris
Versailles
La Seine
Chartres
Etampes
Nogent-le-Rotrou
Ferté-Bernard
l'Huisne
Laval
Mayenne
St Jean-s-Erve (15 Janv 71)
Chassillé
Joué en Charnie
Erve
Vègre
Sarthe
la Sarthe
le Mans
Yvré
Auvours
Arches
Changé (10 Janv 71)
Parigné
Tertre Rouge
Angers
Tours
le Loir
la Braye
Vendôme
Morée
Fréteval
le Loir
(1er Déc. 70) Villepion
Loigny (2 Déc. 70)
Terminiers
Patay
St Péravy
St Sigismond
Coulmiers (9 Nov. 70)
Marchenoir
(8 Déc. 70) Villorceau
Lorges
Orléans
La Loire
Beaugency
Mer
Concriers
Blois
Angers
La Loire
Tours
21 Mars 1909
Lt Colonel

L'ouvrage qui précède n'était pas destiné à l'impression.

L'auteur, en écrivant ses « Souvenirs », n'avait d'autre but que de laisser un *memento* à ses enfants.

Après lecture du manuscrit à la « Société d'Agriculture, Sciences et Arts de la Sarthe », quelques vieux camarades, quelques excellents amis, ont trouvé à l'œuvre un certain intérêt. Ils m'ont aidé en faisant appel à de nombreux souscripteurs, et ces concours réunis ont permis la publication des *Souvenirs d'un Mobile de la Sarthe*.

Bien sincèrement, je dis à tous merci, merci.

Je dois un témoignage particulier de gratitude aux amis bienveillants qui ont facilité, par de généreuses subventions, l'impression du travail dans le *Bulletin de la Société d'Agriculture Sciences et Arts de la Sarthe*, et c'est de tout cœur que je joins mes remerciements à ceux que la Société leur adressait dans sa séance du 7 juillet 1907 :

SOCIÉTÉ
d'Agriculture
SCIENCES & ARTS
DE LA SARTHE
Fondée en 1761

Séance du 7 Juillet 1907

EXTRAIT DU PROCÈS-VERBAL

« Lecture est donnée de la troisième partie des *Souvenirs d'un* « *Mobile de la Sarthe*, dans laquelle M. Erard raconte les scènes « émouvantes de la bataille de Villorceau et la prise de la ferme du « Mée, où le capitaine Couturié fit glorieusement flotter le drapeau « du 33e Mobiles.

« M. le Président fait observer que le premier fascicule du Bulletin
« étant consacré cette année au travail de M. Erard, le suivant doit
« être réservé aux autres travaux qui nous ont été présentés. La
« seconde partie des *Souvenirs d'un Mobile* ne paraîtrait donc que
« l'année prochaine ; mais plusieurs de nos collègues ont généreu-
« sement souscrit les fonds nécessaires pour que la publication n'en
« soit pas interrompue.

« La Société présente tous ses remerciements aux souscripteurs :
« MM. d'Aillières, Galpin, Gasselin, Guy, de Linière, Monnoyer, Plu,
« Singher, Surmont et Robert Triger.

Pour extrait :

Le Président,

Amb. Gentil.

Je me fais un devoir d'adresser ici mes remerciements bien sincères aux personnes bienveillantes, ainsi qu'aux amis dévoués, dont les souscriptions m'ont prouvé leur sympathie en même temps qu'elles ont été pour moi un précieux encouragement à la publication de cette deuxième édition.

Je dois un témoignage tout particulier de reconnaissance au Colonel R. Gasselin qui a dessiné et m'a offert la carte des étapes du 33e Mobiles que l'on trouvera annexée ; ainsi qu'aux excellents artistes, nos compatriotes, MM. Lionel Royer et Léon Le Bègue qui ont bien voulu me manifester leur sympathie, en m'offrant gracieusement les deux dessins qui ornent le volume.

D. E.

SOUSCRIPTEURS

Général de Langle de Cary, Commandant le 4e Corps d'armée au Mans.

Association amicale des anciens élèves des Ecoles libres de la ville du Mans.
Aubert (Louis), ancien Mobile au 33e, Le Mans.
Aubert, Notaire, au Grand-Lucé.
Auzou (Jules), Directeur du Petit Lycée, Le Mans.
Avice (Gustave), ancien officier au 33e Mobiles, La Foresterie, à Allonnes.
Avice (Gustave), Lieutenant au 37e régiment d'Infanterie, à Nancy.
Avice (Jacques). Enseigne de vaisseau, à bord de la *Marseillaise*.
Baert (Charles), boulevard René-Levasseur, 20, Le Mans.
Barillet (Jules), Directeur des chemins de fer départementaux du Finistère, Le Mans.
Bastard (Jules), ancien Expert, au Mans.
Beauregard, (de) ancien Volontaire de l'Ouest, Château d'Aché, par Alençon.
Beldant (Madame Paul), au Mans.
Beloin (Emile), Place Pilorget, Saint-Symphorien, près Tours.
Besnier (Alphonse), Sous-directeur du Crédit Lyonnais, Le Mans.

Bezard (Alexandre), Villa Alice, Strasbourg-Robertsau.
Blanchet (Charles), Imprimeur, Le Mans.
Blin (Paul), Archiviste-adjoint à la Préfecture, Le Mans.
Bodrais (Louis), ancien sous-officier au 33e Mobiles, Le Mans.
Bossé (H.), ancien Notaire, aux Robanneries, Le Mans.
Boudeville (L.), ancien sous-officier au 66e Mobiles (Mayenne), à Paris.
Bougon, J. B., Vice-Prés. de la 361e section des Vétérans, Le Mans,
Boulay (Madame) à Connerré (Sarthe).
Boureau (Emile), ancien sous-officier au 75e Mobiles (Loir-et-Cher). au Mans.
Boutmy, Capitaine, 7e Bataillon de Chasseurs à pied à Antibes (Alpes-Maritimes).
Breuil (Comtesse de), Château de Pescheseul, par Avoise (Sarthe).
Brière (Abbé René), Curé de Souillé-sur-Sarthe.
Brière (Abbé), Curé d'Allonnes (Sarthe), ancien volontaire de l'Ouest.
Brissard (William), ancien Mobile au 4e Bataillon de la Sarthe, Le Mans.
Brodin (Henri), ancien Notaire, Le Mans.
Brossard (Armand), Engagé volontaire en 1870, Le Mans.
Cador (J.-M.), ancien sous-officier au 4e Bataillon des Mobiles de la Sarthe, au Mans.
Cailloué (Albert), 3, rue Ducré, Le Mans.
Cambray (Baron de), Chât. de Cambray, par Orgères (Eure-et-Loir).
Caplet (Abbé), curé de Guillonville par Orgères (Eure-et-Loir).
Castilla (Ch. de), au Château d'Amigné, par Changé (Sarthe).
Castilla (J. de), 26, rue Las-Cases, Paris.
Chaligné (Henri), 69, rue Wagram, Le Mans.
Champdavoine (Louis), Instituteur, à Saint-Péravy-la-Colombe (Loiret).
Chappe d'Auteroche (Baron), 112, Boul. de Courcelles, Paris.
Chappée (Armand), Fondeur, Le Mans.
Chappée (Julien), au Cogner, Le Mans.
Charon (Eugène), Officier d'administration, Le Mans.
Charpentier (Auguste), ancien Notaire, 2, rue Bruyère, Le Mans.
Chasteigner (Comte de), Château de Rouillon, près Le Mans.

Chaudet (Jules), ancien Mobile au 33e, Le Mans.
Cohin (Paul), juge au Tribunal de commerce, Le Mans.
Copin (Edouard), ancien sous-officier au 75e Mobiles (Loir-et-Cher), à Paris.
Cormaille (Victor), ancien Mobile au 33e, à Fresnay-sur-Sarthe.
Courcy (Vicomte J. de), Chef de bataillon d'Etat-Major, Le Mans.
Courtil (Marcellin), ancien Capitaine au 70e Mobiles, à Catus (Lot).
Dahuron (Léon), ancien sous-officier au 33e Mobiles, à la Ferté-Bernard.
Dalmagne (Georges), Négociant au Mans, Maire de la Chapelle Saint-Aubin (Sarthe).
Dangeard (B.), ancien Instituteur, 10, rue de l'Evêché, Le Mans.
David (Félix), 6, place Girard, Le Mans.
Degoulet (Paul), rue du Mouton, Le Mans.
Dejouas, Président du Tribunal de Commerce à Bergerac, ancien Adjudant au 22e Mobiles (Dordogne).
Delobeau, Sénateur du Finistère et Maire de la ville de Brest.
Derome, Capitaine Adjudant-Major, au 115e régiment d'Infanterie, à Mamers.
Descars (Amédée), ancien Volontaire de l'Ouest, Le Mans.
Deshayes (Mgr F.), sous-supérieur, Ecole de Théologie, Le Mans.
Desille (Paul), 41, route de Tours, Le Mans.
Devaux (abbé), curé de Pirmil (Sarthe).
Dieu (docteur Jacques), Président de l'*Union Sportive*, Le Mans.
Domenget (Henri), ancien Officier au 22e Mobiles à Bergerac (Dordogne).
Drouard, Industriel, à Foulletourte (Sarthe).
Drouault (Joseph), 3, rue de la Barillerie, Le Mans.
Dunas (Eugène), Expert-Géomètre, Le Mans.
Dupont (abbé), 22 rue des Chanoines, Le Mans.
Dupuid (Lucien), ancien sous-officier au 33e Mobiles, Le Lude.
Durand (Georges), Secrétaire général des chemins de fer départementaux, Le Mans.
Ecole libre de Notre-Dame de Sainte-Croix, Le Mans.
Fanchon, 11, rue Barbette, à Paris.
Faribault (Hippolyte), ancien sous-officier au 33e Mobiles, Le Mans.

FAUCHEUX (Louis), Maire, à Saint-Péravy-la-Colombe (Loiret).

FOUCAULT (Constant), ancien sous-officier au 33e Mobiles, à Nantes.

FOUCAULT (Gabriel), ancien sous-officier au 33e Mobiles, Le Mans.

FOUQUÉ (Mgr Gabriel), Vicaire Général à l'évêché d'Alger. (Décédé le 30 décembre 1908).

FRANÇOIS (Pierre), ancien sous-officier au 4e bataillon des Mobiles de la Sarthe, à Yvré-l'Evêque.

FREULON (Clément), ancien clairon au 33e Mobiles, Le Mans.

FROISSARD (A.), Directeur de l'Ecole Communale de l'avenue de l'Abattoir, Le Mans.

GALLOT-LAVALLÉE, ancien Notaire, Le Mans.

GASSELIN (Robert), Lieutenant-colonel d'artillerie, en retraite, Président de la 361e section des Vétérans, Le Mans.

GAUDIN, ancien Mobile au 33e, à Noyen-sur-Sarthe.

GENTIL (Ambroise), Président de la Société d'Agriculture, Sciences et Arts de la Sarthe, Le Mans.

GÉRAUD (Emile), ancien sous-officier au 22e Mobiles (Dordogne) à Bordeaux.

GERMAIN (Georges), à Verron près La Flèche.

GESLIN (Henri), à Courgains (Sarthe).

GODEFROY (abbé Auguste), Supérieur, Institution Notre-Dame, à Saint-Calais.

GOUSSAINCOURT (de), ancien Officier au 54e Mobiles, à Givet

GOUSSAULT (Gabriel), Chef de Division des chemins de fer Ouest-Etat, conseiller municipal, Le Mans.

GOUSSU (Georges), 48, rue Gastelier, Le Mans.

GRANDVAL (Raoul de), ancien Officier au 33e Mobiles, Le Mans.

GRASLIN (Comte de), ancien Officier au 4e bataillon des Mobiles de la Sarthe, Le Mans.

GUELLIER, Expert, à La Suze (Sarthe).

GUILLOTIN (Victor), négociant, rue de l'Etoile, Le Mans.

GUILLOREAU (René), Industriel, Le Mans.

GUITTET (Albert), ancien sous-officier au 33e Mobiles, à Paris.

GUITTET (Eugène), ancien Notaire, Le Mans.

GUY (Paul), ancien sous-officier au 33e Mobiles, Le Mans.

GYPTEAU (Valéry), Directeur de l'usine à gaz, à Vannes (Morbihan).
HACHETTE (Léon), Lieut. au 26e rég. d'artillerie, Le Mans.
HALLIER (Albert), à Vauguérin, Sillé-le-Philippe (Sarthe).
HAMELIN (Mme G.), Le Mans.
HARDOUIN, Conseiller général, et Maire de Ballon (Sarthe).
HARDYAU (Alfred), 81, avenue de Clichy, à Paris.
HÉLIANT (Comte d'), ancien Volontaire de l'Ouest, à Laval.
HOUSSIN (Arsène), ancien sous-officier au 66e Mobiles (Mayenne).
JACQUIER (Emile), Adjoint au Maire, Le Mans.
JAGUELIN (abbé René), à Paris.
JARDEL (Alfred), 9, rue de Talence, à Bordeaux.
JOLY (Hercule), Adjoint au Maire, Le Lude.
JULIAN (Georges), Président de la 678e section des Vétérans, à Marmande (Lot-et-Garonne).
KEHRIG (H.), 18, rue Monselet, à Bordeaux.
LABICHE, Colonel d'artillerie en retraite, Le Mans.
LANDAIS (Mlle Aline), Professeur de musique, Le Mans.
LANDEAU Ernest, directeur des Marbreries, à Sablé-sur-Sarthe.
LANTIVY DE TRÉDION (de), Lieutenant au 117e Régiment d'Infanterie, Le Mans.
LARCANGER, Secrétaire de la Société Archéologique et historique de l'Orléanais, à Orléans.
LAVIGNE (Arthur), à Tusculan, Le Mans.
LAVOIPIÈRE (Charles), Inspecteur honoraire de l'Enseignement primaire, Le Mans.
LEBERT (André), Avocat, Maire de Changé (Sarthe).
LEBOUCHER, ancien Adjoint au Maire, rue de Paris, à Alençon.
LECADRE (abbé E.), ancien Volontaire de l'Ouest, Curé de Beaupréau (Maine-et-Loire).
LECONTE (Vital), anc. Chef de Div. à la Préf. de la Sarthe, Le Mans.
LECORPS, Agréé, Le Mans.
LEDUC-LADEVÈZE, ancien Président du Tribunal de Commerce, Industriel à Champagné (Sarthe).
LE GONIDEC DE TRESSAN, Député d'Ille-et-Vilaine, ancien Commandant aux Volontaires de l'Ouest, à Vitré.
LEGOUÉ (abbé Charles), ancien Volontaire de l'Ouest, Curé de Mareschê (Sarthe).

Leguay (Arthur), 9, rue des Minimes, Le Mans.
Legué (Léon), carrefour de l'Ormeau, à Mondoubleau (L.-et-C.)
Lelièvre (Jean), Directeur-fondateur de la Mutuelle Générale française, Le Mans.
Lelièvre (Charles), Lieutenant de réserve, Le Mans.
Lelong (Auguste), 37, rue du Pré, Le Mans.
Lemée (Ernest), Horticulteur, à Alençon.
Lemort (Paul), ancien Mobile au 33e, Le Mans.
Leparc (abbé Ferdinand), 24, boulevard Négrier, Le Mans.
Lespinasse, Notaire à Bergerac, ancien sous-officier au 22e Mobiles (Dordogne).
Letessier (abbé Jules), Curé de Courcelles (Sarthe).
Letondal (Paul), Lieutenant au 28e Territorial, Le Mans.
Leturmy (Adolphe), ancien sous-officier au 5e Bataillon des Mobiles de la Sarthe, Le Mans.
Librairie Asher et Cie, Unter den Linden, 56, Berlin.
Lorieau (abbé Charles), Professeur, Ecole de Théologie, Le Mans.
Loriot (abbé Auguste), Ambulancier en 1870, Le Mans.
Louchet, ancien sous-officier aux francs-tireurs Lipowsky, à Bordeaux.
Lycée national du Mans.
Municipalité de la Ville du Mans.
Mabileau (Georges), 51, rue de Ballon, Le Mans.
Maire (Emile), Membre de la Chambre de Commerce, Le Mans.
Mallet (Georges), 6, rue du Parterre, Le Mans.
Marchand (Lucien), ancien Officier au 33e Mobiles, Le Lude.
Martin (Jules), Directeur du Crédit Lyonnais, Le Mans.
Mary, Chanoine, Econome, Ecole de Théologie, Le Mans.
Mazerat (Gustave), Notaire, Le Mans.
Mélisson (Docteur Jules), Le Mans.
Métivier (Valentin), Minotier, à La Suze.
Métivier (abbé J.), Curé-doyen de Terminiers, par Loigny-la-Bataille (Loiret).
Michel (abbé Arthur), Curé de Saint-Péravy-la-Colombe (Loiret).
Mitsche (Emile), Notaire, à Sablé-sur-Sarthe.
Montmarin (Colonel Marquis de), au château de Villepion, par Loigny, et à Versailles.

Moreau (docteur), Conseiller Municipal, Le Mans.
Mouillard (Georges), joaillier, Le Mans.
Mulocheau (abbé), Supérieur de l'Instit. Saint-Paul, à Mamers.
Nicole (abbé), Supérieur du Collège Saint-Louis, Le Mans.
Niessen (Xavier), Présid.-fondat. du « Souvenir Français », à Paris.
Nouet (chanoine René), ancien Aumônier du 1er Bataillon du 33e Mobiles, Le Mans.
Olivier, Minotier, Conseiller Général, à La Suze.
Padirac (H. de), Ancien Sous-officier aux Volontaires de l'Ouest, Le Mans.
Panouze (Comte de la), Capitaine Adjud.-Major au 22e Régiment de Mobiles (Dordogne), au chât. de Tirigan, près Bergerac.
Perroux (Louis), à Ecommoy (Sarthe).
Pichereau (L.), 9, rue Colbert, à Versailles.
Pinguet (Arsène), Président du Conseil d'Administration du Comptoir d'Escompte de la Sarthe, Le Mans.
Pioger (Jules), ancien Mobile au 33e, 112, rue de l'Ouest, à Paris.
Planchenault (Adrien), 23, Boulevard du Roi-René, à Angers.
Plessix (Paul), 51, rue Dubignon, Le Mans.
Poirier (Ambroise), Sergent au Bataillon des Volontaires de Paris, Le Mans.
Poivet (Auguste), ancien Professeur à l'Ecole Normale, Le Mans.
Portet-Lavigerie (Madame), à Paris.
Pottier (abbé Alexis), Curé-doyen de Changé (Sarthe).
Pottin (Louis), artiste-peintre, à Paris, ancien sous-officier au 33e Mobiles.
Provost, Chanoine, à Chartres.
Renard, libraire, conseiller municipal, Le Mans.
Renaudin (Georges), Chef de Division à la Préfecture de la Sarthe.
Renault (Henri), ancien sous-officier au 33e Mobiles, Le Mans.
Renault (Eugène), Juge de paix, à Bordeaux.
Rhimboult (Paul), ancien Instituteur, Le Mans.
Ricour (Mlle Marie), au Gué-Bernisson, Le Mans.
Ricour (Mlle Thérèse), au Gué-Bernisson, Le Mans.
Rivau (Léon du), 17, rue de Tascher, Le Mans.
Robert (Ernest), ancien sous-officier au Bataillon des Mobilisés de Brest, Présid.-fondat. dela 4e Section des Vétérans, à Brest.

Roger (docteur Jules), Président de la Section des Vétérans, au Grand-Lucé (Sarthe).

Romet (Paul), Conseiller général de l'Orne, à Alençon.

Rouilly (Paul), Libraire, à Vendôme.

Rousseau (J.), Adjoint au Maire de Pontvallain (Sarthe), ancien sous-officier au 33e Mobiles.

Rousseau (Jules), Employé de banque, Le Mans.

Rousset (A.), Directeur de l'Ecole pratique du Commerce et de l'Industrie, Le Mans.

Royer (Lionel), Artiste-Peintre, ancien Volontaire de l'Ouest, à Neuilly-sur-Seine.

Saillant, ancien Président de « l'Amicale » des Instituteurs de la Sarthe, Le Mans.

Sansbeuf, Président général des Vétérans des Armées de Terre et de Mer, à Paris.

Société d'Encouragement aux Ecoles laïques de la Sarthe.

Sonis (Gaston de), 1, rue Bollée, Le Mans.

Talode du Grail (de), Capitaine au 13e Cuirassiers, à Chartres.

Taragon (Jean de), 13, rue Jeanne-d'Arc, Le Mans.

Tessier (Paul), Capitaine au 33e Mobiles, La Belle-Hoirie, à Précigné (Sarthe).

Testut (Léo), Professeur d'Anatomie à la Faculté de Médecine, à Lyon, ancien sergent-fourrier au 22e Régiment de Mobiles (Dordogne).

Thibaudin (Alexis), Juge au Tribunal Civil, Le Mans.

Thierry (Edouard), ancien Avoué, Le Mans.

Thiriot (Alfred), rue des Arênes 17, Le Mans.

Thimonnier (Louis), 6, rue de Belfort, Le Mans.

Thomas, Directeur du Pensionnat Saint-Euverte, à Orléans.

Thorin (Alphonse), 34, rue Dubignon, Le Mans.

Tournier, Capitaine brev., au 117e Régiment d'Infant., Le Mans.

Trochet (comte du), Capitaine au 33e Mobiles, château de Ségrais, à Saint-Mars-d'Outillé (Sarthe).

Troussard (abbé Paul), 19, rue de la Mariette, Le Mans.

Vandesmet (Gaston), Industriel, à Watten (Nord).

Verdier (Paul), Artiste-peintre, rue Erpell, Le Mans.

LE MANS. — IMPRIMERIE MONNOYER. — 1909

IMPRIMERIE MONNOYER

LE MANS (Sarthe)

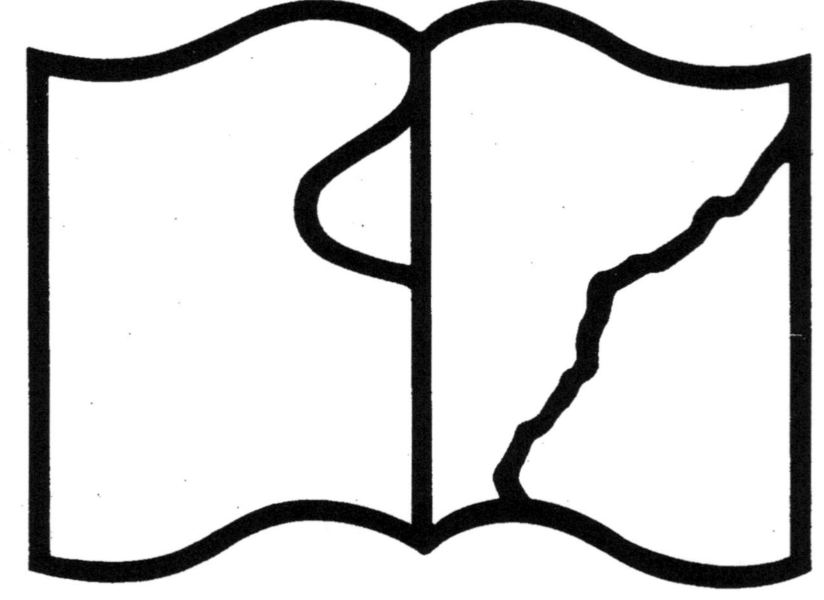

Texte détérioré — reliure défectueuse

NF Z 43-120-11

www.ingramcontent.com/pod-product-compliance
Ingram Content Group UK Ltd.
Pitfield, Milton Keynes, MK11 3LW, UK
UKHW020440200726
13857UKWH00002B/503